Maxim Gorki

Meistererzählungen

elv

Maxim Gorki

Meistererzählungen

ISBN/EAN: 9783862677627

Textgrundlage dieser Edition ist: Maxim Gorki: »Meister-Erzählungen«, Schreitersche Verlagsbuchhandlung, Berlin 1928. Übersetzung aus dem Russischen: Bodo von Loßberg. Die Orthografie wurde der neuen deutschen Rechtschreibung angepasst und die Interpunktion behutsam modernisiert.

Auflage: 1

Erscheinungsjahr: 2013

Erscheinungsort: Bremen, Deutschland

© Europäischer Literaturverlag GmbH, Fahrenheitstr. 1, 28359 Bremen (www.elv-verlag.de). Alle Rechte beim Verlag und bei den jeweiligen Lizenzgebern.

Printed in Germany

Cover: Andrei Petrowitsch Rjabuschkin: »Kirche in Novgorod«, 1903.

Inhalt

Warenjka Ollessowa

Ewige Tage nach seiner Ernennung zum Privatdozenten in einer der Provinzuniversitäten erhielt Ippolit Sergejewitsch Polkanoff ein Telegramm von seiner Schwester, die auf ihrem Gut in einem entlegenen Waldgouvernement an der Wolga wohnte.

Das Telegramm berichtete kurz:

»Mann gestorben, komme um Gottes willen sofort, mir zu helfen – Elisawetta.«

Diese beunruhigende Aufforderung berührte ihn sehr unangenehm; sie zerstörte ihm alle seine Pläne und Stimmungen.

Er hatte sich vorgenommen, diesen Sommer in einem Dorfe bei einem seiner Freunde zuzubringen und dort viel zu arbeiten, um seine bevorstehenden Vorlesungen in Ehren abzuhalten; nun musste er sich über 1000 Werst von Petersburg und seinem Bestimmungsorte entfernen, um eine Frau zu trösten, die ihren Mann verloren hatte ... Und ihren Briefen nach zu urteilen, hatte sie nicht einmal allzu glücklich mit ihm gelebt.

Vor etwa vier Jahren hatte er seine Schwester zum letzten Mal gesehen; sie schrieben sich nur selten, und es bestand zwischen ihnen schon lange jenes offizielle Verhältnis, wie es sich zwischen Verwandten zu entwickeln pflegt, die durch große Entfernung und verschiedene Lebensinteressen getrennt sind.

Das Telegramm erweckte in ihm die Erinnerung an den Mann seiner Schwester. Es war ein gutmütiger, dicker Mann, der gut zu essen und zu trinken liebte. Sein Gesicht war rund und von einem Netze roter Adern bedeckt; die Augen klein und lustig; er pflegte schelmisch mit dem linken Auge zu zwinkern und lächelte süß, wenn er in einem unmöglichen Französisch das Liedchen »Regadez par ci, regardez par la« sang.

Ippolit Sergejewitsch war es unangenehm, zu glauben, dass so ein lustiger Kerl tot dalag – banale Menschen leben gewöhnlich lange.

Die Schwester zeigte den Schwächen dieses Mannes gegenüber verächtliche Nachgiebigkeit. Als kluge Frau verstand sie, »dass auf Steine zu schießen, nur Pfeile verlieren heißt«, und es war kaum anzunehmen, dass sie durch den Tod ihres Mannes betrübt sei. – Dennoch wäre es unangenehm, ihr die Bitte abzuschlagen. – Schließlich – arbeiten konnte man bei ihr doch ebenso gut wie anderswo.

Nachdem er noch eine Weile hin und her überlegt hatte, entschloss er sich, zu fahren; und zwei Wochen später, an einem warmen Juniabend, saß er, müde von einer vierzigwerstigen Reise, die er vom Hafen nach dem Dorfe zu Pferde hatte zurücklegen müssen, auf der Terrasse seiner Schwester gegenüber und trank eine Tasse guten schmackhaften Tee.

An dem Geländer der Terrasse, von der aus man einen Blick in den Park hatte, blühten üppige Büsche von Flieder und Akazien; schräge Sonnenstrahlen zuckten durch das dichte Laub und durchwebten die Luft mit seinen, goldenen Bändern. Phantastische Schattenbilder huschten auf dem Tische, der mit Delikatessen der ländlichen Kochkunst bedeckt war. Die Luft war durchdrungen von dem Duft der feuchten, sonnendurchwärmten Erde, von Lindenblüten und Flieder. Im Park zwitscherten laut die Vögel; hie und da flog eine Bremse oder eine Biene heran und summte emsig besorgt um den Tisch; dann schlug Elisawetta Sergejewna mit ihrer Serviette in die Luft und verscheuchte die Kühne in den Park hinaus.

Ippolit Sergejewitsch hatte sich schon überzeugt, dass seine Schwester nicht besonders durch den Tod ihres Mannes überrascht war, dass sie ihn, den Bruder, prüfend und forschend beobachtete und ihm etwas verheimlichte. Er war gewohnt, sie sich als eine Frau vorzustellen, die ganz aufging in ihren häuslichen Sorgen und von dem Wirrwarr ihres Ehelebens gebrochen war. Er erwartete, sie nervös, bleich und übermüdet zu finden. Aber jetzt, als er ihr ovales, eingebranntes, gesundes Gesicht sah, das ruhig und selbstbewusst war und durch den Glanz der klugen und großen, hellen Augen belebt wurde, fühlte er sich angenehm enttäuscht, und er suchte ihren Worten abzulauschen, was sie ihm verschwieg.

»Ich war darauf vorbereitet«, – sagte sie mit einem hohen und ruhigen Kontraalt, und ihre Stimme vibrierte schön in den hohen Registertönen, – »nach dem zweiten Schlaganfall klagte er beinahe täglich über Herzstiche, Pulsstörungen und Schlaflosigkeit ... Aber doch, als man ihn vom Felde hereintrug, versagten mir meine Füße. Man sagte, er hätte sich dort sehr aufgeregt und geschrien ... und am Abend vorher war er zu Olessoff gefahren; – das ist ein Gutsbesitzer, ein Hauptmann außer Dienst, ein Trunkenbold und Zyniker, der vom Podagra gelähmt ist ... *à propos*, er hat eine Tochter, das ist 'n nettes Mädchen, sag' ich dir ... na, du wirst sie schon kennenlernen.«

»Wenn das nicht zu vermeiden ist«, unterbrach sie Ippolit Sergejewitsch und sah lächelnd zu seiner Schwester auf. »Es geht nicht, sie kommt oft hierher ... und jetzt wird sie noch öfter kommen«, – antwortete sie ihm, ebenfalls lächelnd.

»Sucht Heiratslustige? Ich tauge nicht zu solch einer Rolle!« –

Die Schwester schaute ihm scharf ins Gesicht – ein ovales, mageres Gesicht mit schwarzem Spitzbärtchen und einer hohen, weißen Stirn. – »Weshalb taugst du nicht dazu? Ich meine natürlich nur im Allgemeinen, ohne jeden Hintergedanken an die Olessowa, das wirst du schon begreifen, wenn du sie gesehen hast ... Aber du denkst doch ans Heiraten?«

»Einstweilen noch nicht«, antwortete er kurz, indem er seine hellgrauen, mit trockenem Glanze leuchtenden Augen vom Teeglas erhob.

»Ja«, sagte Elisawetta Sergejewna nachdenkend, »mit dreißig Jahren ist dieser Schritt für einen Mann zu spät und zu früh.« – Es war ihm angenehm, dass sie das Gespräch über den Tod ihres Mannes abgebrochen hatte; aber weshalb rief sie ihn denn eigentlich so dringend zu sich? – »Männer müssen entweder mit zwanzig oder mit vierzig Jahren heiraten«, sagte sie nachdenklich, »dann ist weniger Gefahr, sich und einen andern Menschen zu betrügen ... und sollte dieser Betrug doch stattfinden, so erkauft man es im ersten Falle durch die jugendliche Frische des Gefühls, im zweiten – schlechtweg durch die gesicherte Lebensstellung, die ein Mann in den Vierzigern doch eigentlich immer einnimmt.«

Ihm schien, als wenn sie das mehr zu sich selbst als zu ihm sagte, und er unterbrach sie nicht, lehnte sich bequem in den Stuhl zurück und atmete mit Vergnügen die würzige Luft ein.

»– Er war, wie ich dir ja schon gesagt habe, am Abend vor seinem Tode bei Olessows, und wie gewöhnlich trank er reichlich ... Nun und so«, Elisawetta Sergejewna schüttelte traurig den Kopf, »bin ich jetzt allein ... ich war zwar schon nach den ersten drei Jahren meiner Ehe innerlich vereinsamt; aber jetzt bin ich in so einer sonderbaren Lage! Ich bin achtundzwanzig Jahre alt, ich habe nicht gelebt; ich war nur die Fürsorgerin für meinen Mann und meine Kinder ... die Kinder sind tot; und ich, was bin ich jetzt? Was soll ich machen, und wie soll ich leben? Ich hätte dieses Gut verkauft und mich ins Ausland begeben; aber sein Bruder erhebt Ansprüche auf die Erbschaft – ein Prozess ist nicht ausgeschlossen. Ich will nichts von meinem Eigentum abgeben ohne gesetzliche Gründe, und die sehe ich nicht in den Forderungen seines Bruders. Was meinst du dazu?«

»Du weißt, ich bin kein Jurist«, sagte Ippolit Sergejewitsch, »aber ... erzähl mir mal die Geschichte ... wir wollen sehen ... dieser Bruder ... hat er dir geschrieben?«

»Ja, und ziemlich grob sogar. Er ist ein Kartenspieler, ein ganz ruinierter, verkommener Mensch ... mein Mann liebte ihn nicht sehr, obwohl sie vieles gemein hatten.«

»Wir wollen sehen«, sagte Ippolit Sergejewitsch und rieb sich vergnügt die Hände. Es war ihm angenehm, zu erfahren, weshalb seine Schwester ihn nötig hatte; er liebte nichts Unklares, nichts Ungewisses. Er war vor allem um die Erhaltung seines inneren Gleichgewichts besorgt, und wenn irgend etwas Ungewisses dieses Gleichgewicht störte, so erfasste ihn eine unerklärliche Unruhe und Gereiztheit, welche ihn rastlos drängte, sich dieses Unverständliche zu erklären, um es möglichst schnell in den Rahmen seiner Weltanschauung hineinzubringen und es zu vergessen.

»Offen gesagt, hatten mich diese unsinnigen Ansprüche erschreckt«, sagte Elisawetta Sergejewna leise, ohne ihren Bruder anzusehen; »ich bin so müde, Ippolit, ich möchte so gerne ausruhen ... nun geht da wieder etwas los« ...

Sie seufzte tief, und indem sie sein Teeglas nahm, fügte sie mit einer traurigen Stimme, die die Nerven ihres Bruders unangenehm erregte, hinzu: »Acht Jahre mit so einem Menschen, wie mein Mann war, gelebt zu haben, gibt mir doch wohl das Recht, auszuruhen. Eine andere an meiner Stelle, eine Frau mit weniger entwickeltem Pflichtgefühl und von geringerer Rechtschaffenheit, hätte längst die schweren Ketten gesprengt; aber ich trug sie, ungeachtet, dass ich unter ihrem Drucke erlag ... Und der Tod der Kinder ... ach, Ippolit, wenn du nur wüsstest, wie ich litt, als ich sie verlor!«

Er schaute ihr ins Gesicht mit dem Ausdrucke des Mitleids, aber ihre Klagen rührten ihn nicht. Die Art und Weise, wie sie sprach, gefiel ihm nicht; es war eine Büchersprache, wie sie tief fühlenden Menschen nicht eigen ist; und ihre hellen Augen irrten so sonderbar umher und blieben nur selten auf irgendeinem Gegenstand haften. Ihre Gesten waren weich und vorsichtig, und von ihrer schlanken Gestalt wehte eine innere Kälte.

Auf das Geländer der Terrasse setzte sich ein kleines Vögelchen, hüpfte zwitschernd umher und huschte davon. Bruder und Schwester begleiteten es mit ihren Blicken und schwiegen einige Sekunden.

»Kommt manchmal jemand zu dir? Liest du?«, fragte der Bruder, sich eine Zigarette anzündend; er dachte, wie gut es wäre, an diesem schönen, ruhigen Abend zu schweigen und hier auf der Terrasse in einem bequemen Lehnstuhl zurückgelehnt, dem leisen Flüstern der Blätter zu lauschen und die Nacht zu erwarten, die kommen wird, die Klänge der Natur einzuschlummern und die Sterne zu erwecken ...

»Warenjka besucht mich; dann kommt manchmal die Banarzewa ... erinnerst du dich ihrer? Ludmila Wassiljewna ... sie lebt auch schlecht mit ihrem Mann ... aber sie versteht sich einzurichten. Bei meinem Manne haben viele Herren verkehrt, aber interessant war – keiner! Ich habe tatsächlich niemanden, mit dem ich ein paar Worte wechseln könnte ... Wirtschaft, Jagd, Zwistigkeiten aus der Landschaftsversammlung, Klatschereien, das ist alles, worüber sie sprechen ... Doch einer ist da ... der Assessor Benkowskij! Wart' mal, er fährt, glaube ich, gerade vor!« – –

»Wer denn? ... Dieser Benkowskij?«, fragte Ippolit Sergejewitsch.

Seine Frage machte sie aus irgendeinem Grunde lachen; lachend stand sie vom Stuhl auf und sagte mit veränderter Stimme:

»Warenjka!«

»Ah!«

»Wollen sehen, was du zu ihr sagen wirst ... hier hat sie alle erobert. Aber was für ein geistiger Krüppel das ist! ... Na, übrigens wirst du ja selbst sehen.«

»Hab' gar keine Lust«, erklärte er gleichgültig, sich im Lehnstuhl reckend.

»Ich komme sofort zurück«, sagte Elisawetta Sergejewna im Hinausgehen.

»Und sie wird in deiner Abwesenheit hereinkommen?«, fragte er beunruhigt, »geh nicht, bitte – lieber werde ich gehen!«

»Ich komme gleich wieder!«, rief ihm die Schwester aus dem Zimmer zurück.

Er runzelte die Stirn, blieb sitzen und schaute in den Park hinaus. Irgendwoher ließ sich Pferdegetrappel hören und das Knirschen der Räder im Sande.

Vor Ippolit Sergejewitsch' Augen dehnte sich eine Reihe alter, knorriger Pappeln, Eichen und Ahornbäume aus, in Abenddämmerung gehüllt. Ihre knorrigen Äste verflochten sich, ein dichtes Gewölbe duftenden Grüns bildend, und alle diese greisen Bäume mit rissiger Rinde, mit abgebrochenen Ästen schienen lebende, befreundete Wesen, die sich zusammenfanden in dem Bestreben, nach oben, dem Lichte entgegen sich zu strecken. Aber ihre Rinde war über und über mit einer gelben Haut von Schimmel bedeckt; aus ihren Wurzeln wuchsen viele junge

Sprosse, und daher hatten die alten mächtigen Bäume viele vertrocknete Äste, die wie Skelette in der Luft hingen.

Ippolit Sergejewitsch betrachtete sie und empfand den Wunsch, unter dem Atem des alten Parks einzuschlafen. Zwischen den Stämmen und Zweigen der Bäume leuchteten blutrote Flecke am Horizont, und auf diesem Hintergrunde sahen die Bäume noch düsterer und hagerer aus. Auf der Allee, die sich von der Terrasse aus in die neblige Ferne verlor, bewegten sich dichte Schatten, und mit jedem Augenblicke wuchs die Stille, mystische Phantasiebilder heraufbeschwörend. Dem Abendzauber sich hingebend, zeichnete ihm die Phantasie in den Abendschatten die Silhouette einer ihm bekannten Frau und ihn selber – sie gingen die Allee entlang, weit hinaus in die Ferne; sie schmiegte sich an ihn, und er fühlte die Wärme ihres Körpers.

»Guten Abend!«, ertönte eine volle Bruststimme.

Er sprang auf und wandte sich um, ein wenig verlegen. Vor ihm stand ein Mädchen von mittlerer Größe in einem grauen Kleide. Auf dem Kopfe hatte sie etwas Weißes und Luftiges, das wie ein Brautschleier aussah. – Das war alles, was er im ersten Augenblick bemerkte.

Sie streckte ihm die Hand entgegen:

»– Ippolit Sergejewitsch, ja? – Olessowa ... ich wusste schon, dass Sie heute kommen würden, und ich kam, um zu sehen, was für ein Mensch Sie sind. Habe nie Gelehrte gesehen und wusste nicht, dass sie so aussehen können.«

Ein kräftiges, heißes, kleines Händchen drückte seine Hand, und ein wenig verlegen über diese unerwartete Attacke verbeugte er sich mehrere Male schweigend; er ärgerte sich selbst über seine Verlegenheit. Er erwartete eine offene und grobe Koketterie zu erblicken, wenn er in ihr Gesicht schauen würde; aber als er aufschaute, sah er große, dunkle Augen, die treuherzig und liebkosend lächelten und ein schönes Gesicht beleuchteten. Er erinnerte sich, ebenso ein von gesunder Schönheit stolzes Gesicht einst auf einem alten, italienischen Bilde gesehen zu haben, ebenso einen kleinen Mund mit vollen Lippen, solche hohe, gewölbte Stirn und so große Augen.

»Erlauben Sie ... ich werde Bescheid sagen, dass man Licht bringt ... Bitte, setzen Sie sich.«

»Aber bitte, bemühen Sie sich nicht; ich bin hier so gut wie zu Hause«, erwiderte sie, auf seinem Stuhle Platz nehmend.

Er trat an den Tisch ihr gegenüber und betrachtete sie, obwohl er fühlte, dass es unschicklich sei, und dass er sprechen müsse; aber sie sprach selbst, ohne unter seinem fixierenden Blicke verlegen zu werden. Sie fragte ihn, wie er angekommen sei, ob ihm das Dorf gefalle, ob er lange zu bleiben gedenke; er antwortete einsilbig; seinen Kopf durchschwirrten abgehackte Gedanken; er war wie vom Schlage betäubt, und sein sonst so klarer Verstand verwirrte sich unter der Macht der plötzlich und wirr erregten Gefühle. Das Entzücken über sie kämpfte in ihm mit der Gereiztheit gegen sich und die Neugierde – mit etwas, das nahe an Furcht grenzte. Und dieses blühende, gesunde Mädchen saß ihm gegenüber im Stuhle zurückgeworfen, stramm in den Stoff ihres Kleides gehüllt, das die üppigen Formen ihrer Schulter, ihrer Brust und ihres Körpers erkennen ließ; und mit klangvoller Stimme, in der viel Gebieterisches lag, sprach sie zu ihm von bedeutungslosen Dingen, wie sie das Gesprächsthema bei der ersten Begegnung fremder Menschen zu bilden pflegen. Ihr dunkelbraunes Haar wellte sich schön, und die Augen und Brauen waren noch dunkler als das Haar. Auf ihrem braunen Halse, neben dem rosigen, durchschimmernden Ohre bebte die Haut und verriet den schnellen Kreislauf ihres Blutes; auf dem Kinn bildete sich ein Grübchen, so oft ein Lächeln ihre kleinen, weißen Zähne sehen ließ, und von jeder Falte ihres Kleides wehte es verführerisch erregend. Es lag etwas Blutdürstiges in den Wölbungen ihrer Nase und in den kleinen Zähnen, die hinter ihren saftigen Lippen leuchteten; und die Pose voll ungezwungenen Reizes erinnerte an die Grazie satter und verhätschelter Katzen.

Ippolit Sergejewitsch hatte die Empfindung, als wenn er sich in zwei Hälften teilte: die eine Hälfte seines Wesens war von dieser sinnlichen Schönheit berauscht und in sklavischer Betrachtung derselben versunken, die andere – konstatierte mechanisch den Zustand der ersten und fühlte, dass sie die Macht über sie verloren hatte. Er erwiderte die Fragen des Mädchens und richtete selbst Fragen an sie, ohne imstande zu sein, seine Augen von ihrer verführerischen Gestalt zu wenden. Er charakterisierte sie schon im Stillen als ein prachtvolles Exemplar eines Zuchtweibchens, lächelte innerlich verschmitzt über sich; aber das zerstörte nicht den Zwiespalt in ihm.

So dauerte es fort, bis seine Schwester auf der Terrasse erschien mit dem Ausrufe:

»Sagen Sie! ... Wie geschickt! Ich suche sie dort und sie ist schon ...«

»Ich bin durch den Park gegangen.«

»Na, seid bekannt geworden?«

»Oh ja! ... ich hatte mir gedacht, dass Ippolit Sergejewitsch mindestens schon eine Glatze hätte.«

»Soll ich dir Tee einschenken?«

»Meinetwegen, bitte.«

Ippolit Sergejewitsch ging von ihnen fort und trat an die Treppe, die in den Park hinunterführte. Er strich sich mit der Hand über das Gesicht und mit den Fingern über die Augen, als wolle er den Staub von ihnen abwischen. Er schämte sich vor sich selbst, dass er einem plötzlichen Gefühlsausbruche unterliegen konnte, und die Scham hierüber wich bald einer Gereiztheit gegen das Mädchen. Er nannte die Szene mit ihr eine Kosakenattacke auf Bräutigame, und er wollte ihr zeigen, dass er völlig gleichgültig zu ihrer berauschenden Schönheit wäre. »Ich übernachte bei dir und werde auch morgen den ganzen Tag hierbleiben«, sagte sie zu seiner Schwester.

»Und was wird mit Wassilij Stepanowitsch werden?«, fragte die Schwester erstaunt.

»Die Tante Lutschizkaja ist bei uns zu Besuch; sie wird sich mit ihm abgeben ... du weißt, Papa liebt sie sehr« ...

»Verzeihen Sie«, sagte Ippolit Sergejewitsch trocken, »ich bin sehr müde, und ich gehe, um mich auszuruhen.« ... Er verbeugte sich und ging, und hinter ihm erscholl der wohlwollende Ausruf Warenjkas:

»Sie hätten es längst tun müssen!« ...

Im Tone ihrer Worte hörte er nur Gutmütigkeit, aber er bezeichnete diese Gutmütigkeit als einschmeichelnd und falsch.

Das Zimmer, das für ihn eingerichtet war, hatte früher als Arbeitszimmer des Mannes seiner Schwester gedient. In der Mitte des Zimmers stand ein großer, plumper Tisch und vor demselben ein Eichenstuhl; die eine Wand füllte beinahe in ihrer ganzen Länge ein breiter, zerfetzter Diwan aus, die andere – ein Harmonium und zwei Schränke mit Büchern. Einige große weiche Stühle, ein Rauchtischchen beim Diwan und ein Schachtischchen am Fenster ergänzten die Einrichtung des Zimmers. Die Decke war niedrig und verraucht, von den Wänden schauten Bilder und Kupferstiche in groben, vergoldeten Rahmen wie dunkle Flecke herab. Alles war schwer und alt und verbreitete einen unangenehmen Geruch. Auf dem Tische stand eine große Lampe mit einer blauen Kuppel, und das Licht von ihr fiel auf den Boden.

Ippolit Sergejewitsch blieb auf dem Rande dieses Kreises stehen; und mit dem Gefühle einer unerklärlichen Unruhe schaute er auf die Fenster des Zimmers. Hinter den beiden Fenstern in der Dämmerung der hereinbrechenden Nacht hoben sich die dunklen Silhouetten der Bäume ab. Er ging und öffnete beide Fenster. Das Zimmer füllte sich mit dem Duft der Lindenblüten, und zugleich mit ihm drang der Schall eines lustigen Lachens herein.

Auf dem Diwan war sein Bett bereitet, es nahm etwas mehr als die Hälfte desselben ein. Er betrachtete es und begann seine Krawatte aufzubinden. Aber plötzlich stieß er mit einer schroffen Bewegung den Stuhl ans Fenster und setzte sich stirnrunzelnd nieder.

Das Gefühl der Unzufriedenheit mit sich selbst bemächtigte sich seiner nur selten, und wenn es ihn heimsuchte, so packte es ihn nicht stark und nicht lange; er verstand es, schnell damit fertig zu werden. Er war überzeugt, der Mensch könne und müsse seine Gemütsbewegungen verstehen und sie entweder entwickeln oder unterdrücken; und wenn man von der geheimnisvollen Kompliziertheit des psychischen Lebens eines Menschen sprach, lächelte er ironisch und nannte solche Anschauungen – Metaphysik. Umso peinlicher war für ihn die Empfindung, dass er jetzt selbst jenen Kreis der unerklärlichen Aufregungen betrat.

Er fragte sich: Ist es möglich, dass eine Begegnung mit diesem gesunden und schönen – offenbar sehr sinnlichen und dummen Mädchen so sonderbar auf ihn wirken konnte? Und sorgfältig die Reihenfolge der Eindrücke dieses Tages prüfend, musste er zustimmen. Ja, es ist so, weil sie seinen Geist plötzlich überrumpelte, weil er sehr ermüdet war von der Reise und im Momente ihres Erscheinens sich in einer ihm ungewohnten Stimmung des Träumens befand.

Dieses Nachdenken beruhigte ihn ein wenig, und sofort erschien sie wieder vor seinen Augen in ihrer üppigen, jungfräulichen Schönheit. Er betrachtete sie, schloss die Augen und schluckte nervös den Rauch seiner Zigarette. Aber betrachtend kritisierte er:

Im Grunde genommen – dachte er – ist sie vulgär: zu viel Blut und Muskeln in ihrem gesunden, schlanken Körper und wenig Nerven. Ihr naives Gesicht ist nicht intelligent, und der Stolz, der in dem offenen Blicke ihrer tiefen, dunkeln Augen leuchtet, ist der Stolz einer Frau, die von ihrer Schönheit überzeugt und durch die Bewunderung der Männer verwöhnt ist. Die Schwester sprach davon, dass diese Warenjka alle erobert ... gewiss wird sie versuchen, auch ihn zu erobern. Aber er ist hierhergekommen, um zu arbeiten und nicht um Dummheiten zu treiben, und das würde sie bald begreifen.

Aber denke ich nicht allzu viel an sie für die erste Begegnung?, durchzuckte es seinen Kopf.

Der Mond, riesengroß, blutrot, erhob sich irgendwo weit hinter den Bäumen des Parks; er schaute aus der Finsternis heraus, wie das Auge eines Ungeheuers, das sie selbst geboren hatte. Undeutliche Töne klangen vom Dorfe herüber; unter den Fenstern im Grase hörte man bisweilen ein Geräusch: es war wohl ein Maulwurf oder ein Igel, die auf Jagd gingen. Irgendwo sang eine Nachtigall; und der Mond stieg am Himmel empor, langsam, als ob ihm die verhängnisvolle Notwendigkeit seines Laufes verständlich sei und ihn ermüde.

Ippolit Sergejewitsch warf seine ausgebrannte Zigarette aus dem Fenster, entkleidete sich und löschte die Lampe aus. Die Dunkelheit drang ins Zimmer, und die Bäume rückten näher hinter den Fenstern heran, als ob sie hineinschauen wollten. Auf den Boden des Zimmers legten sich zwei Streifen von Mondlicht, die noch schwach und trübe waren. Die Springfedern des Diwans knarrten unter dem Gewichte Ippolit Sergejewitsch', und durchdrungen von der angenehmen Frische der Leinwandwäsche, streckte er sich aus und blieb regungslos auf dem Rücken liegen.

Bald begann er zu schlummern und hörte unter seinem Fenster vorsichtige Schritte und ein tiefes Flüstern:

»Marja ... bist du hier? He?« ... Lächelnd schlief er ein.

Als er am Morgen in dem grellen Sonnenschein, der das Zimmer erfüllte, aufwachte, lächelte er wieder in der Erinnerung an den gestrigen Abend und an das Mädchen. Zum Tee erschien er sorgfältig gekleidet, trocken und ernst, wie es sich für einen Gelehrten schickt. Als er aber nur seine Schwester am Tische sah, entfielen ihm unwillkürlich die Worte:

»Und wo ist ...«

Das schelmische Lächeln seiner Schwester hielt ihn, noch bevor er seine Frage beendet hatte, zurück, und schweigend setzte er sich an den Tisch. Elisawetta Sergejewna musterte sorgfältig seinen Anzug, ohne das Lächeln zu unterlassen und ohne auf seine zusammengezogenen Brauen Rücksicht zu nehmen. Ihn ärgerte dieses vielsagende Lächeln.

»Sie ist schon längst aufgestanden, wir gingen zusammen baden, und jetzt ist sie wahrscheinlich im Park«, erklärte Elisawetta Sergejewna.

»Wie du ausführlich berichtest«, sagte er ironisch lächelnd, »bitte lass sofort nach dem Tee meine Koffer öffnen.«

»Und auch die Sachen herausnehmen?«

»Nein, nein, das ist nicht nötig; ich werde es selbst tun, sonst wühlt man mir nur alles durcheinander ... da sind auch Bonbons für dich und Bücher.«

»Danke! Das ist nett ... ah, da ist auch Warenjka!«

Sie erschien in der Tür in einem leichten, weißen Kleide, das in üppigen Falten von den Schultern zu den Füßen herabfiel. Ihre Kleidung hatte viel Ähnlichkeit mit einer Kinderbluse, und sie sah selbst darin wie ein Kind aus. Sie blieb eine Sekunde in der Tür stehen und fragte:

»Habt ihr denn auf mich gewartet?« Und geräuschlos, wie eine Wolke, trat sie an den Tisch.

Ippolit Sergejewitsch verbeugte sich schweigend, und als er ihre Hand drückte, sog er den zarten Veilchenduft ein, den sie um sich verbreitete.

»Gott, hast du dich parfümiert!«, rief Elisawetta Sergejewna.

»Etwa mehr als sonst? Lieben Sie Parfüm, Ippolit Sergejewitsch? – ich – schrecklich! Wenn es Veilchen gibt, pflücke ich sie jeden Morgen nach dem Baden und zerreibe sie in der Hand; das habe ich noch im Gymnasium gelernt ... und Ihnen gefallen Veilchen?«

Er trank Tee und schaute sie nicht an; aber er fühlte, wie ihre Augen auf seinem Gesicht hafteten.

»Ich habe wirklich nie darüber nachgedacht, ob sie mir gefallen oder nicht«, erwiderte er trocken, indem er mit den Schultern zuckte. Zu ihr aufblickend aber, lächelte er unwillkürlich.

Gehoben durch den schneeweißen Stoff ihres Kleides, leuchtete ihr Gesicht in üppiger Röte, und die tiefen Augen strahlten in heller Freude. Gesundheit, Frische, unbewusstes Glück strömten von ihr aus. Sie war schön, wie ein leuchtender Maientag im Norden.

»Dachten nicht?«, rief sie aus. »Aber wie ist das möglich – Sie sind doch Botaniker!«

»Aber kein Blumenzüchter«, erklärte er kurz – und dachte unzufrieden, dass es vielleicht grob sei, und wandte seine Augen von ihrem Gesichte ab.

»Ist denn Botanik und Blumenzüchterei nicht dasselbe?«, fragte sie nach einem Augenblick des Schweigens.

Seine Schwester lachte, ohne sich zu genieren, laut auf. Er fühlte plötzlich, dass ihn dieses Lachen unangenehm berühre, und mit Bedauern gestand er sich: ja, sie ist dumm. Aber später, als er ihr den Unterschied zwischen Botanik und Blumenzüchterei erklärt hatte, milderte er sein Urteil dahin, dass sie nur unwissend sei. Sie hörte seiner ernsten und gründlichen Rede zu und schaute ihn mit den Augen einer aufmerksamen Schülerin an – und das gefiel ihm. Während er sprach, ließ er seine Augen oft von ihrem Gesichte auf das seiner Schwester gleiten, und in ihrem Blicke, der regungslos auf dem Gesichte Warenjkas haftete, las er einen durstigen Neid. Das störte ihn zu sprechen; es erweckte in ihm ein Gefühl, das einer Verachtung sehr nahe kam.

»Ja–a!«, sagte gedehnt das Mädchen, »so ist die Sache! Und was? Ist die Botanik eine interessante Wissenschaft?«

»Hm! Sehen Sie, die Wissenschaften muss man von dem Standpunkte des Nutzens betrachten, den sie der Menschheit bringen«, erklärte er seufzend.

Ihr Mangel an Entwicklung bei ihrer Schönheit steigerte in ihm das Mitleid mit ihr. Und sie fragte ihn, nachdenklich mit dem Löffelchen auf dem Rande ihrer Tasse klappernd:

»Was für einen Nutzen kann es denn bringen, wenn Sie wissen, wie eine Klette wächst?«

»Denselben, den wir aus dem Studium der Lebenserscheinungen irgendeines Menschen ziehen.«

»Der Mensch und die Klette!«, sagte sie lächelnd. »Lebt denn jeder einzelne Mensch so wie alle?«

Ihm war es sonderbar, dass dieses uninteressante Gespräch ihn nicht ermüdete.

»Esse und trinke ich denn so wie die Bauern?«, setzte sie, ernst die Brauen zusammenziehend, hinzu. »Und leben denn viele so wie ich?«

»Und wie leben Sie denn?«, fragte er, ahnend, dass diese Frage das Gesprächsthema ändern würde; und es lag ihm daran, denn in dem Blicke seiner Schwester auf Warenjka mischte sich ein böser und spöttischer Zug.

»Wie ich lebe?«, fragte das Mädchen, plötzlich in Feuer kommend. »Gut!«, und sie schloss sogar die Augen vor Vergnügen. »Wissen Sie, ich erwache des Morgens, und wenn der Tag ein sonniger ist, wird mir sofort schrecklich lustig zumute! So als hätte man mir etwas Teueres und Schönes geschenkt, etwas, was ich mir schon lange gewünscht habe ... laufe baden – unser Fluss führt Quellwasser – das Wasser ist kalt, so dass es schneidet. Es sind dort tiefe Stellen, und ich werfe mich dorthin gerade vom Ufer mit dem Kopfe hinunter – Buch! ... Als ob du dich verbrannt hättest ... stürzest ins Wasser wie in einen Abgrund, und im Kopfe rauscht es; tauchst wieder auf, reißt dich aus dem Wasser heraus, und die Sonne schaut dich an und lacht! Dann gehe ich durch den Wald nach Hause, pflücke Blumen, atme die Waldluft bis zur Trunkenheit, komme nach Hause, der Tee ist fertig; trinke Tee, und vor mir stehen Blumen – und die Sonne schaut mich an ... Ach! Wenn Sie wüssten, wie ich die Sonne liebe! Dann beginnt der Tag, und es fangen die Sorgen um die Wirtschaft an ... bei uns lieben mich alle, im Nu verstehen sie mich und gehorchen ... und alles dreht sich, wie ein Rad, bis zum Abend ... Dann geht die Sonne unter, der Mond und die Sterne gehen auf ... wie das alles schön ist und immer wie neu! Sie verstehen? Ich kann es nicht erklären ... weshalb es so schön ist, zu leben ... aber vielleicht fühlen Sie es selbst, ja? ... Es ist Ihnen doch verständlich, weshalb das Leben so schön, so interessant ist?«

»Ja ... gewiss!«, stimmte er zu. Er hätte gerne mit der Hand das boshafte Lächeln von dem Gesichte seiner Schwester verscheucht.

Er schaute zu Warenjka hinüber und ließ sich nicht darin stören, sie zu bewundern, wie sie vor Verlangen zitterte, ihm die Kraft der Freude zu übergeben, die ihr ganzes Wesen mit Jubel erfüllte; aber diese Ekstase erhöhte sein Mitleid mit ihr bis zu einer scharf schmerzenden Empfindung. Er sah vor sich ein Geschöpf, das trunken war von der Pracht seines Naturlebens, voll grober Poesie, berückend schön, aber nicht durch Geist geadelt. »Und den Winter! Lieben Sie den Winter? Er ist ganz weiß, gesund, herausfordernd, zum Kampfe einladend ...«

Ein schrilles Läuten unterbrach ihre Rede; es war Elisawetta Sergejewna, die geläutet hatte, und als ein großes Mädchen mit einem runden, gutmütigen Gesichte und schelmischen Augen ins Zimmer hineinflog, sagte sie mit müder Stimme:

»Räumen Sie das Geschirr ab, Mascha!«

Dann begann sie sorgenvoll im Zimmer auf und ab zu gehen, laut mit den Füßen schurrend.

Das alles ernüchterte das junge Mädchen ein wenig; sie zuckte mit den Schultern, als ob sie etwas von ihnen abschütteln wollte, und ein wenig verlegen fragte sie Ippolit Sergejewitsch:

»Ich bin Ihnen langweilig geworden mit meinen Erzählungen?«

»Aber ich bitte Sie!«, protestierte er.

»Nein, ernstlich, Sie hielten mich für dumm?«, drang sie in ihn.

»Aber weshalb denn?«, rief Ippolit Sergejewitsch und wunderte sich selbst, dass es bei ihm so warm und aufrichtig herauskam.

»Ich bin eine Wilde ... das heißt ... ungebildet«, entschuldigte sie sich.

»Aber ich bin froh, mit Ihnen zu sprechen ... weil Sie so ein Gelehrter sind und so einer ... nicht so einer, wie ich Sie mir vorgestellt habe.«

»Und was haben Sie sich denn für eine Vorstellung von mir gemacht?«, fragte er lächelnd.

»Ich dachte, Sie würden immer lauter Weisheiten reden ... warum und wie, das ist nicht so, das ist eben so, und alle sind dumm, nur ich allein bin klug ... Bei Papa war einst ein Kamerad zu Besuch, auch ein Oberst wie Papa und auch ein Gelehrter wie Sie. Aber er war ein Militärgelehrter ... wie heißt das? ... Einer vom Generalstab ... und er war sehr aufgeblasen. Meiner Ansicht nach hat er sogar gar nichts gewusst; er renommierte nur ganz einfach.«

»Da haben Sie sich denn auch von mir solches Bild gemacht?«, fragte Ippolit Sergejewitsch.

Sie wurde verlegen, errötete, und vom Stuhle aufspringend, fing sie an, komisch im Zimmer herumzulaufen, und sagte verwirrt:

»Ach! Wie Sie ... wie konnte ich so was?«

»Nun, hört mal, liebe Kinder«, sagte Elisawetta Sergejewna mit zusammengekniffenen Augen, »ich muss mich um die Wirtschaft kümmern, und Euch lasse ich unter Gottes Obhut zurück.«

Und lachend verschwand sie, mit den Röcken rauschend. Ippolit Sergejewitsch schaute ihr vorwurfsvoll nach und dachte, dass man eigentlich mit ihr sprechen müsse, wie sie sich diesem im Grunde gutmütigen und netten, aber unentwickelten jungen Mädchen gegenüber benehme.

»Wissen Sie was! ... Wollen Sie rudern? Lassen Sie uns bis zum Walde fahren, dort spazieren gehen und zum Mittagessen zurückkehren! Einverstanden? Ich bin schrecklich froh, dass heute ein so sonniger Tag ist, und dass ich nicht zu Hause bin ... Bei Papa ist wieder das Podagra im Gange, und ich müsste mich mit ihm abgeben. Papa ist launisch, wenn er krank ist.«

Erstaunt über den offenherzigen Egoismus, willigte er nicht sofort ein, und als er antwortete, erinnerte er sich seines Vorhabens, welches er gestern gefasst hatte, und mit welchem er auch heute Morgen das Zimmer verlassen hatte. Aber einstweilen gibt sie ja noch keinen Grund zu dem Verdachte, sein Herz erobern zu wollen. In ihren Reden liegt alles eher als Koketterie ... Und schließlich weshalb nicht einen Tag mit so einem entschieden originellen Mädchen verbringen. »Können Sie rudern? Schlecht! ... Das macht nichts, ich tue es selbst; das Boot ist leicht. Gehen wir!«

Sie gingen auf die Terrasse hinaus und in den Park hinunter. Neben seiner langen und mageren Figur erschien sie kleiner und dicker. Er bot ihr seinen Arm an, aber sie schlug ihn aus:

»Weshalb? Das ist gut, wenn man müde ist, sonst stört es einen nur im Gehen.«

Er schaute sie lächelnd durch seine Brille an und ging, seine Schritte den ihren anpassend, was ihm sehr gefiel. Sie hatte einen leichten und schönen Gang – ihr weißes Kleid umschwebte ihre Gestalt, ohne dass eine Falte sich bewegte. In der einen Hand hielt sie den Schirm, mit der andern gestikulierte sie schön, ihm die malerische Umgebung des Dorfes schildernd. Die Bewegung ihres bis zum Ellbogen entblößten Armes, der kräftig und braun war und von einem goldigen Flaume bedeckt, zwang Ippolit Sergejewitsch, ihm aufmerksam zu folgen. Und wieder zitterte in dem Innern seiner Seele eine unerklärliche, unfassliche Unruhe. Er bemühte sich, sie zu überwinden, indem er sich fragte, was ihn treibe, diesem Mädchen zu folgen, und er antwortete sich: Neugierde, ein ruhiges und reines Verlangen, ihre Schönheit zu bewundern.

»Da ist der Fluss! Gehen Sie und setzen Sie sich ins Boot; ich werde die Ruder holen!«

Und sie verschwand hinter den Bäumen, noch bevor er sie bitten konnte, ihm zu sagen, wo er die Ruder finden könne.

In dem regungslosen, kalten Wasser des Flusses spiegelten sich die Bäume mit den Gipfeln nach unten ab. Er setzte sich ins Boot und betrachtete sie ... Diese gespenstischen Bilder waren schöner und üppiger als die lebenden Bäume, die am Ufer standen und das Wasser mit ihren zackigen, knorrigen Ästen beschatteten. Das Widerspiegeln veredelte sie, es verwischte das Hässliche, und aus dem ärmlichen Motive, der im Laufe der Zeit verkrüppelten Wirklichkeit, schuf es im Wasser ein lichtes, harmonisches Phantasiegebilde.

Ippolit Sergejewitsch war versunken in die Betrachtung dieses geisterhaften Bildes. Tiefe Stille, die geweiht war durch das Leuchten der kühlen Morgensonne, umgab ihn. Er sog die Luft ein, die voll war von dem Glücke der jubelnden Lerchen; er fühlte, wie eine neue, wohlige Ruhe über ihn kam, seinen Geist umschmeichelte, sein ewiges, rebellisches Streben, alles zu erforschen und zu erklären, zum Schweigen brachte. Feierliche Stille herrschte ringsumher; kein Blatt regte sich am Baume, und in dieser Ruhe vollzog sich unermüdlich die stumme Schöpfung der Natur, tonlos schuf sich das Leben, immer vom Tode getroffen, aber dennoch unbesiegbar; und langsam arbeitete der Tod fort, alles vernichtend und doch keinen Sieg davontragend. Und der klare Himmel leuchtete in friedlicher Schönheit.

Auf dem Hintergrunde des Bildes, im Wasser des Flusses erschien eine schöne, weiße Frauengestalt, ein freundliches Lächeln auf dem Gesicht. Sie stand dort, in der Hand die Ruder, als locke sie ihn zu sich; schweigsam, strahlend schön schien sie sich vom Himmel abzuspiegeln.

Ippolit Sergejewitsch wusste, dass es Warenjka war, die aus dem Park kam, und er fühlte, dass sie ihn anschaue; aber er wollte nicht durch einen Laut oder eine Bewegung sich von dem Zauber losreißen.

»Sagen Sie! Was für ein Träumer sind Sie!«, erscholl in der Luft ein verwunderter Ausruf.

Er wandte sich mit Bedauern vom Wasser ab und blickte zu dem Mädchen auf, das elastisch auf einem steilen Pfad zum Ufer hinunterstieg; und sein Bedauern schwand; denn dieses Mädchen war auch in Wirklichkeit bezaubernd schön.

»Man könnte wahrhaftig nicht glauben, dass Sie zu träumen lieben! Ihr Gesicht ist so streng und ernst ... Werden Sie steuern; gut? Wir wollen stromaufwärts fahren, dort ist es schöner ... und überhaupt ist es interessanter, gegen die Strömung zu fahren, weil man rudert, man bewegt sich, man fühlt sich ...«

Das vom Ufer abgestoßene Boot fing an, träge in dem schlafenden Wasser zu schaukeln, aber ein kräftiger Ruderschlag brachte es sofort in die Richtung längs des Ufers, und von einer Seite nach der andern schwankend, glitt es mit dem zweiten Ruderschlage leicht vorwärts.

»Wir wollen an dem hügeligen Ufer entlang fahren, dort ist es schattiger«, sagte das Mädchen, das Wasser mit geschickten Schlägen teilend. »Hier ist aber ein schwacher Strom! ... Aber auf dem Dnjepr – die Tante Lutschitzkaja hat dort ein Gut – da, sag' ich Ihnen, ist es schrecklich. Es reißt einem immerfort die Ruder aus der Hand ... Haben Sie die Strudel des Dnjepr gesehen?«

»Nein, in solche Strudel habe ich mich noch nicht gestürzt«, bemühte sich Ippolit Sergejewitsch einen Witz zu machen.

»Ich fuhr hindurch«, sagte sie lachend, »es war schön! Einmal wurde beinahe das Boot zertrümmert; ich wäre damals sicherlich ertrunken ...«

»Nun, das wäre schon gar nicht schön«, sagte Ippolit Sergejewitsch ernst.

»Und weshalb? Ich fürchte mich gar nicht vor dem Tode, wenn ich auch das Leben liebe ... Vielleicht ist es dort auch interessant, wie auf der Erde ...«

»Und vielleicht ist dort nichts«, sagte er, sie neugierig anschauend.

»Nun, wie ist das möglich!«, rief sie überzeugt. »Gewiss ist dort etwas!«

Er beschloss, sie nicht zu stören – mag sie philosophieren; in einem passenden Momente wird er sie unterbrechen und sie zwingen, ihr armes Weltchen von Vorstellungen vor ihm auszubreiten. Sie saß ihm gegenüber, die kleinen Füßchen gegen das Brett stemmend, das am Boden des Bootes angenagelt war, und mit jedem Ruderschlage beugte sie den Körper zurück; dann hob sich unter dem leichten Stoffe ihres Kleides plastisch der jungfräuliche, hohe, elastische Busen ab, der bei jeder Bewegung bebte.

Sie trägt kein Korsett, dachte Ippolit Sergejewitsch, die Augen niederschlagend; aber sie blieben auf den Füßchen haften, die sich gegen den Boden des Bootes stemmten, und bei dieser Bewegung spannten sich die Muskeln, und man sah die Konturen der Beine bis zu den Knien.

Zum Kuckuck! Hat sie etwa absichtlich dieses dumme Kleid angezogen?, dachte er gereizt und wandte sich ab, das hohe Ufer betrachtend.

Am Park vorbei fuhr man an dem steilen Ufer entlang. Erbsenranken hingen herab, Kürbisse mit ihren samtartigen Blättern, und die großen, gelben Räder der Sonnenblumen, die am Rande des Abhanges standen, schauten ins Wasser hinunter. Das andere Ufer, niedrig und flach, zog sich weit in die Ferne bis zu den grünen Wänden des Waldes, dicht bedeckt vom leuchtenden Grün des saftigen und frischen Grases, aus dem hell- und dunkelblaue Blümlein, wie Kinderäuglein, zärtlich auf das Boot herabblickten. Und gerade vor dem Boote erhob sich ein dunkelgrüner Wald; und der Fluss bohrte sich in ihn hinein wie ein Stück kalten Stahles.

»Ist Ihnen heiß?«, fragte Warenjka.

Er schaute zu ihr auf und fühlte, dass er verlegen wurde. Auf ihrer Stirn unter dem Kranz ihrer welligen Haare perlten Schweißtropfen, und die Brust hob und senkte sich.

»Verzeihen Sie«, rief er reuevoll, »ich war ganz im Betrachten versunken ... Sie sind müde ... geben Sie mir doch die Ruder.«

»Ich denke gar nicht daran. Sie meinen, ich bin müde? Das ist sogar eine Beleidigung für mich. Wir haben noch keine zwei Werst gemacht ... Nein, bleiben Sie ruhig sitzen; bald werden wir anlegen und spazieren gehen.«

Man sah es ihrem Gesichte an, dass es überflüssig wäre, zu widersprechen; er zuckte verdrießlich mit den Schultern und schwieg unzufrieden nachdenkend.

Es scheint, als ob sie mich für einen Schwächling hält.

»Sehen Sie, das ist der Weg zu uns«, sagte sie, mit einer Kopfbewegung nach dem Ufer weisend. »Hier ist eine Furt im Flusse, und von hier aus sind es noch vierzehn Werst zu uns. Bei uns ist es auch schon, schöner als in Ihrem Polkanowka.«

»Sie leben auch im Winter auf dem Gut?«, fragte er.

»Und wie denn? – Ich führe ja die ganze Wirtschaft; Papa steht nicht vom Stuhle auf ... man rollt ihn durch die Zimmer.«

»Aber es muss Ihnen langweilig sein, so zu leben!«

»Weshalb denn? Ich habe sehr viel zu tun ... und nur einen Gehilfen – Nikon, Papas Burschen. Er ist schon alt und trinkt ebenfalls, aber ein schrecklicher Athlet, und er versteht seine Sache. Die Bauern fürchten ihn ... er schlägt sie, und sie haben ihn auch einmal ordentlich geschlagen ... furchtbar! Er ist merkwürdig ehrlich und ist mir und Papa sehr zugetan ... liebt uns wie ein Hund! Ich liebe ihn auch. Haben Sie vielleicht einen Roman gelesen, in dem der Held ein arabischer Offizier, Graf Louis Grammon, ist; er hat auch einen Burschen Sadi-Koko?«

»Hab' nicht gelesen«, gestand bescheiden der junge Gelehrte.

»Lesen Sie ihn unbedingt, es ist ein guter Roman«, riet sie ihm überzeugt, »ich nenne Nikon, wenn er mich zufriedenstellt, auch Sadi-Koko. Früher war er darüber böse; aber ich las ihm einst diesen Roman vor, und jetzt weiß er, dass es für ihn schmeichelhaft ist, dem Sadi-Koko ähnlich zu sein.« Ippolit Sergejewitsch schaute sie an, wie ein Europäer eine fein ausgeführte, aber phantastisch hässliche Statuette eines Chinesen anschaut – mit einer Mischung von Staunen, Mitleid und Neugierde. – Und sie erzählte ihm mit Feuer von den Heldentaten des Sadi-Koko, der voll blinder Ergebenheit zum Grafen Louis Grammon war.

»Verzeihen Sie, Warwara Wassiljewna«, unterbrach er ihre Rede, »und Romane von russischen Autoren haben Sie gelesen?«

»Oh ja! Aber ich liebe sie nicht, langweilig sind sie, überlangweilig! Und schreiben nur so ein Zeug, das ich selbst ebenso gut kenne wie sie. Sie können nichts Interessantes ausdenken, und bei ihnen findet man beinahe immer nur die Wahrheit.« »Und lieben Sie denn nicht die Wahrheit?«, fragte sie Ippolit Sergejewitsch weich.

»Ach, aber nicht doch! Ich sage jedem die Wahrheit ins Gesicht und« ... Sie schwieg, dachte nach und fragte:

»Und was ist daran zu lieben? Das ist meine Gewohnheit, wie soll ich sie denn lieben?«

Er hatte nicht die Zeit, ihr zu antworten; denn sie kommandierte schnell und laut:

»Halten Sie links ... Schneller! Da zu dieser Eichel ... Ach, wie ungeschickt Sie sind!«

Das Boot gehorchte nicht seiner Hand und legte sich mit der Breitseite ans Ufer, obwohl er mit Anstrengung das Wasser mit seinem Ruder wühlte.

»Macht nichts, macht nichts!«, sagte sie, stand plötzlich auf und sprang über den Rand des Bootes.

Ippolit Sergejewitsch schrie dumpf auf, warf das Ruder fort und streckte die Hände nach ihr aus. Aber sie stand unbeschädigt am Ufer, die Kette des Bootes in der Hand haltend, und fragte ihn schuldbewusst: »Hab' ich Sie erschreckt?«

»Ich dachte, Sie würden ins Wasser fallen«, sagte er leise.

»Kann man denn hier fallen, und dabei ist es hier nicht tief!«, entschuldigte sie sich, die Augen niederschlagend, und zog das Boot ans Ufer. – Er aber saß auf dem Steuer und dachte, dass er es eigentlich tun müsste.

»Sehen Sie, was für ein Wald!«, sagte sie, als er ans Ufer gestiegen war und zu ihr herantrat. »Er ist doch schön! Dort bei Petersburg gibt es auch so schöne Wälder?«

Vor ihnen lag ein schmaler Weg, auf beiden Seiten von verschiedenen Baumarten umgeben. Unter ihren Füßen wölbten sich knotige Wurzeln, von den Rädern der Dorfkarren zerdrückt, über ihnen ein dichtes Zelt von Zweigen und irgendwo hoch oben blaue Fetzen von Himmel. Die Strahlen der Sonne, dünn wie Saiten, zitterten in der Luft, den schmalen grünen Gang quer durchschneidend. Der Geruch von verfaulten Blättern, Pilzen und Birken ermüdete sie; Vögel huschten hin und her und störten die ernste Ruhe des Waldes durch ihren lebhaften Gesang und ihr emsiges Zwitschern. Irgendwo klopfte der Specht, summte eine Biene, und zwei Schmetterlinge, einer den andern verfolgend, flogen voran, als ob sie ihnen den Weg zeigen wollten.

Sie gingen langsam; Ippolit Sergejewitsch schwieg; er wollte Warenjka in ihrem Suchen nach Worten für ihre Gedanken nicht stören, und sie sprach zu ihm voll Eifer:

»Ich lese nicht gerne von Bauern. Was kann es in ihrem Leben Interessantes geben! Ich kenne sie, lebe mit ihnen. Was man über sie schreibt, ist nicht richtig, nicht wahr. Sie werden so bemitleidenswert geschildert, und sie sind ganz einfach nur niederträchtig; sie sind gar nicht zu bedauern. Sie wollen nur eins – einen betrügen, einen bestehlen. Betteln immer, sind abscheulich, schmutzig ... und sie sind die Klugen. Oh! Sie sind sogar sehr listig; wie sie mich manchmal plagen, wenn Sie nur wüssten!« Jetzt erhitzte sie sich, und auf ihrem Gesichte drückte sich Erbostheit und Langeweile aus. Es war klar, dass die Bauern in ihrem Leben eine große Rolle spielten; wenn sie sie schilderte, ließ sie sich sogar bis zum Hasse fortreißen. Ippolit Sergejewitsch war erstaunt über die Stärke ihrer Aufregung. Da er aber diese Ausschreitungen »des Herrn« nicht weiter anzuhören wünschte, unterbrach er sie:

»Sie sprachen von französischen Schriftstellern.«

»Ach ja! Das heißt von russischen«, – verbesserte sie ihn, sich beruhigend. »Sie fragen, weshalb schreiben die Russen schlechter? – Das ist klar! Weil sie nichts Interessantes ausdenken können. Bei den Franzosen sind die Helden wirkliche Helden; sie sprechen auch nicht so wie alle Menschen und handeln anders. Sie sind immer tapfer, verliebt, lustig ... Und bei uns sind Helden gewöhnliche Menschen, ohne Mut, ohne feurige Gefühle; solche hässliche, klägliche, ganz wirkliche Menschen und weiter nichts! Weshalb sind sie Helden? Niemals kann man das in einem russischen Buche verstehen. Ein russischer Held ist so dumm, so sackförmig, immer ist ihm alles zuwider, immer denkt er über etwas Unverständliches nach und bedauert alle, und selbst ist er beklagenswert, zu beklagenswert. Denkt nach, sagt etwas, macht eine Liebeserklärung, dann denkt er wieder, bis er schließlich heiratet ... und wenn er geheiratet hat, sagt er seiner Frau saure Dummheiten und verlässt sie ...

Was ist da Interessantes? Mich ärgert es sogar; denn es ist eigentlich ein Betrug. Statt eines Helden steckt immer eine Vogelscheuche im Roman! Und wenn man ein russisches Buch liest, vergisst man nie das wirkliche Leben – ist das gut? Wenn man aber ein französisches Buch liest – da zittert man für die Helden, man hasst, man will sich schlagen, wenn sie sich schlagen; man weint, wenn sie zugrunde gehen ... leidenschaftlich wartet man auf den Schluss des Romans, und wenn man ihn ausgelesen hat – weint man vor Verdruss, dass er schon zu Ende ist. Da lebt man – in den russischen Büchern ist es ganz unverständlich, weshalb die Menschen überhaupt leben! Wozu Bücher schreiben, wenn man nichts Außergewöhnliches zu sagen hat! Sonderbar, wirklich!«

»Darauf könnte man Ihnen vieles erwidern, Warwara Wassiljewna«, unterbrach er ihren stürmischen Redefluss.

»Nun, erwidern Sie, bitte!«, sagte sie, gnädig lächelnd. »Sie werden mich gewiss vernichten.«

»Werde mir Mühe geben. Vor allem, welche russischen Schriftsteller haben Sie gelesen?«

»Verschiedene ... übrigens sind sie sich alle gleich. Zum Beispiel Saljaß ... Er ahmt den Franzosen nach, aber schlecht. Übrigens hat er auch russische Helden. Aber kann man denn von ihnen interessant schreiben? Noch viele habe ich gelesen: Mordowzew, Markewitsch, Pasuchin. – Sie sehen aus, als ob Ihnen schon der Name sagte, dass sie nichts Gutes schreiben können. Sie haben nichts von ihnen gelesen? Und haben Sie Fortunet de Bonagobey gelesen? Pinçon de Terraille, Arcène de Hausset, Pierre Saconnez, Dumas, Gaboriot, Borne? Wie schön, mein Gott! Warten Sie ... wissen Sie was? Mir gefallen in den Romanen am meisten die Mörder, die so geschickt viele hinterlistige Netze legen, morden, vergiften ... klug sind sie und stark ... und wenn man sie endlich erwischt, packt mich der Zorn, sogar bis zu Tränen bringt es mich. Alle hassen den Verbrecher, alle sind gegen ihn – er allein ist gegen alle! Das ist ein Held! Und jene andern, die Tugendhaften, werden ekelhaft, wenn sie siegen ... Und überhaupt, wissen Sie! Mir gefallen die Menschen nur, solange sie etwas energisch wollen, auf etwas ausgehen, etwas erstreben, sich quälen ... Aber wenn sie am Ziele sind und stehen bleiben, da sind sie schon nicht mehr interessant ... Sogar banal!«

Aufgeregt und wahrscheinlich stolz auf das, was sie gesagt hatte, ging sie langsam an seiner Seite mit schön gehobenem Kopfe und funkelnden Augen.

Er schaute ihr ins Gesicht, und nervös am Bärtchen zupfend, suchte er nach Ausdrücken, die sie auf einmal von diesem groben Schleier von Staub, der ihren Geist umhüllte, befreien würden. Er fühlte sich verpflichtet, ihr zu erwidern; wollte aber noch ihr naives, eigenartiges Plaudern hören, noch sehen, wie sie, fortgerissen von ihren Anschauungen, ihm vertrauensvoll ihre Seele aufdeckte. Er hatte nie solche Reden gehört; sie waren hässlich und unmöglich in seinen Augen; aber gleichzeitig harmonierte alles, was sie sagte, vollkommen mit ihrer raubtierähnlichen Schönheit. Er sah einen ungeschliffenen Geist vor sich, der ihn durch seine Grobheit beleidigte, und ein verführerisch schönes Weib, das seine Sinne reizte. Diese beiden Elementargewalten drückten auf ihn mit der ganzen Kraft ihrer Unmittelbarkeit. Man musste ihnen etwas Widerstandsfähiges entgegenstellen, sonst – das fühlte er – könnten sie ihn herauswerfen aus dem gewohnten Geleise seiner Anschauungen und Stimmungen, in welchen er bis zur Begegnung mit ihr ruhig dahinlebte. Er hatte eine klare Logik und debattierte gut mit Leuten aus seinen

Kreisen. Aber wie mit ihr sprechen, und was ihr sagen, um ihren Geist auf den richtigen Weg zu lenken und ihre Seele zu veredeln, die durch dumme Romane, durch die Gesellschaft von Bauern, eines Soldaten und eines Trunkenbolds von Vater verkrüppelt war?

»Uh, wie ich viel gesprochen habe!«, rief sie aufatmend. »Bin ich Ihnen langweilig geworden, ja?«

»Nein, aber ...«

»Ich, sehen Sie, freue mich sehr mit Ihnen. Bis Sie kamen, hatte ich niemanden, mit dem ich reden konnte. Ihre Schwester, weiß ich, liebt mich nicht und ist immer mit mir unzufrieden ... wahrscheinlich, weil ich dem Vater Branntwein gebe, und weil ich Nikon geschlagen habe ...«

»Sie?! Geschlagen! Eh ... wie haben Sie das gemacht?«, rief er erstaunt.

»Sehr einfach, ich habe ihn durchgepeitscht mit Papas Knute; das ist alles! Verstehen Sie, es war gerade Dreschzeit, schreckliche Arbeitsnot, und er – das Vieh! – war betrunken. Hat er das Recht, sich anzutrinken, wenn die Arbeit drängt – und überall ist sein Auge nötig! Diese Bauern, sie ...«

»Aber hören Sie, Warwara Wassiljewna«, begann er eindringlich und so sanft er konnte, »ist es denn recht, einen Knecht zu schlagen? Ist das edelmütig? Bedenken Sie nur! Schlagen denn jene Helden, vor denen Sie sich beugen, ihre Ergebenen ... Sady-Koko?«

»Oh! und noch wie! Graf Louis Grammon versetzte einst dem Koko so eine Ohrfeige, dass mir sogar das arme Soldatchen leidtat. Und was kann ich mit ihnen machen, wenn nicht schlagen? Es ist noch gut, dass ich es kann. Ich bin doch stark! Fühlen Sie, was für Muskeln ich habe!«

Sie beugte den Arm und hielt ihn ihm stolz hin. Er legte seine Hand darauf, oberhalb des Ellbogens, und drückte fest mit seinen Fingern; aber sofort besann er sich, schaute sich verlegen um und errötete. Ringsum standen stumm die Bäume und nur ...

Im Allgemeinen war er mit Frauen nicht bescheiden; aber sie brachte ihn dazu durch ihre Einfachheit und Zutraulichkeit, obwohl sie in ihm ein Gefühl entfachte, das gefährlich war für ihn selbst.

»Sie besitzen eine beneidenswerte Gesundheit«, sagte er und beobachtete nachdenklich die kleine eingebrannte Hand, die an den Fältchen ihres Kleides auf der Brust zupfte, »und ich glaube, dass Sie ein sehr gutes Herz haben«, entfuhr es ihm unwillkürlich.

»Ich weiß nicht!«, entgegnete sie kopfschüttelnd, »kaum – ich habe keinen Charakter; manchmal bedaure ich die Menschen, – sogar die, die ich nicht liebe.«

»Manchmal nur?«, sagte er lächelnd. »Aber sie sind doch immer bedauernswert; doch immer bemitleidenswert.«

»Weshalb denn?«, fragte sie ebenfalls lächelnd.

»Sehen Sie denn nicht, wie unglücklich sie sind? Sogar diese, Ihre Bauern; wie schwer ist das Leben für sie, wie viel Ungerechtigkeit, Kummer und Qualen erfahren sie in ihrem Leben!«

Das kam bei ihm heiß heraus, und sie schaute ihm aufmerksam ins Gesicht:

»Sie sind gewiss ein sehr guter Mensch, wenn Sie so sprechen. Aber Sie kennen die Bauern ja nicht, haben nie auf dem Lande gelebt ... Unglücklich sind sie, das ist wahr, aber wer ist denn schuld daran? Sie sind schlau, und niemand hindert sie, sich glücklich zu machen.«

»Aber sie haben ja nicht einmal Brot genug, um sich satt zu essen!«

»Na ja! Aber sehen Sie, wie viele ihrer sind!«

»Ja, viele sind ihrer ... aber Erde ist auch viel da; denn es gibt Menschen, die in die Zehntausende von Dessjatinen haben. Sie zum Beispiel haben wie viel?«

»Fünfhundertdreiundsiebzig ... Nun und was? Soll man ihnen abgeben? ... Aber hören Sie! ... Wie ist das möglich?«

Sie schaute ihn an, wie ein Erwachsener ein Kind anschaut, und lachte leise. Ihn verwirrte, ihn ärgerte dieses Lachen; es entfachte in ihm das Verlangen, sie von den Irrwegen ihres Denkens zu überzeugen.

Und in abgerissenen, fast schroffen Worten fing er an zu sprechen von der ungerechten Verteilung der Reichtümer, von der Rechtlosigkeit des größeren Teiles der Menschheit, von dem verhängnisvollen Kampfe um einen Platz im Leben, um ein Stückchen Brotes; von der Macht der Reichen und der Machtlosigkeit der Armen; von dem Verstande, dem Leiter des Lebens, der schon jahrhundertelang durch Unwahrheit und die Finsternis der Vorurteile unterdrückt war, vorteilhaft für den starken, kleineren Teil der Menschheit.

Sie ging schweigend neben ihm und schaute ihn neugierig und staunend an.

Am sie herrschte dämmernde Waldesruhe, eine Ruhe, an der die Töne gleichsam dahingleiten, ohne ihre melancholische Harmonie zu stören. Die Blätter der Zitterpappel bebten nervös, als ob der Baum ungeduldig etwas lang Ersehntes erwarte.

»Die Pflicht eines jeden ehrlichen Menschen«, sagte Ippolit Sergejewitsch überzeugend, »ist, seinen ganzen Verstand, seine ganze Seele für den Kampf der Unterdrückten, für ihr Recht zu leben einzusetzen, sich zu bemühen, entweder die Qualen des Kampfes zu verkürzen oder seinen Gang zu beschleunigen. Hier ist wirklicher Heroismus erforderlich, und eben in diesem Kampfe müssen sie ihn suchen. Anderswo – gibt es keinen Heroismus. Die Helden dieses Kampfes sind allein der Bewunderung und Nachahmung wert ... und Sie, Warwara Wassiljewna, müssten eben hierauf Ihre Aufmerksamkeit richten, hier Helden suchen, hier Ihre Kräfte abgeben ... Aus Ihnen, scheint mir, könnte eine merkwürdig stoische Verteidigerin der Wahrheit werden. Aber, vor allem, müssten Sie viel lesen und lernen, das Leben ohne die Ausschmückungen der Phantasie zu verstehen. Alle diese dummen Romane muss man in den Ofen werfen ...«

Er verstummte, ermüdet von seiner langen Vorlesung, trocknete sich den Schweiß von der Stirn und wartete, was sie sagen würde.

Sie schaute mit zusammengekniffenen Augen in die Ferne hinaus, und auf ihrem Gesichte zitterten Schatten. Ihr leiser Ausruf unterbrach das minutenlange Schweigen.

»Wie Sie schön sprechen! Ist es möglich, dass alle an der Universität so sprechen können?«

Der junge Gelehrte seufzte hoffnungslos auf, und die Erwartung ihrer Antwort verwandelte sich in ihm in dumpfe Reizbarkeit gegen sie und in Mitleid mit sich selbst. Weshalb erfasste sie nicht, was für jedes, nur ein wenig denkende Wesen so logisch klar war? Was fehlte in seinen Reden, weshalb berührten sie nicht ihre Gefühle?

»Sehr schön sprechen Sie!«, seufzte sie, ohne seine Antwort abzuwarten, und in ihren Augen las er aufrichtiges Entzücken.

»Aber spreche ich auch richtig?«, fragte er.

»Nein!«, erwiderte sie, ohne nachzudenken. »Und wenn Sie auch ein Gelehrter sind, werde ich doch mit Ihnen streiten. Auch ich verstehe etwas davon! ... Sie sprechen so, als ob Menschen ein Haus bauen und alle bei dieser Arbeit einander gleich sind; und nicht nur sie, sondern alles: die Ziegel, die Maurer, die Bäume und der Eigentümer des Hauses. – Alles dies gleicht nach Ihnen eins dem andern. Aber ist das möglich? Der Bauer – muss arbeiten. Sie müssen lehren und der Gouverneur alles besichtigen – ob alle das tun, was nötig ist ... Und dann sagten Sie, dass das Leben ein Kampf ist ... Wo sehen Sie das? Im Gegenteil, die Menschen leben alle so friedlich! Und wenn wirklich ein Kampf besteht, so muss es auch Besiegte geben. Was Sie aber über den allgemeinen Nutzen sagen, das verstehe ich schon gar nicht. Sie sagen, dass der allgemeine Nutzen in der Gleichberechtigung der Menschen liegt. Das ist aber nicht richtig: mein Papa ist Oberst – wie kann er einem Nikon oder einem Bauern gleichstehen? Und Sie – Sie sind ein Gelehrter; aber stehen Sie denn auf derselben Stufe wie unser Lehrer der russischen Sprache, der Branntwein trank ... rothaarig und dumm war und sich so geräuschvoll wie eine Blechtrompete die Nase schnäuzte? Aha!«

Sie hielt ihre Argumente für unwiderleglich und jubelte. Und er entzückte sich an ihrer freudigen Erregung und war zufrieden mit sich, dass er ihr diese Freude gab.

Aber sein Verstand bemühte sich, zu ergründen, weshalb der Gedanke, den er in ihr erweckt hatte, und der doch von keiner Analyse berührt war, bei ihr gerade in entgegengesetzter Richtung arbeitete, als er es wollte.

»Sie gefallen mir und ein anderer gefällt mir nicht ... Wo ist da die Gleichberechtigung?«

»Ich gefalle Ihnen?«, fragte Ippolit Sergejewitsch unwillkürlich lebhaft.

»Ja ... sehr!«, sagte sie mit dem Kopfe nickend und fragte gleich hinterher: »Nu, und was?«

Er erschrak vor diesem Abgrund von Naivität, die ihn mit klaren Blicken anschaute.

Ist es möglich, dass das ihre Art zu kokettieren ist?, dachte er. Sie hat doch genug Romane zusammengelesen, um sich als Weib zu verstehen ...

»Weshalb fragen Sie?«, drang sie in ihn und schaute ihn voll Neugier ins Gesicht.

»Weshalb?«, fragte er achselzuckend. »Ich denke, das ist doch natürlich«, sagte er, so ruhig er konnte. »Sie sind eine Frau – ich bin ein Mann.«

»Nu und was? Deswegen brauchen Sie es doch noch nicht zu wissen; Sie haben doch nicht die Absicht, mich zu heiraten.«

Sie sagte es so einfach, dass es ihn nicht einmal verblüffte. Es schien ihm nur, dass irgendeine unbekannte Kraft, mit der zu kämpfen in Betracht ihrer blinden, elementaren Gewalt nutzlos wäre, der Arbeit seines Gehirns eine andere Richtung gab. Und er sagte mit einem Anflug von koketter Spielerei:

»Wer weiß? ... Ferner ist doch – wie Sie gewiss wissen – das Verlangen zu gefallen und das Verlangen zu heiraten nicht ein und dasselbe.«

Sie lachte plötzlich laut auf; ihr Lachen ernüchterte ihn sofort, und im Stillen verfluchte er sie und sich selbst. Ihre Brust erbebte unter dem gesunden und herzlichen Lachen, das die Luft lustig erschütterte; und er schwieg und erwartete schuldbewusst ihre Zurechtweisung für seinen dreisten Scherz.

»Ach! Nu, was für ... was für eine ... Frau wäre ich für Sie! Das ist zum Totlachen! Wie ein Strauß und eine Biene! Ha, ha, ha.«

Und er fing auch an zu lachen, nicht über ihren komischen Vergleich, sondern über sein geringes Verständnis für die Triebfeder, die die Schwingungen ihrer Seele leitete.

»Sie sind ein liebes Mädchen!«, kam es bei ihm aufrichtig heraus.

»Geben Sie mir mal Ihre Hand ... Sie gehen sehr langsam, ich werde Sie ziehen. Es ist Zeit, zurückzukehren, höchste Zeit sogar! Wir laufen nun schon bald vier Stunden spazieren, und Elisawetta Sergejewna wird unzufrieden sein, dass wir uns zum Mittagessen verspätet haben.« ...

Sie machten sich auf den Heimweg. Ippolit Sergejewitsch fühlte sich verpflichtet, sich wieder mit der Aufklärung ihrer Irrtümer zu beschäftigen, da sie ihm nicht erlaubten, sich an ihrer Seite so frei zu fühlen, wie er es wünschte. Aber vor allem musste er in sich jene ungewisse Unruhe unterdrücken, die dumpf in ihm gärte; denn sie störte ihn in seiner Absicht, ruhig zuzuhören und ihre Beweise energisch zu widerlegen. Es wäre ihm so leicht, den hässlichen Auswuchs ihres Gehirns mit der kalten Logik seines Verstandes auszuschneiden, wenn dieses sonderbare, entkräftende Gefühl, für das er keinen Namen hatte, ihn nicht darin stören würde. Was konnte es sein? Es war ähnlich einem Wunsche, in die Ideenwelt dieses Mädchens keine ihr fremden Begriffe einzuführen ... Aber solches Abweichen von seiner Pflicht wäre eine Schmach für einen Menschen, der stoisch in seinen Prinzipien war. Und für einen solchen hielt er sich. Er war fest überzeugt von der Kraft des Geistes und dessen Herrschaft über das Gefühl.

»Heute ist Dienstag?«, sagte Warenjka. »Selbstverständlich. In drei Tagen wird also das schwarze Herrchen kommen.«

»Wer wird kommen und wohin?«

»Das schwarze Herrchen, Benkowskij, wird Sonnabend zu Ihnen kommen.«

»Weshalb denn?«

Sie lachte laut auf und sah ihn forschend an:

»Wissen Sie denn nichts? ... Er ist – Beamter ...«

»Ah! Ja, meine Schwester sprach von ihm ...«

»Sprach sie?«, fragte Warenjka lebhaft. »Nu und ... sagen Sie, werden sie sich bald trauen lassen?«

»Wieso denn? Weshalb sollen sie sich denn trauen lassen?«

»Weshalb?«, fragte Warenjka erstaunt. »Ja ich weiß nicht. Aber es gehört sich doch so! Aber, mein Gott ... Haben Sie es denn nicht gewusst?«

»Nichts weiß ich!«, sagte Ippolit Sergejewitsch bestimmt. »Und ich habe es Ihnen gesagt!«, rief sie verzweifelt aus. »Das ist nicht schlecht! Ach, bitte, lieber Ippolit Sergejewitsch, tun Sie, als ob Sie nichts wüssten ... als hätte ich Ihnen nichts gesagt!«

»Gut, gut! Aber ich bitte Sie, ich weiß ja auch in der Tat nichts. Ich habe nur eins verstanden – meine Schwester will sich mit Herrn Benkowskij verheiraten ... ist es so?

»Nu ja! Das heißt, wenn sie Ihnen nichts davon gesagt hat ... so ist es vielleicht auch nicht der Fall. Sie werden ihr doch nichts davon sagen?«

»Sicherlich nicht! Ich kam hierher zur Beerdigung und geriet, wie es scheint, in ein Hochzeitsfest!? Das ist angenehm!«

»Bitte kein Wort von Hochzeit!«, flehte sie. »Sie wissen von nichts.«

»Ganz richtig! Aber wer ist denn dieser Herr Benkowskij? Darf man das fragen?«

»Das dürfen Sie! Es ist – ein schwarzes, süßes, stilles Herrchen; er hat Äuglein, ein Schnurrbärtchen, Lippchen, Händchen und ein Fiedelchen; liebt zärtliche Liederchen und Konfitürchen. Ich möchte immer seine Bäckchen streicheln.«

»Sie scheinen aber nicht gerade sehr eingenommen von ihm zu sein!«, rief Ippolit Sergejewitsch aus. Er hatte Mitleid mit Herrn Benkowskij bei so einer erniedrigenden Charakteristik seines Äußeren.

»Er liebt mich auch nicht! Ich ... ich kann kleine, süßliche und bescheidene Männer nicht ausstehen. Ein Mann muss groß und stark sein; laut sprechen, große, feurige Augen haben, kühn sein in seinen Gefühlen, keine Hindernisse scheuen. Gewollt – getan! Das nenne ich einen Mann!«

»Solche Männer gibt es wohl nicht mehr!«, sagte Ippolit Sergejewitsch trocken lächelnd; er fühlte, dass ihr Ideal eines Mannes ihm widerlich sei und ihn reize.

»Muss es geben!«, rief sie überzeugt.

»Aber Sie, Warwara Wassiljewna, haben doch ein wahres Tier geschildert! Was ist denn Anziehendes an so einem Ungeheuer?«

»Gar kein Tier, einen starken Mann! Kraft – das ist das Anziehende. Die heutigen Männer werden schon geboren mit Rheumatismus, mit Husten und verschiedenen Krankheiten – ist das gut? Wäre es mir denn angenehm, zum Beispiel einen Herrn mit roten Pickeln im Gesicht zum Manne zu haben, wie der Gemeindehauptmann Kokowitsch? Oder ein hübsches Herrchen, wie Bentowskij? Oder eine krumme, hagere Boh-nenstange wie den Untersuchungsrichter Muchin? Oder Grischa Tschernonjobow, den großen, fetten, pustenden, kahlköpfigen, rothaari-gen Kaufmannssohn? Was für Kinder kann man von solchen kümmerli-chen Ehemännern haben? Daran muss man doch denken ... wie denn? Die Kinder ... sind doch sehr wichtig! Und die Männer, die denken gar nicht daran ... Nichts lieben sie, zu nichts sind sie zu gebrauchen, ich ... ich hätte so einen Mann geschlagen, wenn ich ihn geheiratet hätte!«

Ippolit Sergejewitsch unterbrach sie und versuchte, ihr zu beweisen, dass ihre Beurteilung des Mannes überhaupt nicht richtig sei, weil sie zu wenig Menschen kenne. Und auch die von ihr Genannten müsste man nicht nur nach ihrem Äußeren beurteilen. – »Das ist ungerecht! Ein Mensch kann eine hässliche Nase haben, aber ein gutes Herz, Pickeln im Gesicht, und doch einen klaren Verstand.« Es war ihm schwer und langweilig über diese elementaren Wahrheiten zu sprechen; bis zur Be-gegnung mit ihr dachte er so wenig an ihre Existenz, dass sie ihm jetzt selbst moderig und verbraucht schienen. Er fühlte, dass alles dieses sie nicht berührte, und dass sie es nicht in sich aufnehmen würde ...

»Da ist schon der Fluss!«, rief sie freudig aus, seine Rede unterbre-chend.

Und Ippolit Sergejewitsch dachte:

»Sie ist froh, dass ich zu reden aufhöre.«

Und von neuem ruderten sie auf dem Flusse, einander gegenübersit-zend. Warenjka nahm wieder die Ruder und ruderte schnell und kräftig; das Wasser rieselte unzufrieden unter dem Boote, kleine Wellen liefen zu den Ufern hin. Ippolit Sergejewitsch betrachtete die Ufer, wie sie dem Boote entgegenzogen; er fühlte sich ermüdet von all dem, was er wäh-rend des Ausfluges gehört und gesehen hatte. »Sehen Sie, wie schnell das Boot dahingleitet«, sagte Warenjka.

»Ja«, erwiderte er kurz, ohne die Augen auf sie zu richten; aber auch so, ohne sie zu sehen, stellte er sich vor, wie verlockend ihr Körper sich schmiegte, und wie verführerisch ihr Busen sich hob und senkte.

Der Park kam in Sicht ... Bald darauf gingen sie in seinen Alleen, und ihnen entgegen kam Elisawetta Sergejewnas schlanke Gestalt. Ein viel-sagendes Lächeln umspielte ihre Lippen und in ihrer Hand hielt sie Pa-piere.

»Nun, Ihr habt aber einen langen Spaziergang gemacht!«

»Lang? Dafür habe ich aber auch so einen Hunger mitgebracht, dass ich – uh! – sogar euch aufessen werde!«

Und Warenjka fasste Elisawetta Sergejewna um die Taille, schwenkte sie mit Leichtigkeit herum und lachte fröhlich über ihr Geschrei.

Das Mittagessen war nicht schmackhaft zubereitet und verlief langweilig. Warenjka war ganz in Anspruch genommen von dem Prozesse der Sättigung und schwieg. Elisawetta Sergejewna ärgerte den Bruder durch ihre Blicke, die immer wieder forschend auf seinem Gesichte hafteten. Bald nach dem Mittagessen fuhr Warenjka nach Hause und Ippolit Sergejewitsch ging auf sein Zimmer. Er legte sich auf den Diwan und begann nachzusinnen, indem er die Bilanz der Eindrücke dieses Tages zog. Er erinnerte sich der kleinsten Details des Spazierganges und fühlte, wie sich aus ihnen ein trüber Bodensatz bildete, der das ihm angeborene, nie schwankende Gleichgewicht zwischen Fühlen und Denken zerstörte. Er empfand sogar physisch die Neuheit seiner Stimmung, wie eine eigentümliche Schwere, die auf ihm lastete, und ihm das Herz zusammenpresste, als ob sein Blut sich verdickte und langsamer als sonst zirkulierte. Es war wie eine Müdigkeit, die in ihm eine Neigung zu Träumereien erweckte, und wie ein Vorspiel zu einem Wunsche, der noch keine Gestalt angenommen hatte. Aber nur deshalb war es ihm unangenehm, weil es eine unbenannte Empfindung blieb; trotz aller seiner Mühe, ihr einen Namen zu geben.

Man muss mit der Analyse warten, bis sich die Gärung legt, beschloss er.

Aber es kam in ihm das Gefühl einer ätzenden Unzufriedenheit mit sich selbst auf; und gleichzeitig machte er sich den Vorwurf, dass er die Fähigkeit, seine Gemütsbewegungen zu beherrschen, verloren habe, und dass sein heutiges Benehmen eines ernsten Mannes nicht würdig gewesen sei. Allein mit sich selbst war er immer stoischer und strenger gegen sich, als in Gegenwart anderer. Und er fing an, sich selbst sorgfältig zu prüfen.

Es ist unbestreitbar, dass dieses Mädchen berückend schön ist; aber sofort bei ihrem Anblick in den mystischen Kreis dieser unbestimmten Empfindungen zu treten – das ist zu viel für sie und schmachvoll für ihn; denn es verrät Zügellosigkeit, Mangel an Selbsterziehung. Sie erregt stark die Sinnlichkeit – das ist wahr; aber dagegen muss man kämpfen.

»Muss man das?«, flammte plötzlich der kurze und stechende Gedanke in ihm auf.

Er runzelte die Stirn und stellte sich zu dieser Frage, als ob ein anderer sie an ihn gerichtet hätte.

Jedenfalls ist das, was in ihm vorgeht, nicht der Anfang des Gefesselt-werdens von einer Frau; es ist der Protest des Verstandes, der in dem Zusammenstoß beleidigt ist; er ging nicht als Sieger daraus hervor, wenn auch sein Gegner kindisch schwach war. Man hätte mit diesem Mädchen in Bildern sprechen müssen; denn es ist klar, dass sie keine logischen Widerlegungsgründe versteht. Seine Pflicht ist es, ihre rohen Begriffe auszurotten, alle diese groben und dummen Phantastereien, die ihr Ge-hirn aufgesogen hat, zu zerstören. Man muss ihren Geist von all den Verirrungen entblößen, ihre Seele reinigen und befreien, und dann erst wird sie fähig sein, die Wahrheit zu empfangen und in sich aufzuneh-men.

»Kann ich das ausführen?«, entbrannte wieder in ihm eine nebensäch-liche Frage. Und wiederum umging er diese Frage ... Wie wird sie sich entwickeln, wenn sie etwas Neues und etwas, das mit ihrem inneren Wesen in Widerspruch steht, in sich aufnehmen wird? Und es schien ihm, dass das Mädchen noch einmal so schön sein würde, wenn ihre Seele sich losreißen würde von der Gefangenschaft der Irrtümer und durchdrungen sein würde von den harmonischen Lehren, die frei sind von allem Unklaren und Verfinsternden.

Als man ihn zum Tee rief, war er schon fest entschlossen, ihre Welt umzugestalten, und er machte sich diesen Entschluss zu einer wirkli-chen Pflicht. Jetzt wird er ihr ruhig und kalt entgegentreten und seinem Verhältnis zu ihr den Charakter einer strengen Kritik alles dessen, was sie sagen und tun wird, geben.

»Nun, und wie gefällt dir Warenjka«, fragte ihn die Schwester, als er auf die Terrasse hinaustrat.

»Ein sehr nettes Mädchen«, sagte er, indem er seine Brauen hob.

»Ja? Meinst du? ... Ich dachte, dich würde ihr Mangel an Entwicklung stutzig machen.«

»Ich muss zugeben, ich bin ein wenig erstaunt über diese Seite ihres Wesens«, sagte er zustimmend. »Aber, aufrichtig gesagt, ist sie in vielem besser, als andere entwickelte Mädchen, die damit paradieren.«

»Ja, sie ist schön ... und eine gute Partie ... Fünfhundert Dessjatinen vorzüglichen Bodens, ungefähr hundert Dessjatinen Bauholz; und nach dem Tode ihrer Tante wird sie noch ein schönes Gut erben. Und alle beide sind frei von Hypotheken.«

Er sah, dass die Schwester ihn absichtlich missverstand; aber er wollte sich nicht erklären, weshalb sie es nötig hatte. »Von diesem Standpunkt aus betrachte ich sie nicht«, sagte er.

»So tue es ... ich rate dir ernstlich dazu.«

»Danke.«

»Du bist ein bisschen missgestimmt, wie es scheint?«

»Im Gegenteil. Weshalb fragst du?«

»So. Will es wissen als besorgte Schwester.« Sie lächelte liebenswürdig und ein wenig einschmeichelnd. Dieses Lächeln erregte in ihm den Gedanken an Herrn Benkowskij, und er lächelte ebenfalls.

»Was lachst du?«, fragte sie.

»Und du?«

»Ich bin vergnügt.«

»Ich auch, wenn ich auch nicht eine Frau vor zwei Wochen beerdigt habe«, sagte er lachend.

Aber sie machte ein ernstes Gesicht und seufzte.

»Du tadelst mich vielleicht innerlich für diesen Mangel an Gefühl für meinen seligen Mann und denkst, dass ich egoistisch bin? Aber Ippolit, du weißt, wie mein Mann war; ich schrieb dir, wie ich lebte, und ich dachte oft: mein Gott! Ist es möglich, dass ich nur geboren bin, um die groben Gelüste des Nikolaus Stepanowitsch Woropajew zu stillen, der sich sogar so betrinkt, dass er nicht einmal seine Frau von dem gewöhnlichen Dorf- oder Straßenweibe unterscheiden kann?«

»Aber ist das möglich?«, ... fragte Ippolit Sergeiewitsch misstrauisch. Er erinnerte sich ihrer Briefe, in denen so viel von der Charakterlosigkeit ihres Mannes, von seiner Leidenschaft zum Wein, von seiner Faulheit, von allen möglichen Lastern schrieb, nur nicht von seiner Liederlichkeit.

»Du zweifelst?«, fragte sie ihn vorwurfsvoll und seufzte. »Und doch ist es ein Faktum; er war oft in so einem Zustande. Ich kann nicht gerade behaupten, dass er mir untreu war, aber ich halte es für möglich. Konnte er denn unterscheiden, ob ich es war, die vor ihm stand, oder eine andere, wenn er Fenster für Türen hielt? Ja ... und so lebte ich Jahre hindurch ...«

Sie sprach lange und langweilig über ihr trauriges Leben; er hörte zu und wartete, wann sie ihm das sagen würde, was sie ihm eigentlich sagen wollte. Und unwillkürlich dachte er, dass Warenjka kaum je über ihr Leben klagen würde, wie es sich auch gestalten möge.

»Ich denke, das Schicksal muss mich belohnen für die langen Jahre des Unglücks ... Vielleicht ist sie nahe – diese Belohnung.«

Elisawetta Sergejewna verstummte, schaute den Bruder fragend an und errötete leicht.

»Was willst du damit sagen?«, fragte er, sich freundlich zu ihr herabbückend.

»Siehst du ... ich werde vielleicht ... mich wieder verheiraten!«

»Das wirst du ausgezeichnet machen! Gratuliere ... Aber weshalb wirst du so verlegen?«

»Wirklich, ich weiß nicht!«

»Wer ist es denn?«

»Ich denke, ich erzählte dir von ihm ... Venkowskij ... der künftige Staatsanwalt ... und einstweilen – ein Poet und Träumer ... Vielleicht sind dir seine Gedichte schon begegnet ... Er lässt sie drucken.«

»Gedichte les ich nicht. Ist er ein guter Mensch? Übrigens selbstverständlich ist er gut.«

»Ich bin klug genug, um nicht ohne weiteres ja zu sagen. Aber es scheint, dass ich, ohne mich selbst zu betrügen, sagen kann, dass er fähig sein wird, mich für die Vergangenheit zu entschädigen ... Er liebt mich ... Ich habe mir selbst eine kleine Philosophie aufgebaut. Vielleicht wird sie dir ein bisschen grausam erscheinen.« »Oh, philosophiere nur ungeniert; es ist jetzt Mode«, sagte Ippolit Sergejewitsch scherzend.

»Männer und Frauen – sind zwei Rassen, die ewig im Streite liegen«, sagte weich die Frau, »Vertrauen, Freundschaft und andere Gefühle gleicher Art sind kaum möglich zwischen mir und einem Mann. Aber Liebe ist möglich ... Und die Liebe ist der Sieg desjenigen, der weniger liebt, über den, der mehr liebt ... Ich war einst besiegt und bezahlte dafür ... Jetzt habe ich gesiegt und werde die Früchte des Sieges ausnützen ...«

»Ah! Das ist eine ziemlich blutige Philosophie«, unterbrach sie Ippolit Sergejewitsch und dachte mit Freude daran, dass Warenjka nicht so hätte philosophieren können.

»Das Leben hat sie mir vorgesprochen ... Siehst du, er ist vier Jahre jünger als ich, hat eben die Universität beendet. Ich weiß, dass das nicht ungefährlich für mich ist ... und – wie soll ich mich ausdrücken? ... Ich möchte es so einrichten, dass meine Vermögensrechte kein Risiko laufen.«

»Ja ... Nun und was?«, fragte Ippolit Sergejewitsch aufhorchend.

»Also rate mir, wie man das einrichten soll; ich will ihm keine juristischen Rechte auf mein Vermögen geben ... und würde ihm auch keine Rechte auf meine Person geben, wenn das möglich wäre.«

»Das scheint mir erreichbar durch eine freie Ehe. Übrigens ...«

»Nein! Die freie Ehe billige ich nicht.«

Er schaute sie an und dachte mit einem Gefühl des Widerwillens: Sie ist aber raffiniert! Wenn Gott wirklich die Menschen geschaffen hat, so gestalten sie das Leben so leicht um, dass sie ihm gewiss schon längst widerwärtig geworden sind.

Aber die Schwester erklärte ihm ihren Standpunkt über die Ehe überzeugend.

»Die Ehe muss ein vernünftiges Übereinkommen sein, das jedes Risiko ausschließt. Eben in dieser Weise denke ich es mit Benkowskij zu regeln. Aber bevor ich diesen Schritt mache, möchte ich die gesetzlichen Ansprüche dieses widerwärtigen Schwagers aufgeklärt haben; bitte, sieh alle diese Papiere durch.«

»Du erlaubst mir doch, es morgen zu tun?«, fragte er.

»Gewiss, wann du willst.«

Sie entwickelte ihm noch lange ihre Ideen, dann erzählte sie viel von Benkowskij. Von ihm sprach sie nachsichtig, ein Lächeln umspielte ihre Lippen, und aus irgendeinem Grunde kniff sie die Augen zusammen. Ippolit Sergejewitsch hörte ihr zu und wunderte sich selbst über den Mangel jeder Teilnahme und jeden Interesses an ihrem Schicksal und an ihren Reden. Die Sonne ging schon unter, als sie sich trennten: er – ihrer müde – begab sich auf sein Zimmer, und sie – aufgemuntert durch die Unterhaltung, mit einem selbstbewussten Leuchten in den Augen – ging, um sich um die Wirtschaft zu bekümmern.

In seinem Zimmer zündete Ippolit Sergejewitsch die Lampe an und nahm ein Buch herunter, um zu lesen; aber schon bei der ersten Seite fühlte er, dass es ihm nicht weniger angenehm wäre, das Buch zuzuklappen. Und er reckte sich behaglich, machte das Buch zu und suchte sich bequem im Lehnstuhl zurechtzusetzen; aber der Lehnstuhl war hart, und er ging zum Diwan und legte sich hin. Anfangs dachte er an nichts; dann erinnerte er sich unwillig, dass er bald die Bekanntschaft des Herrn Benkowskij machen müsste, und sofort lächelte er in Erinnerung der Charakteristik, die ihm Warenjka von diesem Herrn gegeben hatte.

Und bald war sie es allein, die seine Gedanken und Vorstellungen ausfüllte. Neben allem andern streifte ihn der Gedanke: »Und wie wäre es, wenn man sich mit so einem lieben Scheusal verheiratete. Sie wäre schon eine sehr interessante Frau ... allein deshalb, weil man von ihren Lippen nicht die Groschenweisheit der populären Bücher zu hören bekommen würde ...«

Als er aber seine Lage als Gatte Warenjkas von allen Seiten beleuchtete, lachte er laut auf und antwortete sich selbst kategorisch:

»Niemals!«

Und gleich darauf wurde er traurig.

Der Sonnabendmorgen fing für Ippolit Sergejewitsch mit einer kleinen Unannehmlichkeit an: beim Ankleiden ließ er die Lampe vom Tische fallen; sie flog in tausend Stücke, und einige Tropfen Petroleum fielen auf einen seiner Schuhe, die er noch nicht angezogen hatte. Die Schuhe wurden selbstverständlich gereinigt; aber Ippolit Sergejewitsch schien es, dass vom Tee, vom Brot, von der Butter und sogar von den schön frisierten Haaren seiner Schwester ein widerwärtiger Ölgeruch ausströmte.

Das verdarb ihm die Stimmung.

»Zieh doch die Schuhe aus und stelle sie in die Sonne, dann wird das Petroleum verdunsten«, riet ihm die Schwester, »und einstweilen zieh die Pantoffeln meines Mannes an; es ist noch ein ganz neues Paar da.«

»Bitte, mach' dir keine Umstände; es wird bald vorübergehen.«

»Brauchst doch nicht abzuwarten, bis es vorübergeht. Wirklich, ich sage Bescheid, dass man die Pantoffeln bringt.«

»Nein, ist nicht nötig. Wirf sie lieber fort.«

»Weshalb? Die Pantoffeln sind schön, sie sind aus Sammet ... sind noch zu gebrauchen.«

Es gefiel ihm, sich zu streiten; das Petroleum reizte ihn. »Wozu sind sie zu brauchen? Du wirst sie doch nicht tragen!«

»Ich, gewiss nicht; aber Alexander.«

»Wer ist das?«

»Aber doch, Benkowskij.«

»Aha!«, er lächelte trocken, »das ist eine sehr rührende Treue zu den Pantoffeln deines Mannes ... Und praktisch.«

»Du bist heute böse?«

Sie schaute ihn ein wenig beleidigt, aber sehr forschend an. Er fing diesen Ausdruck in ihren Augen auf und dachte feindselig:

»Gewiss redet sie sich ein, dass ich durch die Abwesenheit Warenjkas gereizt bin.«

»Zum Mittagessen wird wahrscheinlich Benkowskij kommen«, teilte sie ihm nach einer Weile des Schweigens mit.

»Freut mich sehr«, antwortete er und überlegte sich:

»Sie will, dass ich liebenswürdig sein soll mit dem zukünftigen Schwager.«

Und seine Reizbarkeit wuchs durch ein nagendes Gefühl der Langeweile. Elisawetta Sergejewna sprach weiter, indem sie das Brot sorgfältig mit einer dünnen Schicht Butter bestrich:

»Praktisch sein, ist meiner Ansicht nach eine sehr lobenswerte Eigenschaft, besonders in unserer Zeit, in der die Last der Verarmung uns, die von den Früchten der Erde leben, so drückt. Weshalb soll denn nicht Benkowskij die Pantoffeln meines Mannes tragen?« ...

»Und sogar sein Leichengewand, wenn du es von ihm herabgenommen hast und verwahrst«, – dachte Ippolit Sergejwitsch boshaft und beschäftigte sich eifrig mit der Überführung des Rahms aus dem Milchkrug in sein Glas.

»Überhaupt ist eine sehr inhaltsreiche und anständige Garderobe von meinem Mann zurückgeblieben. Und Benkowskij ist nicht verwöhnt. Du weißt ja, wie groß die Familie ist: drei Jünglinge, außer Alexander, und fünf junge Mädchen; und ihr Gut ist in Form von Hypotheken vielleicht schon zehnmal verpfändet. Weißt du, ich habe bei ihnen sehr preiswert eine Bibliothek gekauft; darunter sehr wertvolle Sachen. Sieh sie dir mal an; vielleicht findest du etwas Interessantes für dich darunter ... Alexander lebt von einem sehr armseligen Gehalt.«

»Kennst du ihn schon lange?«, fragte Ippolit Sergejewitsch; er musste von Benkowskij sprechen, obwohl er am liebsten gar nicht gesprochen hätte.

»Im Ganzen ungefähr vier Jahre und so ... näher – sieben bis acht Monate ... Du wirst sehen, er ist sehr nett. Ein sehr zärtlicher, leicht begeisterter ... Idealist und scheinbar ein wenig Dekadent. Übrigens neigt ja die ganze heutige Jugend zur Dekadenz: die einen verfallen auf den Idealismus, die anderen auf den Materialismus ... Diese und jene scheinen mir nicht klug.«

»Es gibt noch Menschen, die einen Skeptizismus in einer Stärke von hundert Pferdekräften predigen, wie ein Kollege von mir so etwas bezeichnet«, äußerte sich Ippolit Sergejewitsch, seinen Kopf senkend.

Sie lachte auf und sagte: »Das ist geistreich, wenn auch ein wenig plump. Ich bin vielleicht nicht weit vom Skeptizismus entfernt; weißt du, von so einem gesunden Skeptizismus, der allen möglichen Leidenschaften die Flügel bindet; der scheint mir notwendig für ... für das Aneignen richtiger Anschauungen über das Leben der Leute.«

Er beeilte sich, seinen Tee auszutrinken, und ging fort mit der Erklärung, dass er die Bücher ordnen müsse. Aber trotzdem die Türen offen standen, roch sein Zimmer nach Petroleum. Er verzog sein Gesicht, nahm ein Buch und ging in den Park. Dort, in dem eng verwandten Kreise der alten Bäume, die ermüdet waren durch Sturm und Wetter, herrschte eine melancholische Ruhe, die den Geist entkräftete; und er ging, ohne das Buch zu öffnen, die Hauptallee entlang; ohne zu denken, ohne einen Wunsch zu haben.

Da war der Fluss und das Boot. Da hatte er Warenjka gesehen, wie sie sich widerspiegelte im Wasser; sie war engelschön gewesen in diesem Spiegelbilde.

»Nun, ich bin der reine Gymnasiast!«, rief es in ihm, aber er fühlte, dass die Erinnerung an Warenjka ihm wohltue.

Er blieb einen Augenblick am Flusse stehen, stieg ins Boot, setzte sich ans Steuer und fing an, jenes Bild im Wasser zu betrachten, das so schön war einige Tage vorher. Es war auch heute ebenso schön; aber heute erschien nicht auf seinem durchsichtigen Hintergrund die weiße Gestalt des seltsamen Mädchens. Polkanoff zündete sich eine Zigarette an, warf sie aber sofort ins Wasser und dachte, dass es vielleicht dumm gewesen war, hierherzufahren. Im Grunde genommen, wozu war er eigentlich hier nötig? Wie es scheint, nur, um den guten Namen seiner Schwester zu schützen, oder einfacher gesagt, um der Schwester die Möglichkeit zu geben, ohne den Anstand zu verletzen, Herrn Benkowskij bei sich zu empfangen.

Diese Rolle ist eigentlich nicht allzu wichtig ... Dieser Benkowskij muss nicht gerade sehr klug sein, wenn er wirklich seine Schwester liebt, die am Ende schon allzu klug ist. –

Nachdem er fast drei Stunden so vor sich hingeträumt hatte in einer Art Erschlaffung der Gedanken, die über die Gegenstände hinschweiften, ohne sie sich klar vorzustellen, stand er auf und ging langsam auf das Haus zu, missgestimmt über sich selbst wegen dieser vergeudeten Zeit; und er beschloss fest, sich schneller an die Arbeit zu setzen. Als er sich der Terrasse näherte, erblickte er einen schlanken Jüngling in einer weißen, mit einem Riemen umgürteten Bluse. Der Jüngling stand mit dem Rücken der Allee zugewandt und besichtigte etwas, über den Tisch gebeugt. Ippolit Sergejewitsch verlangsamte seine Schritte und überlegte sich, ob das schon Benkowskij sei. In diesem Augenblick richtete sich der Jüngling auf; mit einer schönen Bewegung warf er das lange, schwarze, wellige Haar aus der Stirn zurück und drehte sich nach der Allee um.

»Aber das ist ja ein Page aus dem Mittelalter!«, rief Ippolit Sergejewitsch innerlich aus.

Benkowskijs Gesicht war oval, matt-blass und hatte einen gequälten Ausdruck durch den gespannten Glanz der großen, mandelförmigen, schwarzen Augen, die tief in ihre Höhlen versunken waren. Der schön modellierte Mund hob sich von dem kleinen, schwarzen Schnurrbart ab, und die gewölbte Stirn trat plastisch hervor unter dem nachlässig zerwühlten, welligen Haar. Er war klein von Wuchs, etwas kleiner als mittelgroß; aber seine geschmeidige Figur, elegant und regelmäßig gebaut, verbarg diesen Mangel. Er schaute Ippolit Sergejewitsch mit dem Ausdrucke eines Kurzsichtigen an, und in seinem blassen Gesicht war etwas sehr Sympathisches, aber auch etwas Kränkliches. Mit einem Barett und einem Sammetwams wäre er wirklich wie ein Page gewesen, der aus dem Bilde eines mittelalterlichen Hofes herausgetreten war.

»Benkowskij!«, sagte er dumpf zu Ippolit Sergejewitsch, der die Stufen der Terrasse betrat, und reichte ihm eine weiße Hand mit langen Musikerfingern.

Der junge Gelehrte drückte ihm fest die Hand.

Eine Minute schwiegen beide verlegen; dann begann Ippolit Sergejewitsch über die Schönheit des Parks zu sprechen. Der Jüngling antwortete kurz, augenscheinlich nur um die Aufrechterhaltung der Höflichkeit besorgt und ohne jedes Interesse für den, mit dem er sprach.

Bald kam Elisawetta Sergejewna in einem weiten, weißen Kleide mit einem schwarzen Spitzenkragen und mit einer langen schwarzen Schnur, an deren Enden Troddeln waren, umgürtet. Dieses Kostüm harmonierte gut mit ihrem ruhigen Gesicht und gab den feinen, regelmäßigen Zügen einen majestätischen Ausdruck. Auf ihren Wangen spielte eine leichte Röte der Freude, und die kalten Augen blickten lebhaft.

»Bald werden wir Mittag essen«, kündigte sie an. »Ich werde Sie mit Eis traktieren. Und Sie, Alexander Petrowitsch, weshalb sind Sie so melancholisch? Ja, haben Sie Schubert nicht vergessen?«

»Habe Schubert und Bücher mitgebracht«, erwiderte er, sie unverhohlen träumerisch betrachtend.

Ippolit Sergejewitsch sah den Ausdruck seines Gesichts und fühlte sich verlegen; er verstand, dass dieser liebe Jüngling sich augenscheinlich das Gelübde gegeben hatte, seine Existenz nicht anzuerkennen.

»Vortrefflich!«, sagte Elisawetta Sergejewna lächelnd zu Benkowskij. »Nach Tische spielen wir doch zusammen?«

»Wenn es Ihnen recht ist!«, und er verneigte sich leicht.

Er tat das graziös, aber trotzdem veranlasste diese Bewegung Ippolit Sergejewitsch, innerlich zu lächeln.

»Das ist mir sehr recht«, sagte kokett die Schwester.

»Und Sie lieben Schubert?«, fragte Ippolit Sergejewitsch.

»Mehr als alle – Beethoven, den Shakespeare der Musik«, entgegnete Benkowskij, ihm sein Gesicht im Profil zuwendend.

Ippolit Sergejewitsch hatte schon früher gehört, dass man Beethoven den Shakespeare der Musik nannte; aber der Unterschied zwischen Beethoven und Schubert war für ihn eins jener Geheimnisse, die ihn gar nicht interessierten. Aber ihn interessierte dieser Jüngling, und er fragte ernst:

»Weshalb stellen Sie Beethoven über alle?«

»Weil er mehr Idealist ist, als alle übrigen Schöpfer der Musik zusammengenommen.«

»Ja? Auch Sie halten diese Weltanschauung für die richtige?«

»Unzweifelhaft! Und ich weiß, dass Sie ein krasser Materialist sind; habe Ihre Schriften gelesen«, erklärte Benkowskij, und seine Augen flammten sonderbar auf.

Er will streiten, dachte Ippolit Sergejewitsch. – Aber er ist ein lieber Kerl, bieder und heilig-ehrlich. Und seine Sympathie zu diesem Idealisten, der verurteilt war, die Pantoffeln des Verstorbenen zu tragen, wuchs:

»Soll das heißen, dass wir Feinde sind?«, fragte er lächelnd.

»Wie können wir Freunde sein?!«, rief Benkowskij feurig aus.

»Meine Herren!«, rief ihnen Elisawetta Sergejewna aus den Zimmern zu. »Vergessen Sie nicht, dass Sie sich eben erst kennengelernt haben« ...

Das Stubenmädchen Mascha deckte, mit den Tellern klappernd, den Tisch und schielte immerfort zu Benkowskij hinüber; in ihren Augen leuchtete naives Entzücken. Auch Ippolit Sergejewitsch betrachtete ihn und dachte, dass man diesen Jüngling mit außerordentlichem Feingefühl behandeln müsse, und dass es gut wäre, »ideale« Gespräche zu vermeiden; denn im Streite würde er sich gewiss bis zur Raserei fortreißen lassen. Aber Benkowskij schaute ihn mit flammenden Augen und einem nervösen Zittern im Gesicht an; offenbar wünschte er leidenschaftlich, mit ihm ein Gespräch zu beginnen, und zügelte nur mit Mühe dieses Verlangen; Ippolit Sergejewitsch beschloss jedoch, sich in dem Rahmen rein formeller Höflichkeit zu halten ...

Seine Schwester saß schon am Tisch und warf mit kluger Grazie bald dem einen, bald dem andern unbedeutende Fragen in einem scherzenden Tone zu. Die Herren antworteten kurz. Der eine mit der familiären Nachlässigkeit des Verwandten, der andere mit der Ehrerbietigkeit des Verliebten. Und alle drei waren von einem Gefühl der Gezwungenheit und Unbehaglichkeit ergriffen, das jeden veranlasste, den andern zu beobachten und zugleich sich selbst.

Mascha brachte das erste Gericht auf die Terrasse.

»Bitte, meine Herren«, forderte sie Elisawetta Sergejewna auf, indem sie den Auffülllöffel nahm. »Trinken Sie Branntwein?«

»Ich ja!«, sagte Ippolit Sergejewitsch.

»Ich nicht, wenn Sie gestatten«, sagte Benkowskij.

»Gestatte, und gerne. Aber sonst trinken Sie doch!«

»Ich will nicht ...«

»Anstoßen mit dem Materialisten«, – dachte Ippolit Sergejewitsch bei sich.

Die schmackhafte Suppe mit den Pastetchen oder das tadellose Benehmen Ippolit Sergejewitschs beschwichtigten und milderten den schroffen Glanz in Benkowskijs schwarzen Augen, und als das zweite Gericht gebracht wurde, begann er zu sprechen.

»Vielleicht schien Ihnen meine Äußerung als Antwort auf Ihre Frage, ob wir Feinde sind, herausfordernd; vielleicht war sie unhöflich; aber ich bin der Ansicht, dass das Verhältnis der Menschen zueinander frei sein muss von der allgemein gültigen Regel der offiziellen Lüge.«

»Ganz mit Ihnen einverstanden«, sagte Ippolit Sergejewitsch lächelnd, »je einfacher desto besser. Und Ihre offene Äußerung hat mir nur gefallen, wenn ich mich so ausdrücken darf.«

Benkowskij lächelte traurig und sagte: »Wir sind wirklich Gegner auf dem Gebiete der Ideen, und das ergibt sich sofort von selbst. Da sagten Sie: einfacher – besser; ich denke auch so; aber ich lege in diese Worte einen Inhalt und Sie – einen andern ...«

»Wirklich?«, fragte Ippolit Sergejewitsch.

»Ohne Zweifel; wenn Sie von den Anschauungen aus, die Sie in Ihrer Abhandlung darlegen, den geraden Weg der Logik gehen.«

»Das tue ich selbstverständlich.«

»Sehen Sie! Und von meinem Standpunkte aus ist Ihr Begriff von Einfachheit ein grober. Aber lassen wir das ... Sagen Sie – wenn Sie sich das Leben nur als Mechanismus vorstellen, der alles ausarbeitet, darunter auch die Ideen, wie empfinden Sie denn da nicht die innere Kälte, und wie ist es möglich, dass in Ihrer Seele kein Funke des Bedauerns glimmt für all das Geheimnisvolle und Bezaubernd-Schöne, das von Ihnen zu einem einfachen Chemismus herabgesetzt wird, zu einem Stoffwechsel der Materie!«

»Hm! ... Diese Kälte empfinde ich nicht, weil mir mein Platz im großen Mechanismus des Lebens klar ist, und dieser Mechanismus ist poetischer als alle Phantasien. Was aber die metaphysischen Gärungen der Gefühle und des Geistes anbetrifft, so ist das, wissen Sie, Geschmacksache. Bisher weiß noch niemand, was Schönheit ist; jedenfalls muss man annehmen, dass sie eine physiologische Empfindung ist.«

Der eine sprach mit dumpfer Stimme voll herzlicher, trauriger Töne des Bedauerns mit dem irrenden Gegner. Der andere – ruhig, mit dem Bewusstsein seiner geistigen Überlegenheit und mit dem Wunsche, keine das Ehrgefühl des Gegners verletzende Worte zu gebrauchen, wie sie so zahlreich zu fallen pflegen, wenn zwei anständige Menschen sich darüber streiten, wessen Wahrheit näher der Wahrheit ist. Elisawetta Sergejewna lächelte fein und beobachtete das Mienenspiel der beiden Gesichter, während sie ruhig und sorgsam an einem Knochen nagte. Mascha schaute durch die Türe heraus; offenbar bemühte sie sich, zu begreifen, was die Herrschaften sprachen; denn ihr Gesicht war gespannt, die Augen wurden rund und verloren ihren gewöhnlichen Ausdruck der Schlauheit und Zärtlichkeit.

»Sie sagen – die Wirklichkeit; was aber ist sie, wenn alles um uns und wir selbst nur der unaufhörlich arbeitende Chemismus und Mechanismus sind? Überall Bewegung und in allem Bewegung, nicht den hundertsten Teil einer Sekunde – Ruhe. Wie werde ich die Wirklichkeit auffangen, wie sie erfassen, wenn ich selbst in jedem gegenwärtigen Momente nicht das bin, was ich war, und nicht das, was ich im nächsten Augenblick sein werde? Sie, ich, wir – nur Materie? Aber einst werden wir unter den Heiligenbildern liegen und die Luft mit dem widerwärtigen Geruch der Fäulnis erfüllen ... Von uns werden auf der Erde vielleicht nur abgeblichene Fotografien zurückbleiben, und sie werden nie jemandem von den Freuden und Leiden unseres Daseins erzählen; denn verschlungen sind wir von der Vergessenheit. Ist es denn nicht schrecklich zu glauben, dass wir alle, die wir denken und leiden, nur leben, um zu verfaulen?«

Ippolit Sergejewitsch hörte seinen Reden aufmerksam zu und dachte bei sich: Wenn du von der Wahrheit deines Glaubens überzeugt wärest, so wärest du ruhiger. Du aber schreist; und nicht deshalb schreist du, Bruder, weil du Idealist bist, sondern weil du miserable Nerven hast.

Benkowskij schaute ihm mit flammenden Augen ins Gesicht und sprach immer weiter:

»Sie sagen – Wissenschaft – vortrefflich! Ich beuge mich vor ihr, als dem gewaltigen Streben des Geistes, die Banden der mich umstrickenden Geheimnisse zu zerreißen ... Aber bei ihrem Lichte sehe ich mich doch nur dort stehen, wo auch einst mein Urahne stand, der unerschütterlich glaubte, dass es nur durch die Gnade des Propheten Elias donnert. Ich glaube nicht an Elias, – ich weiß, dass es die Wirkung der Elektrizität ist; aber inwiefern ist sie für mich verständlicher, als Elias? Insofern sie komplizierter ist? Sie ist ebenso unerklärlich, wie die Bewegung und alle andern Naturmächte, die man für die einzig wahre einzusetzen sich erfolglos bemüht. Und bisweilen scheint es mir, dass sich das Wesen der Wissenschaft nur auf das Kompliziertmachen der Begriffe beschränkt – und nicht mehr! Ich denke zum Beispiel, dass es gut ist zu ›glauben‹; man lacht über mich und sagt: man muss nicht glauben, man muss wissen. Ich will wissen, was die Materie ist, und man antwortet mir buchstäblich: Materie – ist der Inhalt des Ortes im Raum, in dem wir die Ursache der von uns aufgenommenen Empfindungen objektivieren. Weshalb so sprechen? Kann man denn das als Antwort auf die Frage geben? Es ist eine Verhöhnung desjenigen, der leidenschaftlich und aufrichtig Antwort auf die quälenden Fragen seiner Seele sucht. Ich will das Ziel des Seins wissen. Diese Sehnsucht meines Geistes wird auch verhöhnt. Aber ich lebe doch, und das ist nicht leicht; es gibt mir ein unumstößliches Recht, von den ›Monopolisten der Weisheit‹ eine Antwort zu fordern auf die Frage, weshalb ich lebe.«

Ippolit Sergejewitsch schaute ernst in das vor Erregung glühende Gesicht Benkowskijs; er sah ein, dass man diesem Jünglinge mit Worten erwidern müsse, in denen, gleich den seinen, die ganze Kraft eines wild auflodernden Gefühles lag. Aber obwohl er das einsah, fühlte er in sich das Verlangen, ihm zu widersprechen. Die großen Augen des Poeten wurden doch größer – in ihnen brannte eine leidenschaftliche Sehnsucht. Er keuchte, und das feine, weiße Gelenk seiner rechten Hand flog hin und her in der Luft, indem sich die Hand bald krampfhaft zusammenballte, bald gleichsam nach etwas im leeren Raum griff, das sie aber zu schwach war, zu fangen.

»Aber wie viel haben Sie dem Leben genommen, ohne ihm etwas zu geben! Darauf erwidern Sie mit Verachtung ... Und in ihr klingt was? Die Unmöglichkeit, mit Überzeugung zu erwidern, und außerdem – Ihr Unvermögen, mit den Menschen Mitleid zu haben. Man bittet Sie um geistiges Brot, und Sie geben den Stein der Verneinung! Ausgeplündert haben Sie die Seele des Lebens, und wenn sie keine großen Taten der Liebe und des Leidens mehr aufweist, so tragen Sie die Schuld daran; denn – Sklaven des Verstandes, haben Sie die Seele in seine Macht gegeben, und nun erfror sie und verschied krank und verarmt! Und das Leben bleibt ebenso düster, und seine Qualen, seine Leiden fordern Helden ... Wo sind sie?«

Aber er ist ja ein Epileptiker!, rief Ippolit Sergejewitsch innerlich und schauderte beim Anblick dieses Nervenklumpen, der vor wehmutsvoller Erregung bebte. – Er bemühte sich, die stürmische Beredsamkeit seines zukünftigen Schwagers zu dämpfen; aber es war erfolglos; denn von der Eingebung seines Protestes fortgerissen, sah und hörte der Jüngling nichts. Er hatte gewiss schon lange diese Klagen in sich getragen, die jetzt aus seiner Seele hervorbrachen, und war froh, sie vor einem jener Menschen äußern zu können, die seiner Meinung nach das Leben verdorben hatten.

Elisawetta Sergejewna betrachtete ihn entzückt, und sie kniff die hellen Augen zusammen, in denen ein Funke lüsternen Begehrens aufflammte.

»In all dem, was Sie so schön und kraftvoll gesagt haben«, begann Ippolit Sergejewitsch abgemessen und freundliche indem er die unwillkürliche Pause des müden Redners benutzte, um ihn zu beruhigen, »in all dem klingt unbestreitbar viel aufrichtiges Gefühl, viel forschender Geist ... «

Was ihm Beschwichtigendes und Versöhnendes sagen?, dachte er angestrengt und suchte ein Netz von Komplimenten zusammenzuweben.

Aber seine Schwester half ihm aus dieser schwierigen Lage. – Sie hatte sich schon satt gegessen und saß im Stuhle zurückgelehnt. Ihr dunkles Haar war altmodisch frisiert; aber diese Frisur in Form einer Krone harmonierte gut mit dem herrischen Ausdrucke ihres Gesichtes. Ihre Lippen, auf denen ein Lächeln zuckte, ließen einen weißen und schmalen Streifen von Zähnen sehen, wie eine Messerschneide, und mit einer schönen Geste ihren Bruder zurückhaltend, sagte sie:

»Erlauben Sie auch mir ein Wort: Ich weiß einen Spruch eines Weisen, der lautet: Nicht recht haben jene, die da sagen: das ist die Wahrheit; nicht recht jene, die ihnen erwidern – das ist Lüge. Recht hat nur Zebaoth und nur der Satan, an deren Existenz ich nicht glaube, die aber irgendwo sein müssen; denn sie haben das Leben so zwiespältig gestaltet, und das Leben hat ihnen Gestalt gegeben. Ihr versteht nicht? Aber ich spreche doch dieselbe menschliche Sprache wie ihr; nur fasse ich die ganze Weisheit der Jahrhunderte in einem Satze zusammen, damit ihr seht die Nichtigkeit eurer Weisheit.«

Nach Beendigung ihrer Rede fragte sie die Herren mit bezaubernd heiterem Lachen: »Wie finden Sie das?« Ippolit Sergejewitsch zuckte schweigend mit den Schultern; ihn empörten die Worte seiner Schwester, aber er war zufrieden, dass sie Benkowskij damit beruhigt hatte.

Mit Benkowskij geschah etwas Sonderbares. Als Elisawetta Sergejewna zu sprechen begann, flammte sein Gesicht vor Entzücken auf; aber mit jedem ihrer Worte wurde es bleicher, und in dem Augenblick, als sie ihre Frage stellte, drückte es schon beinahe Entsetzen aus. Er wollte etwas erwidern, und seine Lippen zuckten nervös, aber die Worte kamen nicht von ihnen herunter. Sie aber, schön in ihrer Ruhe, verfolgte das Mienenspiel seines Gesichtes, und wie es schien, gefiel es ihr, die Wirkung ihrer Worte auf seinem Gesichte zu sehen, denn ihre Augen strahlten vor Freude.

»Mir scheint es wenigstens, dass in diesen Worten wirklich die ganze Summe der ungeheuren Folianten der Philosophie liegt«, sagte sie nach kurzem Schweigen.

»Du hast recht bis zu einem gewissen Grade«, sagte Ippolit Sergejewitsch sarkastisch lächelnd, »jedoch nur ...«

»So muss denn wirklich der Mensch die letzten Funken des Prometheusfeuers auslöschen, die noch in seiner Seele glimmen und seine Bestrebungen adeln?«, rief Benkowskij, sie wehmütig ansehend.

»Weshalb denn, wenn sie etwas Positives geben ... Ihnen Angenehmes!«, sagte sie lächelnd.

»Du nimmst, wie's scheint, ein gefährliches Kriterium für die Erklärung des Positiven«, bemerkte trocken der Bruder.

»Elisawetta Sergejewna, Sie sind eine Frau, sagen Sie, – welche Klänge wecken die großen Ideenbewegungen der Frauen in Ihrer Seele?«, fragte Benkowskij, von neuem erregt.

»Sie sind interessant ...«

»Nur?«

»Aber ich denke, dass ... Wie soll ich Ihnen das sagen? ... Es sind die Bestrebungen der überflüssigen Frauen. Sie blieben zurück hinter der Pforte des Lebens, weil sie nicht schön sind, oder weil sie sich ihrer Schönheit nicht bewusst sind; kennen nicht den Geschmack der Herrschaft über den Mann ... Sie sind überflüssig aus einer Masse von Ursachen! ... Aber – wir wollen doch Eis essen.«

Er nahm schweigend die grüne Eisschale aus ihren Händen, stellte sie vor sich hin und betrachtete starr die weiße, kalte Masse, indem er sich mit der Hand, die vor mühevoll zurückgehaltener Erregung zitterte, nervös über die Stirn strich.

»Sehen Sie, die Philosophie verdirbt nicht nur den Geschmack am Leben, sondern auch den Appetit«, scherzte Elisawetta Sergejewna.

Der Bruder betrachtete sie und dachte, dass sie ein schlechtes Spiel mit diesem Jüngling treibe. In ihm rief das ganze Gespräch die Empfindung einer allmählich heraufkommenden Langweile hervor. Benkowskij tat ihm leid; aber dieses Mitleid enthielt keine herzliche Wärme und war daher energielos.

Sic visum Veneri!, beschloss er, vom Tische aufstehend, und zündete sich eine Zigarette an.

»Wollen wir spielen?«, fragte Elisawetta Sergejewna Benkowskij.

Und da er als Antwort auf ihre Frage den Kopf zustimmend neigte, gingen sie von der Terrasse in die Zimmer, von wo aus bald die Akkorde des Flügels und die Töne einer Violine, die gestimmt wurde, herausdrangen. Ippolit Sergejewitsch saß in einem bequemen Lehnstuhle am Geländer der Terrasse; sie war durch einen spitzenartigen Vorhang von wildem Weinlaub, der von der Erde bis zum Dach an den aufgespannten Fäden heraufrankte, vor der Sonne geschützt. Ippolit Sergejewitsch hörte alles, was die Schwester und Benkowskij sprachen, denn die Fenster des Empfangszimmers waren nur von dem Grün der Pflanzen verdeckt und gingen auf den Park hinaus. –

»Haben Sie etwas in dieser Zeit geschrieben?«, fragte Elisawetta Sergejewna, den Ton der Violine angebend.

»Ja, eine Kleinigkeit.«

»Lesen Sie vor!«

»Wirklich, ich möchte nicht.«

»Wollen Sie, dass ich Sie bitten soll?«

»Ob ich will? Nein ... Aber ich möchte Ihnen die Verse sagen, die soeben in mir entstehen.«

»Bitte sehr!«

»Ja, ich werde es tun ... Aber sie sind erst soeben entstanden, und Sie sind es, die sie ins Leben gerufen haben.«

»Wie mir das angenehm ist, zu hören!«

»Ich weiß nicht ... Vielleicht sprechen Sie aufrichtig ... Ich weiß nicht ...«

Ich müsste wohl fortgehen?, dachte Ippolit Sergejewitsch. Aber er war zu träge, sich zu bewegen, blieb sitzen und beruhigte sich bei dem Gedanken, dass ihnen seine Anwesenheit auf der Terrasse doch bekannt war.

»Mich quält deiner ruhigen Schönheit kalter Glanz«, ertönte die dumpfe Stimme Benkowskijs.

»Du wirst mein Träumen vielleicht verhöhnen,
Nicht glauben vielleicht meinem Sehnen?«,

fragte der Jüngling sehnsüchtig.

Ich fürchte, dass das zu fragen für dich schon zu spät ist, dachte Ippolit Sergejewitsch, skeptisch lächelnd.

»In deinen Augen leuchtet kein Mitleid,
Ein kaltes Lachen hör' ich in deinen Worten,
Und fremd sind dir meiner Seele
Wahnwitzige Träume.«

Benkowskij hielt vor Erregung oder aus Mangel an einem Reim inne:

»Meiner Seele schwelgende Träume! ...
Sie wandeln in Sturm meine Lieder,
Sie bergen mein Leben in sich
Und sind von rasender Glut durchdrungen.
Des Daseins Rätsel zu lösen,
Zu finden für alle den Weg zum Glück ...«

Ich muss fortgehen, beschloss Ippolit Sergejewitsch, unwillkürlich auf die Beine gebracht durch die hysterischen Seufzer des Jünglings, in denen gleichzeitig ein rührendes – Lebewohl! dem Frieden seiner Seele und ein verzweifeltes – Hab Erbarmen! an das geliebte Weib erklang.

»In seines Herzens wildem Wahn
Erbaut dein Sklave dir einen Thron,
Nun harret er ...«

»Auf sein Verderben; denn *sic visum Veneri*!«, beendete Ippolit Sergejewitsch das Gedicht und ging in die Allee des Parks.

Er wunderte sich über seine Schwester: – Sie schien nicht so schön, um so eine Liebe in dem Jünglinge zu erwecken; gewiss hatte sie es durch die Taktik ihres Widerstrebens erreicht. Dann musste man bei ihr eine stoische Selbstbeherrschung annehmen; denn Benkowskij war schön ...

Vielleicht müsste er als Bruder und als gewissenhafter Mensch mit ihr über den wahrhaften Charakter ihrer Beziehungen zu diesem vor Leidenschaft glühenden Jünglinge sprechen?

Aber wohin wird so ein Gespräch jetzt führen? Und er ist auch nicht so kompetent in den Angelegenheiten Amors und der Venus, um sich in eine derartige Geschichte hineinzumischen ... Aber doch muss man Elisawetta darauf hinweisen, dass das Verderben dieses Herrn zu fürchten ist, wenn er nicht mit ihrer Hilfe rechtzeitig in sich die Flamme seiner Leidenschaft ersticken wird und lernen, normaler zu fühlen und gesünder zu denken.

Und wie wäre es, wenn diese Fackel der Leidenschaft vor Warenjkas Heizen brennen würde?

Aber er hatte diese Frage noch nicht entschieden, als er schon darüber nachdachte, womit sich das Mädchen in diesem Augenblicke wohl beschäftigte. Vielleicht ohrfeigt sie gerade den Nikon oder rollt ihren kranken Vater im Stuhle durch die Zimmer. Als er sie sich aber bei dieser Beschäftigung vorstellte, fühlte er sich für sie beleidigt. Nein! Es ist unbedingt notwendig, die Augen dieses Mädchens für die Wirklichkeit zu öffnen, sie mit den geistigen Bewegungen der Gegenwart bekannt zu machen. Wie schade ist es, dass sie so entfernt wohnt, und man sie nicht häufiger sehen kann, um Tag für Tag daran zu rütteln, was ihren Verstand vor dem Einflusse der Logik zurückhält.

Im Park herrschte tiefe Stille und duftende Kühle. Vom Hause her erklangen die sangvollen Laute der Violine und die nervösen Töne des Flügels. In harmonischer Folge entstanden im Park die Melodien liebevoller Bitten, kosender Rufe und stürmischen Entzückens.

Auch vom Himmel herab ergoss sich Musik; dort sangen die Lerchen. Zerzaust und schwarz, wie eine Kohle, saß auf einem Lindenast ein Star, zupfte sich die Federn auf der Brust und pfiff bedeutungsvoll, auf den in Gedanken versunkenen Menschen herabschielend, der langsam, die Hände auf dem Rücken, die Allee herunterschritt und mit lächelnden Augen in die Ferne hinausschaute.

Abends beim Tee war Benkowskij zurückhaltender und sah nicht mehr so sehr einem Wahnsinnigen ähnlich. Und auch Elisawetta Sergejewna schien durch irgendetwas erwärmt zu sein.

Ippolit Sergejewitsch merkte es und fühlte sich sicher vor dem Aufkommen abstrakter Gespräche – und weniger geniert.

»Du erzählst uns nichts von Petersburg, Ippolit«, sagte Elisawetta Sergejewna.

»Was kann man davon, erzählen? Es ist eine sehr große lebhafte Stadt ... Das Klima ist dort feucht und ...«

»Und die Menschen trocken«, unterbrach ihn Benkowskij.

»Bei weitem nicht alle. Man findet viele, ganz aufgeweichte, mit Schimmel bedeckte, uralte Stimmungen; überall sind die Menschen ziemlich mannigfaltig.«

»Gott sei Dank, dass es so ist!«, rief Benkowskij.

»Ja, das Leben wäre unerträglich langweilig, wenn das nicht der Fall wäre!«, stimmte Elisawetta Sergejewna zu. »Und wie steht es mit der Gunst der Jugend für die Landbevölkerung? Sinkt sie noch immer im Kredit?«

»Ja, sie werden nach und nach enttäuscht.«

»Diese Erscheinung ist sehr charakteristisch für die Intelligenz unserer Tage«, sagte Benkowskij, sarkastisch lächelnd. »Als sie zum größten Teil vom Adelstande gebildet wurde, hatte so etwas keinen Raum. Aber jetzt, wo der Sohn jedes Explorators, eines Kaufmanns oder Beamten, der zwei bis drei populäre Büchlein gelesen hat, schon den Intelligenten vorstellt – bei so einer Intelligenz kann das Land kein Interesse erwecken. Kennt sie es denn? Kann es denn für sie etwas anderes sein als der Ort, wo man den Sommer gut verleben kann? Für sie ist das Land – die Sommerfrische, und überhaupt sind sie Sommerfrischler im Grunde ihrer Seele. Sie tauchen auf, leben eine Zeitlang, verschwinden dann und hinterlassen im Leben Papierschnitzel, Scherben, Überbleibsel – die gewöhnlichen Spuren ihrer Anwesenheit, die immer von den Sommerfrischlern auf den Feldern der Dörfer hinterlassen werden. Andere werden nach ihnen kommen und diesen Schutt wegräumen und mit ihm die Erinnerung an jene schändliche, herzlose, kraftlose Intelligenz der neunziger Jahre.«

»Jene anderen – also die restaurierten Edelleute?«, fragte Ippolit Sergejewitsch mit zusammengekniffenen Augen.

»Sie scheinen mich verstanden zu haben ... wenig schmeichelhaft für Sie – Verzeihen Sie!«, sagte Benkowskij errötend.

»Ich fragte nur, wer diese Zukünftigen sind«, sagte Ippolit Sergejewitsch achselzuckend.

»Sie – sind das junge Land! Die vor der Reform stehende Generation. Auch jetzt gibt es schon Menschen, die ein entwickeltes Gefühl ihrer menschlichen Selbstachtung in sich tragen; forschende, kräftige Menschen, die nach Wissen dürsten und die bereit sind, von sich kundzugeben.«

»Heiße sie im voraus willkommen!«, sagte Ippolit Sergejewitsch gleichgültig.

»Ja, man muss gestehen, dass das Land etwas Neues hervorzubringen beginnt«, sagte Elisawetta Sergejewna versöhnend. »Ich habe hier sehr interessante Burschen, Iwan und Grigorij Schachow, die beinahe die Hälfte meiner Bibliothek durchgelesen haben, und Akim Mosirew, der ›All Verstehende‹, wie er sich selbst nennt. Wirklich ganz hervorragende Fähigkeiten! Ich prüfte ihn – gab ihm ein Buch über Physik: – Da lies und erkläre mir das Hebel- und das Gleichgewichtsgesetz; und er legte in einer Woche sein Examen mit solcher Sicherheit ab, dass ich einfach überrascht war. Und auf mein Lob gibt er noch zur Antwort: ›Was ist daran? Sie verstehen es, also ist es auch mir nicht versagt. – Bücher werden für alle geschrieben.‹ – Wie gefällt er Ihnen? Aber das Verständnis für ihren Selbstwert hat sich bei ihnen einstweilen nur bis zur Frechheit und Grobheit entwickelt. Diese neu erworbenen Eigenschaften wenden sie sogar mir gegenüber an; aber ich dulde und verklage sie nicht beim Landeshauptmann; ich verstehe, dass auf so einem Boden so feurige Blumen aufblühen können, dass man eines schönen Morgens auf der Asche seines Guts erwachen wird.«

Ippolit Sergejewitsch lächelte; Benkowskij schaute diese Frau traurig an.

Ohne das Gesprächsthema eingehender zu berühren und ohne allzu stark die gegenseitige Eigenliebe anzugreifen, plauderten sie bis zehn Uhr; dann begannen Elisawetta Sergejewna und Benkowskij wieder zu musizieren; Ippolit Sergejewitsch verabschiedete sich und ging auf sein Zimmer; er merkte, dass sein zukünftiger Schwager sich auch nicht die geringste Mühe gab, die Freude zu verbergen, die er beim Fortgehen des Bruders seiner Geliebten empfand.

... Du erfährst alles, was du erfahren willst, und als eine Art Belohnung für deine Wissbegier folgt Langeweile.

Eben dieses entkräftigende Gefühl empfand Ippolit Sergejewitsch, als er sich in seinem Zimmer an den Tisch setzte in der Absicht, einige Briefe an seine Bekannten zu schreiben. Er verstand die Motive der eigenartigen Beziehungen seiner Schwester zu Benkowskij; er verstand auch seine Rolle in diesem Spiele. Alles das war nicht schön; aber gleichzeitig war auch das alles ihm so fremd, und seine Seele empörte sich nicht über die Parodie der Geschichte Pygmalions und Galateas, die sich vor seinen Augen abspielte, obwohl er mit dem Verstand seine Schwester verurteilte. Melancholisch klopfte er mit dem Federhalter auf den Tisch, dämpfte das Lampenlicht, und als das Zimmer sich in Halbdunkel hüllte, begann er durch die Fenster hinauszuschauen.

Totenstille herrschte in dem vom Mond beleuchteten Park, und durch die Fensterscheiben schien der Mond in grünlichem Glanze herein.

Unter dem Fenster zeigte sich plötzlich ein Schatten, verschwand und verursachte ein leises Geräusch in den Zweigen, die durch die Berührung erbebten. Ippolit Sergejewitsch ging auf das Fenster zu, öffnete es und schaute hinaus. – Hinter den Bäumen streifte das weiße Kleid des Stubenmädchens, Mascha, vorbei.

Nun? – dachte er lächelnd. Lass wenigstens das Stubenmädchen lieben, wenn seine Herrin nur mit der Liebe spielt.

Langsam schwanden die Tag dahin – ein Tropfen in dem grenzenlosen Ozean der Ewigkeit – und alle waren sie ermüdend einförmig. Fast keine Eindrücke, und man konnte nur mit großer Anstrengung arbeiten; denn der brennende Glanz der Sonne, das narkotische Aroma des Parks und die tiefsinnigen Mondnächte – alles das erweckte in der Seele eine träumerische Trägheit.

Ippolit Sergejewitsch genoss ruhig das reine, vegetative Leben und schob von Tag zu Tag seinen Entschluss, sich ernstlich an die Arbeit zu machen, hinaus. Manchmal wurde es ihm langweilig; er machte sich Vorwürfe wegen seiner Untätigkeit, seiner Willensschwäche; aber alles das erregte nicht das Verlangen in ihm, zu arbeiten; er erklärte sich seine Faulheit mit dem Bestreben seines Organismus, Energie zu sammeln. Morgens, wenn er nach einem gesunden, kräftigen Schlafe erwachte, reckte er sich mit Vergnügen und konstatierte, wie elastisch seine Muskeln seien, wie gespannt seine Haut, und wie frei und tief seine Lunge atme.

Die unangenehme Gewohnheit seiner Schwester, zu philosophieren, die sich bei ihr allzu oft äußerte, reizte ihn anfangs; aber allmählich versöhnte er sich mit diesem Fehler Elisawetta Sergejewnas; und er verstand es mit so viel Geschicklichkeit und Zartheit, ihr das Nutzlose des Philosophierens zu beweisen, dass sie zurückhaltender wurde. Ihre Bestrebungen, allem auf den Grund zu gehen, machten auf ihn einen unangenehmen Eindruck; – er sah, dass die Schwester nicht aus dem natürlichen Triebe, sich ihre Beziehungen aus dem Leben zu erklären, alles zergrübelte, sondern nur aus dem vorsichtigen Wunsche, alles zu zerstören und umzustürzen, was in irgendeiner Weise die kalte Ruhe ihrer Seele trüben könnte. Sie hatte sich eine schematische Praxis ausgearbeitet, und die Theorien interessierten sie nur, soweit sie geeignet waren, ihre trockenen, skeptischen und sogar ironischen Beziehungen zum Leben und zur Menschheit zu ebnen. Obwohl Ippolit Sergejewitsch dieses alles verstand, fühlte er doch nicht das geringste Verlangen, der Schwester deswegen Vorwürfe zu machen oder sie zu beschämen. Er verurteilte sie im Geiste; aber in ihm fehlte etwas, was ihm erlaubt hätte, sein Urteil laut auszusprechen; denn eigentlich war sein Herz nicht wärmer, als das seiner Schwester.

So gab sich Ippolit Sergejewitsch fast jedes Mal nach dem Besuche Benkowskijs das Wort, mit der Schwester über ihre Beziehungen zu diesem Jünglinge zu sprechen, aber er hielt es nicht. Ohne es sich selbst einzugestehen, vermied er es, sich in diese Geschichte hineinzumischen. Es ist ja noch nicht gewiss, wer der leidende Teil sein wird, wenn der gesunde Menschenverstand in diesem flammenden Jünglinge erwachen wird. Und das wird kommen – denn er glüht zu sehr, um nicht zu verlöschen. Die Schwester denkt ja aber fest daran, dass er jünger ist als sie; um sie braucht man nicht besorgt zu sein ... Und wenn sie bestraft wird? – Was dann ... So muss es sein, wenn das Leben gerecht ist ...

Warenjka kam häufig. Sie ruderten zu zweien oder zu dreien mit der Schwester; aber niemals mit Benkowskij. Sie machten Spaziergänge im Walde; einst fuhren sie nach einem Kloster, das zwanzig Werst entfernt war. Das Mädchen gefiel ihm immer noch; ihn empörten zwar ihre »wilden« Reden; aber in ihrer Gegenwart war es immer angenehm; ihre Naivität machte ihn lachen und zügelte den »Mann« in ihm.

Die Harmonie ihrer Natur rief in ihm Staunen hervor; aber die naive Aufrichtigkeit, mit der sie alles von sich stieß, womit er den Frieden ihrer Seele stören wollte, beleidigte sein Ehrgefühl.

Und immer häufiger fragte er sich:

»Habe ich denn nicht so viel Energie, um alle diese Verirrungen und Dummheiten aus ihrem Kopfe herauszutreiben?«

In ihrer Abwesenheit fühlte er klar die Notwendigkeit, ihr Denken von den hässlichen Fesseln zu befreien, und er erhob diese Notwendigkeit zur Pflicht; aber Warenjka erschien, und er – nicht dass er völlig seinen Entschluss vergessen hätte; aber er stellte ihn nicht in den Vordergrund in seinem Verhältnis zu ihr. Manchmal bemerkte er, dass er ihr zuhörte, als habe er das Verlangen, ihr etwas abzulernen, und er gestand sich, dass sie etwas in sich hatte, was die Freiheit seines Geistes einschränkte.

Es geschah auch, dass er die Widerlegung, die er schon fertig im Kopfe hatte und die, betäubend durch ihre Klarheit und Stärke, sie von der

Augenscheinlichkeit ihrer Irrtümer überzeugt hätte, – unterdrückte; als ob er gefürchtet hätte, sie auszusprechen. And wenn er sich darauf ertappte, dachte er: Ist es möglich, dass ich das aus Mangel an Vertrauen zu meiner Wahrheit tue?

Und selbstverständlich überzeugte er sich vom Gegenteil. Ihm war es noch umso schwerer, mit ihr zu sprechen, da sie ja beinahe das Abc der allgemein geltenden Anschauungen nicht kannte. Man hätte mit den Grundrissen anfangen müssen, und ihre beharrlichen Fragen: Warum? Und weshalb? verführten ihn immerfort in den Abgrund der Abstraktionen, wo sie ihn schon gar nicht mehr verstand. Einst setzte sie, ermüdet durch sein Widersprechen, ihm ihre Philosophie in folgenden Worten auseinander:

»Gott schuf mich, wie alle Menschen, nach seinem Ebenbilde ... das will heißen, dass ich alles, was ich tue, nach seinem Willen tue, und lebe – wie er es haben will ... Er weiß doch, wie ich lebe! Nun, das ist alles, und Sie streiten mit mir umsonst.«

Immer häufiger erregte sie in ihm das brennende Gefühl des »Mannes«; aber er beobachtete sich, und mit schnellem Kraftaufwand, der immer mehr Überlegung erforderte, erstickte er in sich diese Ausbrüche der Sinnlichkeit und bemühte sich sogar, sie vor sich selbst zu verbergen. Aber als ihm das nicht gelang, sagte er zu sich selbst, schuldbewusst lächelnd:

Nun, was? – Das ist natürlich bei ihrer Schönheit ... Ich bin ein Mann, und mein Organismus wird von Tag zu Tag immer kräftiger unter dem Einfluss dieser Sonne und dieser Luft ... Das ist natürlich; aber ihre Eigentümlichkeiten schützen mich völligst davor, mich fortreißen zu lassen ...

Der Verstand wird unglaublich tätig und biegsam, wenn das Gefühl des Menschen eine Maske nötig hat, um hinter ihr die grobe Wahrheit seiner Forderungen zu verbergen. Wie jede Kraft ist das Gefühl seinem Wesen nach gerade und wahrhaft. Wenn es aber vom Leben geschlagen ist, oder zertrümmert durch die übermäßige Anstrengung, seine Aufwallungen durch die kalten Zügel des Verstandes zurückzuhalten, so verliert es das Wahrhafte und Gerade und bleibt nur als Grobes und Hässliches zurück. Und dann in der Not, seine Schwäche und Grobheit zu verbergen, wendet es sich um Unterstützung an die mächtige Fähigkeit des Verstandes: der Lüge die Physiognomie der Wahrheit zu geben. Diese Fähigkeit war gut entwickelt bei Ippolit Sergejewitsch, und mit ihrer Hilfe gelang es ihm, seiner Neigung zu Warenjka den Charakter zu geben, als sei sie rein von jedem Interessentriebe. Er hatte nicht die Kraft, sie zu lieben, das wusste er, aber in der Tiefe seines Verstandes flammte die Hoffnung auf, sie zu besitzen. Ohne es sich selbst einzugestehen, erwartete er, dass sie von ihm hingerissen sein würde. So überlegte er bei sich alles, was ihn in leinen eigenen Augen nicht erniedrigen konnte, und verbarg vor sich selbst geschickt alles das, was in ihm selbst Misstrauen an seiner Anständigkeit erwecken konnte.

Eines Abends beim Tee kündigte die Schwester an:

»Weißt du, morgen ist der Geburtstag von Warenjka Olessowa. Man muss hinfahren. Ich habe Lust, ein wenig auszufahren ... Und auch für die Pferde wird es gut sein.«

»Fahr ... und gratuliere ihr auch in meinem Namen«, sagte er und fühlte, dass er auch gerne hinfahren möchte.

»Und du willst nicht mitkommen?«, fragte sie, ihn neugierig anschauend.

»Ich? Ich weiß nicht, ob ich gerade will ... Wahrscheinlich – will ich nicht. Aber ich kann auch mitfahren.«

»Du bist nicht dazu verpflichtet!«, bemerkte Elisawetta Sergejewna und senkte die Lider, um das Lächeln zu verbergen, das in ihren Augen aufblitzte.

»Ich weiß«, sagte er verstimmt.

Es entstand eine lange Pause, während der sich Ippolit Sergejewitsch einer strengen Kritik unterwarf, weshalb er sich diesem Mädchen gegenüber so verhalte, als fürchte er, dass seine Selbstbeherrschung vor ihrem Zauber nicht standhalten könne.

»Sie sagte mir – Warenjka – dass dort bei ihnen eine prachtvolle Umgegend ist«, bemerkte er und errötete; denn er wusste, dass seine Schwester ihn verstanden hatte. Aber sie ließ es in keiner Weise merken und begann im Gegenteil, ihm zuzureden.

»Ja, fahren wir, bitte! Wirst sehen, bei ihnen ist es wirklich nett; und mir ist es behaglicher mit dir zu sein. Wir werden nicht auf lange – gut?«

Er willigte ein; aber seine Stimmung war verdorben.

Weshalb hatte ich nötig zu lügen? Was ist Schändliches oder Unnatürliches darin, dass ich ein schönes Mädchen noch einmal mehr sehen will? – fragte er sich selbst böse. Aber er beantwortete die Frage nicht.

Am nächsten Morgen erwachte er früh, und die ersten Laute des Tages, die sein Ohr auffingen, waren die Worte seiner Schwester:

»... wird Ippolit erstaunt sein!«

Ihnen folgte ein lautes Lachen. – So konnte nur Warenjka lachen. Ippolit Sergejewitsch warf das Bettuch zurück und horchte lächelnd. Das, was sich seiner plötzlich bemächtigte und seine Seele erfüllte, konnte man kaum Freude nennen; eher war es eine kosend-prickelnde Ahnung einer nahen Freude. Und vom Bette aufspringend, fing er an sich anzukleiden mit einer Schnelligkeit, die ihn gleichzeitig lachen machte und verlegen. Was ist denn da passiert? Ist es möglich, dass sie an ihrem Geburtstage gekommen ist, ihn und seine Schwester zu sich einzuladen? Das ist ein liebes Mädchen!

Als er ins Speisezimmer trat, schlug Warenjka komischverlegen die Augen nieder, und ohne seine dargebotene Hand zu nehmen, begann sie mit schüchterner Stimme:

»Ich fürchte, dass Sie ...« »Stelle dir vor!«, rief Elisawetta Sergejewna aus. »Sie ist aus dem Hause ausgerückt.«

»Das heißt wie?«, fragte der Bruder.

»Heimlich!«, erklärte Warenjka.

»Ha, ha, ha!«, lachte Elisawetta Sergejewna.

»Aber ... weshalb denn?«, forschte Ippolit Sergejewitsch.

»Vor Bewerbern«, gestand das Mädchen und brach ebenfalls in Lachen aus. »Stellen Sie sich vor, was für lange Gesichter die machen werden! Tante Lutschitzkaja – die will schrecklich gern mich unter die Haube bringen! – Hat ihnen feierliche Einladungen geschickt und hat so viel zusammengekocht und zusammengebacken, als wären es Hundert! Und ich half ihr dabei ... aber heute erwachte ich und ritt ... hopp! hierher. Ihnen habe ich einen Zettel zurückgelassen, dass ich zu Scherbakoffs gefahren sei ... Verstehen Sie? In ganz entgegengesetzter Richtung, dreiundzwanzig Werst von hier!«

Er schaute sie an und brach in Lachen aus, das in seiner Brust eine kosende Wärme hervorrief. Sie war wieder in einem weiten, weißen Kleide, dessen Falten in zarten Wellen von der Schulter zu den Füßen herabfielen und ihren ganzen Körper wie in einen Nebel hüllten. Ein helles Lachen zuckte in ihren Augen, und auf ihrem Gesicht leuchtete die Röte der Lebhaftigkeit.

»Das gefällt Ihnen nicht?«, fragte sie ihn.

»Was?«, fragte er kurz.

»Dass ich es so machte. Es ist ja unhöflich; ich verstehe es«, sagte sie ernst werdend, »aber ...«, und sofort lachte sie von neuem.

»Ich kann sie mir vorstellen! Geputzt und parfümiert! ... Werden sich vor Ärger betrinken. – Mein Gott wie!«

»Sind ihrer viele?«, fragte Ippolit Sergejewitsch.

»Vier ...«

»Der Tee ist eingeschenkt!«, kündigte Elisawetta Sergejewna an. »Du wirst für diesen Streich zahlen müssen, Warja ... Hast du dir das überlegt?«

»Nein ... und ich will auch gar nicht!«, antwortete sie entschlossen und setzte sich an den Tisch. »Das wird sein, wenn ich zu ihnen zurückkehre ... also am Abend; denn ich werde den ganzen Tag bei euch verbringen. Weshalb soll ich denn schon am Morgen daran denken, was erst am Abend sein wird? Und wer und was kann mir was anhaben? Papa brummt, aber von ihm kann man fortgehen und ihn nicht mehr hören ... Die Tante – die ist ganz in mich vernarrt! – Jene etwa?! Die kann ich doch dazu bringen, dass sie auf allen vieren vor mir herumkriechen, Ha, ha, ha! Das wäre ... zum Wälzen! Ich werde es probieren ... Tschernonjoboff kann's nicht; er hat einen Bauch!«

»Warja! Du wirst ja ganz verrückt!«, bemühte sich Elisawetta Sergejewna sie zurückzuhalten.

»Werde nicht!«, versprach das Mädchen unter Lachen. Aber sie beruhigte sich noch nicht bald, indem sie immer weiter ihre Bewerber schilderte und Bruder und Schwester durch das Natürliche ihrer Lebhaftigkeit mit sich fortriss.

Die ganze Zeit, während der man Tee trank, erscholl unaufhörlich das Lachen. Elisawetta Sergejewna lachte mit einer gewissen Nachsicht Warenjka gegenüber. Ippolit Sergejewitsch bemühte sich, sich zurückzuhalten; aber er vermochte es nicht. Nach dem Tee begann man zu besprechen, wie man den so lustig begonnenen Tag ausfüllen könne. Warenjka schlug eine Bootsfahrt nach dem Walde vor, um dort Tee zu trinken. Ippolit Sergejewitsch war sogleich mit ihr einverstanden; aber seine Schwester machte ein besorgtes Gesicht und sagte:

»Ich kann nicht daran teilnehmen. Ich habe heute eine Fahrt nach Sanino vor, die ich nicht aufschieben kann. Ich dachte, zu dir, Warja, zu fahren und unterwegs dort abzusteigen ... Aber jetzt muss ich schon eigens dorthin.«

Ippolit Sergejewitsch schaute sie verdächtig an. Ihm schien es, dass sie es soeben ausgedacht hatte, um ihn mit Warja allein zu lassen. Aber ihr Gesicht drückte nur Unzufriedenheit und Besorgnis aus.

Warenjka war durch ihre Worte betrübt; aber bald wurde sie wieder lebhaft.

»Nun was? Umso schlechter für dich ... wir werden dennoch fahren!
Nicht so? Heute werden wir weit ... Aber noch was. – Dürfen Gregorij
und Mascha mit uns fahren?«

»Gregorij gewiss! Aber Mascha ... Wer wird denn das Mittagessen reichen?«

»Und wer wird denn Mittag essen? Du fährst zu Benkowskijs, und wir
werden vor Abend nicht zurückkehren.«

»Gut! Nimm auch Mascha mit ...«

Warenjka lief davon. Ippolit Sergejewitsch zündete sich eine Zigarette
an, trat auf die Terrasse hinaus und begann auf und ab zu gehen. Ihm
winkte der Ausflug. Aber Gregorij und Mascha schienen überflüssig. Sie
werden ihn stören – das ist ohne Zweifel. In ihrer Gegenwart kann man
doch nicht ungestört sprechen.

Keine halbe Stunde verging, als Ippolit Sergejewitsch und Warenjka
schon beim Boote standen und zuschauten, wie Gregorij, ein rothaariger
und blauäugiger Bursche mit Sommersprossen im Gesicht und einer
Adlernase, sich daran zu schaffen machte. Mascha legte den Samowar
ins Boot und verschiedene Bündel und rief ihm zu:

»Ach du, Roter, dreh dich! Siehst die Herrschaften warten!«

»Bald ist alles fertig«, antwortete der Bursche in hohem Tenor, indem
er die Pflöcke für die Ruder befestigte und Mascha zublinzelte.

Ippolit Sergejewitsch merkte es und erriet, wer in der Nacht unter seinem Fenster umhergeschlichen war. »Sie wissen«, sagte Warenjka, die
schon im Boote saß und mit einem Kopfnicken auf Gregorij wies, »er gilt
hier bei uns auch für einen Gelehrten – Rechtskundigen.«

»Nun! Sie sagen, Warwara Wassiljewna!«, sagte Grigorij lächelnd und
zeigte seine kräftigen Zähne, »Rechtskundiger!«

»Im Ernst, Ippolit Sergejewitsch, er kennt alle russischen Gesetze ...«

»Wirklich, Gregorij?«, fragte Ippolit Sergejewitsch mit Interesse.

»Da spaßt das gnädige Fräulein ... Woher denn? Die, Warwara Wassiljewna, kennt keiner alle.«

»Und der sie geschrieben hat?«

»Herr Spiranskij? Der ist schon längst gestorben ...«

»Was lesen Sie denn?«, fragte Ippolit Sergejewitsch, das kluge Adler-
gesicht des Burschen betrachtend, der die Ruder leicht ins Wasser tauchte.

»Was die Gesetze anbetrifft, wie das gnädige Fräulein sagt«, bemerkte
Gregorij mit klugen und lebhaften Blicken auf Warenjka weisend, »geriet
zufällig der zehnte Band in meine Hände; ich schaue hinein – sehe, dass

es interessant und nützlich ist. Beginne zu lesen ... Und jetzt habe ich den ersten Band durch ... Der erste Paragraf sagt ja auch gerade heraus: ›Unkenntnis des Gesetzes schützt nicht vor Strafe.‹ Nun, ich denke so, niemand kennt sie eigentlich, und sie alle zu kennen, ist auch nicht nötig ... Da bald wird mir der Dorflehrer die Verfügungen über die Bauern verschaffen; – sehr interessant durchzulesen – was das nur sein mag.«

»Sehen Sie, was für ein Kerl er ist?«, fragte Warenjka.

»Sie lesen wohl viel?«, forschte Ippolit Sergejewitsch, sich an Gogols Petruschka erinnernd.

»Ich lese, wenn ich Zeit finde. Bücher gibt es hier viele ... Allein bei Elisawetta Sergejewna sind schon bis gegen tausend denke ich. Doch hat sie meistens Romane und allerlei Erzählungen ...«

Das Boot glitt leicht dahin gegen den Strom. Ihm entgegen zogen die Ufer, und ringsumher war es berauschend schön, hell, ruhig und duftend. Ippolit Sergejewitsch schaute in Warenjkas Gesicht, das mit Neugier dem breitschultrigen Ruderer zugewandt war; dieser sprach, rhythmisch, die glatte Fläche des Wassers mit dem Ruder teilend, von seinem literarischen Geschmack; sehr zufrieden, dass ihm der gelehrte Herr so bereitwillig zuhörte. In Maschas Augen, die ihn mit gesenkten Wimpern beobachteten, leuchtete Liebe und Stolz.

»Ich liebe nicht davon zu lesen, wie die Sonne aufgeht und untergeht ... und überhaupt von der Natur. Von solchen Sonnenaufgängen hab ich vielleicht nicht nur tausend gesehen. Die Wälder und Flüsse sind mir auch bekannt; weshalb darüber lesen; und das steht in jedem Buch ... Mir scheint es aber ganz überflüssig; denn jeder versteht den Sonnenuntergang auf seine Weise, und jeder hat seine Augen dafür. Aber was das Leben der Menschen betrifft – das ist interessant. Du liest und denkst: wie hättest du es selbst gemacht, wenn man dich in so eine Lage gebracht hätte? Wenn du auch weißt, dass das alles nicht wahr ist.«

»Was ist nicht wahr?«, fragte Ippolit Sergejewitsch.

»Die Bücher doch. – Ausgedacht. Über die Bauern zum Beispiel ... Sind sie denn wie in den Büchern? Von ihnen schreibt man immer mit Mitleid, und man macht sie zu solchen Toren ... Es ist nicht gut! – Die Menschen lesen es und denken, es ist wirklich so und können den Bauer nicht richtig verstehen ... weil er im Buche schon ... allzu dumm und gering ...«

Warenjka wurden diese Reden wahrscheinlich langweilig, und sie begann halblaut vor sich hinzusingen und mit leeren Augen das Ufer zu betrachten. »Wissen Sie, Ippolit Sergejewitsch, wollen wir aussteigen und zu Fuß durch den Wald gehen; sonst sitzen wir und braten in der Sonne! Geht man denn so spazieren? Grigorij und Mascha werden bis nach der Sawolowaschlucht fahren; dort werden sie anlegen, den Tee bereiten und uns erwarten. Grigorij, lege an! Schrecklich gerne esse und trinke ich im Walde, in der Luft, in der Sonne ... Du fühlst dich frei wie ein Landstreicher ...«

»Seht!«, fuhr sie lebhaft fort, nachdem sie aus dem Boote auf den Sand des Ufers gesprungen war. »Berührst kaum die Erde, sofort hast du etwas ... so was, das die Seele in Aufruhr bringt. Da habe ich mir die Schuhe voll Sand geschüttet ... einen Fuß im Wasser nass gemacht ... Das ist unangenehm und angenehm, also – gut, weil man sich fühlt ... Schauen Sie, wie das Boot schnell dahingleitet!«

Das Wasser floss zu ihren Füßen, und aufgerührt durch das Boot, plätscherte es leise ans Ufer. Das Boot schoss pfeilschnell auf den Wald zu und ließ einen langen Streifen hinter sich, der in der Sonne wie Silber glänzte. Man sah, wie Grigorij Mascha ansah und lachte, – und sie drohte ihm mit der Faust.

»Das sind Verliebte«, berichtete Warenjka lächelnd. »Mascha bat schon Elisawetta Sergejewna um Erlaubnis, Grigorij zu heiraten; aber Elisawetta Sergejewna erlaubte es ihr einstweilen noch nicht; sie mag keine verheiratete Bedienung. Für Grigorij läuft aber im Herbst die Dienstzeit ab, und dann wird er die Mascha entführen ... Sie sind beide brav. Grigorij bittet mich, ihm ein Stück Land gegen Abzahlung zu verkaufen oder es ihm in langjährige Pacht zu geben ... Zehn Dessjatinen will er. Aber ich kann es nicht tun, solange Papa lebt, und das ist sehr schade ... Ich weiß, er hätte mir alles ausgezahlt und sehr gewissenhaft ... er ist doch in allem geschickt ... er ist Schlosser und Schmied, und bei Ihnen dient er als zweiter Kutscher ... Kokowitsch, der Landeshauptmann und einer meiner Bewerber, sagt von ihm: ›Da–as, wissen Sie, ist eine gefährliche Bestie; die wird sich schon nicht vor der Obrigkeit beugen.‹«

»Wer ist er, dieser Kakowitsch? Ein Pole?«, fragte Ippolit Sergejewitsch belustigt über die Grimassen Warenjkas, die den Kokowitsch kopierte.

»Ein Mordwine oder Tschuwasche – ich weiß nicht! Er hat eine schrecklich lange und dicke Zunge, die in seinem Munde keinen Platz hat und ihn beim Sprechen stört ... Uh! Was für ein Schmutz!«

Den Weg versperrte ihnen eine große Pfütze, die mit grünem Schimmel bedeckt und von einem fetten und schwarzen Schmutze umgrenzt war. Ippolit Sergejewitsch schaute auf seine Füße und sagte:

»Man muss um sie herumgehen.«

»Werden Sie denn nicht herüberspringen? Ich dachte, sie wäre schon ausgetrocknet«, rief Warenjka empört und stampfte mit dem Füßchen. »Herumgehen, das ist weit ... und dabei werde ich mir meine Kleider dort zerreißen ... Probieren Sie zu springen! Das ist leicht, schauen Sie – ei–eins!«

Sie hob sich auf die Fußspitzen und sprang hinüber. Ihm kam es vor, als ob ihr Kleid sich von ihren Schultern loslöste und in die Luft davonflog. Aber sie stand jenseits der Pfütze und rief bedauernd:

»Ei! Wie ich mich schmutzig gemacht habe! Nein, umgehen Sie lieber die Pfütze ... Pfui, wie ekelhaft!«

Er schaute sie an und bemühte sich, einen plötzlich auftauchenden, unklaren Gedanken, der ihn neckte, zu fassen, und fühlte, wie seine Füße in eine schlammige Masse versanken. Auf der andern Seite der Pfütze schüttelte Warenjka ihr Kleid, das ein leises Geräusch von sich gab, und Ippolit Sergejewitsch sah die seinen, gestreiften Strümpfe an den schlanken Beinen. Einen Augenblick schien es ihm, dass der sie trennende Schmutz eine Warnung für ihn oder für sie bedeute. Aber er riss sich schroff von diesem Gedanken los, nannte diesen Stich seines Herzens einen albernen Bubenwahn und ging eilig seitwärts in die Büsche, die den Pfad begrenzten. Aber auch hier musste er im Wasser gehen; es war nur von Gras bedeckt. Mit feuchten Füßen und mit einem ihm noch unklaren Entschlusse kam er zu ihr heran, und sie sagte, mit einer Grimasse auf ihr Kleid weisend:

»Sehen Sie! – Schön, was?!«

Er schaute hin. – Große schwarze Flecke, die triumphierend auf dem weißen Stoffe prangten, stachen ihm in die Augen.

»Ich liebe und bin gewohnt, dich so heilig-rein zu sehen, dass sogar ein Fleck des Schmutzes auf deinem Kleide einen schwarzen Schatten auf meine Seele wirft«, sagte Ippolit Sergejewitsch langsam, verstummte und beobachtete Warenjkas neugieriges Gesicht, auf dem ein Lächeln spielte.

Ihre Augen hafteten mit einer Frage auf seinem Gesichte, und er fühlte, dass seine Brust sich wie mit glühendem Schaume füllte, der sich bald in bezaubernde Worte verwandeln würde, wie er sie noch nie und zu niemandem gesprochen hatte; denn bis jetzt waren sie ihm unbekannt gewesen.

»Was haben Sie gesagt?«, fragte Warenjka in ihn dringend.

Er zuckte zusammen; denn ihre Frage klang streng, und er bemühte sich, ruhig zu sein, und begann, ihr ernst zu erklären:

»Ich sagte Verse ... Im Russischen klingen sie wie Prosa ... Aber Sie hören doch, dass es Verse sind? Es ist, glaube ich, ein italienisches Gedicht ... erinnere mich wirklich nicht ... Und übrigens ist es vielleicht auch eine Prosa aus einem Roman ... Sie kamen mir nur eben so in den Sinn ...«

»Wie lauten sie noch, nun, sagen Sie sie noch einmal?«, bat sie, plötzlich über irgendetwas nachdenkend.

»Ich liebe ...«, er stockte und rieb sich die Stirn mit der Hand. »Werden Sie glauben? Ich habe doch vergessen, wie ich sie sagte! Mein Ehrenwort – ich habe es vergessen!«

»Nun ... gehen wir!« Und sie ging entschlossen weiter.

Einige Minuten bemühte sich Ippolit Sergejewitsch, diese Szene, die zwischen ihm und dem Mädchen eine unsichtbare Scheidewand gegenseitigen Misstrauens errichtete, zu verstehen und zu erklären. Aber trotz aller Mühe konnte er nichts aus sich herausbringen als das Bewusstsein eines unbehaglichen Gefühls Warenjka gegenüber. Sie ging neben ihm, schweigend und mit gesenktem Kopfe, ohne ihn anzusehen.

»Wie ihr nur das alles erklären?«, überlegte Ippolit Sergejewitsch.

Ihr Schweigen wirkte niederdrückend; ihm schien es, dass sie über ihn nachdachte und nichts Gutes dachte. Und da er für sein unpassendes Benehmen keine Erklärung fand, rief er plötzlich in gezwungen-lustigem Tone:

»Wüssten Ihre Bewerber, wie Sie die Zeit verbringen!«

Sie schaute ihn an, als habe er sie mit seinen Worten aus weiter Ferne herbeigerufen; aber allmählich verwandelte sich ihr ernstes Gesicht zu einem naiven, kindlich-anmutigen.

»Ja! Das hätte sie ... beleidigt! Aber sie werden erfahren, oh! Sie werden erfahren! Und ... werden vielleicht nicht gut von mir denken ...«

»Haben Sie Angst davor?«

»Ich? Vor ihnen?«, fragte sie leise, aber zornig.

»Verzeihen Sie die Frage.«

»Macht nichts ... Sie kennen mich ja nicht ... wissen nicht, wie sie mir alle widerwärtig sind! Manchmal möchte ich sie alle niederwerfen und mit den Füßen über ihre Gesichter gehen ... ihnen auf die Lippen treten, damit sie nichts sprechen können. – Uh! Sie sind alle niederträchtig!«

Wut und Herzlosigkeit flammten in ihren Augen so deutlich, dass es ihm unangenehm war, sie anzusehen; und er wandte sich ab und sagte:

»Wie traurig, dass Sie zwischen lauter Menschen leben müssen, die Ihnen verhasst sind. Ist es möglich, dass unter ihnen kein einziger ist, der ... Ihnen anständig erschiene ...«

»Nein! Wissen Sie, auf der Welt gibt es sehr wenig interessante Menschen; alle sind sie so beschränkt, leblos, widerwärtig ...«

Er lächelte über ihre Klagen und sagte mit einer gewissen Ironie, die ihm selbst unverständlich war:

»Es ist noch viel zu früh für Sie, so zu sprechen. Warten Sie ab; Sie werden schon einem Menschen begegnen, der Sie zufriedenstellt ... Er wird Ihnen in jeder Hinsicht interessant sein.«

»Wer denn?«, fragte sie schnell und blieb stehen.

»Ihr zukünftiger Mann.«

»Aber wer ist es?«

»Wie kann ich das wissen!«, sagte Ippolit Sergejewitsch achselzuckend; er empfand eine Unzufriedenheit über die Lebhaftigkeit ihrer Fragen.

»Und sprechen dennoch!«, seufzte sie und ging weiter.

Sie gingen zwischen Buschwerk, das ihnen kaum bis zu den Schultern reichte, und dazwischen schlängelte sich der Weg wie ein verlorenes Band in launischen Biegungen. Jetzt erschien vor ihnen der dichte Wald.

»Und Sie möchten heiraten?«, fragte Ippolit Sergejewitsch.

»Ja ... Ich weiß nicht! Ich denke nicht darüber nach ...«, sagte sie einfach. Der Blick ihrer schönen Augen, der in die Ferne schweifte, war konzentriert, als ob sie etwas Fernem und Teurem gedachte.

»Sie müssten den Winter in der Stadt verbringen – dort wird Ihre Schönheit die allgemeine Aufmerksamkeit erregen, und Sie werden bald finden, was Sie suchen ... Denn viele werden auch sehr wünschen, Sie ihre Frau zu nennen«, sagte er langsam und leise, indem er nachdenklich ihre Gestalt betrachtete.

»Ist noch nötig, dass ich es erlaube?«

»Wie können Sie verbieten, das zu wünschen?«

»Ach, ja! Gewiss ... Mögen sie wünschen!«

Sie gingen schweigend einige Schritte weiter. Sie schaute nachdenklich in die Ferne und grübelte über irgendetwas nach; – er zählte, ohne zu wissen weshalb, die Flecken auf ihrem Kleide. Es waren sieben: drei große, die wie Sterne aussahen, zwei – wie ein Komma und einer – wie ein Pinselstrich. Wegen ihrer schwarzen Farbe und der Form, in der sie auf dem Stoffe verteilt waren, hatten sie für ihn irgendeine Bedeutung; aber was für eine – wusste er selbst nicht.

»Waren Sie je verliebt?«, tönte plötzlich ihre Stimme ernst und forschend.

»Ich?«, fragte Ippolit Sergejewitsch zusammenzuckend. »Ja ... aber schon lange her, als ich noch ein Jüngling war ...«

»Ich auch, schon lange her ...«, kündigte sie an.

»Ah! Wer ist er?«, fragte Ippolit Sergejewitsch, ohne das Unpassende der Frage zu fühlen. Er riss einen Zweig, der ihm gerade in die Hand kam, ab und schleuderte ihn weit fort.

»Er? Ein Pferdedieb ... Drei Jahre sind es her, dass ich ihn sah. Ich war damals siebzehn Jahre alt ... Man hatte ihn einst gefangen und blutig geschlagen auf unsern Hof gebracht. Er lag mit Stricken festgebunden, schwieg und sah mich an ... ich stand auf der Treppe vor dem Hause. Ich erinnere mich: es war so ein heller Morgen; es war früh, und alle schliefen noch bei uns ...«

Sie verstummte nachdenklich.

»Unter dem Karren war eine Lache von Blut – so eine fette Lache – und schwere Tropfen fielen von seinem Körper herab ... Er hieß Saschka Remesow. Bauern kamen auf den Hof, sahen ihn an und knurrten wie Hunde. Alle hatten böse Augen; aber er, dieser Saschka, schaute sie ruhig an ... Und ich fühlte, dass er – wenn auch zerschlagen und gebunden – sich für besser hielt als alle; so sah er wenigstens aus ... Augen hatte er große, dunkelbraune. Mir tat er leid, und ich hatte Angst vor ihm. Ich ging ins Haus und goss ihm ein Glas Branntwein ein ... Dann ging ich hinaus und gab es ihm. Aber seine Hände waren zusammengebunden, und er konnte nicht austrinken ... und er sagte zu mir, ein wenig den Kopf hebend, der ganz im Blute schwamm: »Geben Sie es mir zum Munde, Fräulein!« Ich hielt es ihm hin ... und er trank langsam, langsam und sagte: »Danke Ihnen, Fräulein! Gebe Ihnen Gott Glück!« Dann flüsterte ich ihm plötzlich zu: »Laufen Sie fort!« Und er antwortete laut: »Wenn ich am Leben bleibe, werde ich sicherlich weglaufen! Glauben Sie mir nur!« Und mir gefiel es schrecklich, dass er es so laut rief, dass alle auf dem Hofe es hörten. Dann sagte er: »Fräulein, befehlen Sie, mein Gesicht abzuwaschen!« Ich sagte es Dunja, und sie wusch es ihm ... obwohl es blau und geschwollen blieb von den Schlägen ... ja! Bald darauf führte man ihn fort, und als der Karren aus dem Hofe fuhr, schaute ich ihn an, und er grüßte immer mit dem Kopfe und lächelte mit den Augen ... obwohl er so zerschlagen war ... Wie viel ich geweint habe um ihn! Wie ich zu Gott betete, dass er ihn fortlaufen ließe ...«

»Und Sie«, unterbrach sie Ippolit Sergejewitsch ironisch. »Vielleicht warten Sie, dass er fortläuft und zu Ihnen kommt und ... Sie werden ihn dann heiraten?«

Sie hörte oder verstand die Ironie nicht; denn sie antwortete einfach:

»Nun, weshalb sollte er hierherkommen?«

»Und wenn er käme – würden Sie ihn heiraten?«

»Einen Bauern? ... Ich weiß nicht ... Nein, ich denke nicht!« Ippolit Sergejewitsch wurde böse.

»Den Kopf haben Sie sich verdorben mit Ihren Romanen, das muss ich Ihnen sagen, Warwara Wassiljewna ...«, sagte er streng.

Bei dem Klange seiner trockenen Stimme schaute sie ihn erstaunt an und begann schweigend und aufmerksam auf seine harten, fast züchtigenden Worte zu hören. Und er fing an, ihr zu beweisen, wie diese von ihr erkorene Literatur Geist und Seele demoralisiere, wie sie stets die Wirklichkeit verstümmele, fremd den veredelnden Ideen, gleichgültig gegenüber der traurigen Wahrheit des Lebens und den Wünschen der Menschen. Seine Stimme klang schroff in der Stille des Waldes, der sie umgab, und oft vernahm man ein ängstliches Geräusch in den Zweigen; etwas versteckte sich dort. Von dem Laube der Bäume schaute eine duftende Dämmerung auf den Weg herab, und bisweilen durchzog ein gedehnter Laut, einem unterdrückten Schluchzen gleich, den Wald, und das Laub bebte leicht wie im Traume.

»Man muss nur solche Bücher lesen und achten, die den Sinn des Lebens, die Wünsche der Menschen und die wahrhaften Motive ihrer Handlungen verstehen lehren. Die Menschen verstehen – heißt, ihnen ihre Untugenden verzeihen. Man muss wissen, wie schlecht die Menschen leben, und wie gut sie leben könnten, wenn sie klüger wären und sich gegenseitig mehr achten würden. Alle wünschen nur eins: das Glück; aber sie streben danach auf verschiedenen Wegen, manchmal auf sehr schmachvollen; aber nur deshalb, weil sie nicht wissen, worin das Glück liegt. Und nun ist es die Pflicht einer tüchtigen und ehrlichen Literatur, den Menschen zu erklären, worin das Glück besteht, und wie es zu finden ist. Jene Bücher, die Sie lesen ... sie lügen nur und lügen plump. Da haben sie Ihnen eingeflößt ... eine rohe Vorstellung von dem Heroismus ... Und was? Jetzt werden Sie im Leben solche Menschen suchen, wie Sie in diesen Büchern finden ...«

»Nein, gewiss nicht!«, sagte das Mädchen ernst. »Ich weiß – solche gibt es nicht. Aber dadurch sind die Bücher gut, weil sie schildern, was es nicht gibt. Das Gewöhnliche ist überall ... Das ganze Leben ist gewöhnlich ... Schon gar zu viel spricht man von Leiden ... Das ist gewiss nicht wahr, und wenn es nicht wahr ist – wie schlecht ist es dann, viel davon zu sprechen, was es im Leben nur wenig gibt! Da sagen Sie, in den Büchern muss man mustergültige Gefühle und Gedanken suchen ... und dass alle Menschen irren und sich nicht verstehen ... Aber Bücher werden doch von Menschen geschrieben! Und wie kann ich wissen, was ich glauben soll und was besser ist? Aber in jenen Büchern, auf die Sie schimpfen, ist sehr viel Edles.«

»Sie haben mich nicht verstanden ...«, rief er gereizt.

»Nein? Und Sie sind mir böse deswegen?«, fragte sie schuldbewusst.

»Nein! Ich bin gewiss nicht böse ... Kann denn davon die Rede sein?«

»Sie sind böse, ich weiß es, ich weiß! Ich ärgere mich auch, wenn man mit mir nicht einverstanden ist. Aber weshalb haben Sie es nötig, dass ich mit Ihnen einverstanden bin? Und ich auch ... Weshalb überhaupt streiten alle Menschen und wollen, dass man mit ihnen einig ist? Man wird ja dann über nichts sprechen können.«

Sie fing an zu lachen, und lachend schloss sie:

»Als ob alle wollten, dass von allen Worten nur ein ›Ja‹ zurückbleibe! Schrecklich lustig wäre das!«

»Sie fragen, weshalb ich es nötig habe? ...«

»Nein, ich verstehe; Sie sind gewohnt zu lehren, und Sie haben es schon nötig, dass man Sie nicht durch Widersprüche stört.«

»Gar nicht!«, rief Polkanoff gekränkt. »Ich will bei Ihnen eine Kritik hervorrufen ... eine Kritik über alles, was um Sie und in Ihrer Seele vorgeht.« »Wozu?«, fragte sie, naiv in seine Augen schauend.

»Mein Gott! Was heißt – wozu? Damit Sie Ihre Gefühle, Gedanken und Taten erwägen können ... Damit Sie sich dem Leben gegenüber und sich selbst verständig verhalten können.«

»Nun, das muss wohl schwer sein. Sich selbst prüfen, sich selbst kritisieren ... Wie soll man das? Ich bin doch allein ... Und nun wie? ... Mich spalten! So etwa? Nein, das verstehe ich nicht! Bei Ihnen kommt es heraus, als ob die Wahrheit nur Ihnen bekannt ist ... Nehmen wir an, so ist es auch bei mir der Fall ... und bei allen. Aber das heißt, dass sich alle irren! Denn Sie sagen doch: Es gibt nur eine Wahrheit für alle! Ist es so? ... Ah! Schauen Sie, was für eine schöne Wiese!«

Er schaute hin, ohne auf ihre Worte zu erwidern. In ihm tobte die Unzufriedenheit mit sich selbst. Sein Geist war beleidigt durch dieses unbeugsame Mädchen, das sich seinen Anstrengungen, sie zu bezwingen, widersetzte. Er war empört, dass es ihm nicht gelang, auch nur für einen

Augenblick ihre Denkweise zu unterbrechen, und dann sie auf einen Weg zu führen, entgegengesetzt dem, auf dem sie bis jetzt gewandelt war, ohne Hindernissen begegnet zu sein. Er war gewohnt, die Menschen, die mit ihm nicht einverstanden waren, für dumm zu halten; im besten Falle hielt er sie für unfähig, sich über jenen Punkt hinaus zu entwickeln, auf dem ihr Verstand stehen geblieben war. Und zu solchen Menschen empfand er Verachtung gemischt mit Mitleid. Aber dieses Mädchen schien ihm nicht dumm und erregte nicht in ihm die Gefühle, die er gewöhnlich seinen Gegnern gegenüber empfand. »Woher kommt das, und was ist sie?« Und er erwiderte sich: »Zweifellos nur deshalb, weil sie so berückend schön ist ... Ihre wilden Reden könnte man schon verzeihen ... allein, weil sie originell sind, und Originalität begegnet man selten, namentlich bei einer Frau.« – Wie ein Mensch von hoher Kultur behandelte er äußerlich die Frau wie ein Wesen, das ihm geistig gleichberechtigt war; aber in der Tiefe seiner Seele dachte er, wie jeder Mann, über die Frau skeptisch und mit Ironie. Im Herzen eines Menschen ist viel Raum für den Glauben, aber der Raum für die Überzeugung ist eng.

Langsam gingen sie auf der breiten, fast kreisrunden Wiese. Der Weg, mit seinen zwei schwarzen Fahrgeleisen, schnitt quer hindurch und verlief im Walde. In der Mitte der Wiese stand eine kleine Gruppe junger, schlanker Birkenbäume, deren Schatten gleich einem seinen Spitzenmuster sich auf den Halmen des gemähten Grases abzeichneten. Unweit davon neigte sich eine halbverfallene Hütte aus Zweigen zur Erde herab. In ihrem Innern sah man Heu, und darauf saßen zwei Dohlen. Ippolit Sergejewitsch erschienen sie völlig unnötig und widersinnig in dieser kleinen und schönen Einöde, die von allen Seiten von den dunkeln Mauern des geheimnisvoll schweigenden Waldes umgeben war. Die Dohlen aber schauten von der Seite die auf dem Wege gehenden Menschen an, und in ihrer Haltung lag etwas Furchtloses und Selbstbewusstes – als ob sie den Eingang in die Hütte schützten und damit – eine Pflicht erfüllten.

»Sind Sie nicht müde?«, fragte Ippolit Sergejewitsch mit einem Gefühl, das nahe an Zorn grenzte, und betrachtete die Dohlen, die wichtig und düster in ihrer Unbeweglichkeit aussahen.

»Ich? Beim Spazierengehen – müde? Das ist sogar beleidigend anzuhören! Und übrigens bleibt uns nicht mehr als eine Werst bis zu jenem Orte, wo man uns erwartet ... Da werden wir bald in den Wald hineinkommen, und der Weg wird bergab gehen.«

Sie erzählte ihm, wie schön es dort sei, wohin sie gingen, und er fühlte, wie eine weiche, kosende Trägheit über ihn kam, die ihn störte, ihren

Reden zu folgen. »Dort ist ein Kiefernwald; er steht auf einem hohen Hügel und heißt Sawelowa-Griwa. Es sind mächtige Kiefern, und ihre Stämme haben keine Äste, nur oben formt sich ein dunkelgrüner Schirm. Still ist es in diesem Walde, unheimlich; der ganze Boden ist von Fichtennadeln bedeckt, und der Wald sieht wie gefegt aus. Wenn ich in ihm wandle, denke ich immer an Gott ... rings um seinen Altar muss es ebenso bange sein ... Die Engel lobpreisen ihn nicht – das ist nicht wahr! Wozu braucht er das Lob? Weiß er denn nicht selbst, wie groß er ist?«

Im Kopfe Ippolit Sergejewitschs tauchte plötzlich ein klarer Gedanke auf:

»Wie wäre es, wenn ich die Autorität des Dogmas benutzte, um den Schatz ihrer Seele zu heben?«

Aber stolz verwarf er sofort dieses unwillkürliche Geständnis seiner Schwäche ihr gegenüber. Es wäre unehrlich, durch eine Macht zu wirken, an deren Existenz er nicht glaubte.

»Sie ... Sie glauben nicht an Gott?«, fragte sie plötzlich, als hätte sie seine Gedanken durchschaut.

»Weshalb meinen Sie?«

»Ja, weil ... weil alle Gelehrten nicht glauben.«

»Warum nicht gar!«, meinte er spöttisch; er wollte dieses Thema nicht fortsetzen; aber sie ließ ihm keine Ruhe.

»Sollten es wirklich nicht alle sein? Aber wie ist das, wenn man nicht glaubt? Bitte, erzählen Sie mir von denen, die gar nicht an ihn glauben ... Ich verstehe nicht, wie das möglich ist. Wie ist denn sonst alles entstanden?«

Er schwieg eine Weile und bemühte sich, seinen Geist aufzurütteln, der süß unter den Klängen ihrer Worte schlummerte. Dann fing er an, von der Entstehung der Welt zu sprechen, wie er sie auffasste:

»Gewaltige, unbekannte Kräfte sind in ewigem Fluss, sie stoßen aufeinander, und ihre stete Bewegung schafft die uns sichtbare Welt, in der das Leben des Gedankens und des Grashalms ein und denselben Gesetzen unterworfen sind. Diese Bewegung hat keinen Anfang und wird auch kein Ende haben ...«

Das Mädchen hörte ihm aufmerksam zu und bat oft, ihr das oder jenes zu erklären. Er erklärte mit Freude, da er die Anstrengung des Denkens auf ihrem Gesichte sah. Sie denkt! Denkt! Als er aber geendet hatte, schwieg sie einige Minuten und fragte ihn naiv:

»Aber hier ist nicht mit dem Anfange begonnen! Denn im Anfang war Gott! Wie ist das also? Da erwähnt man ihn überhaupt nicht, und das heißt schon, an ihn nicht glauben?«

Er wollte ihr erwidern, aber an dem Ausdrucke ihres Gesichtes sah er, dass es nutzlos wäre. Sie »glaubte« – das verkündeten ihre Augen, die in mystischem Feuer brannten. Leise sprach sie etwas Sonderbares, furchtsam. Den Anfang ihrer Rede hatte er nicht aufgefangen.

»Wenn du die Menschen siehst, und wie alles bei ihnen hässlich zugeht und dann dich an Gott erinnerst, an das Jüngste Gericht, – so schnürt es dir das Herz zusammen. Er kann doch in jedem Augenblick – heute, morgen, in einer Stunde, – Rechenschaft fordern ... Und wissen Sie, manchmal kommt es mir vor – es würde bald sein! Am Tage wird es sein ... und zuerst wird die Sonne erlöschen ... und dann wird eine neue Flamme auflodern, und in ihr wird erscheinen – Er.«

Ippolit Sergejewitsch hörte ihren Phantasien zu und dachte:

»In ihr ist alles, außer dem, was in ihr sein müsste ...«

Ihre Worte riefen eine Blässe auf ihrem Gesicht hervor, und Schrecken lag in ihren Augen. In diesem niedergeschlagenen Zustande ging sie lange, so dass die Neugierde, mit der Ippolit Sergejewitsch ihr zuhörte, zu schwinden begann und sich in Müdigkeit verwandelte.

Aber ihr Träumen verschwand plötzlich, als ein lautes Gelächter, das irgendwo in ihrer Nähe erscholl, zu ihnen drang. »Hören Sie? Das ist Mascha ... nun sind wir angekommen!«

Sie beschleunigte ihre Schritte und schrie:

»Mascha, ahu!«

»Weshalb schreit sie?«, dachte Ippolit Sergejewitsch mit Bedauern.

Sie kamen ans Ufer des Flusses. Abschüssig fiel es zum Wasser hinab, und lustige Gruppen von Birken und Kiefern waren malerisch auf ihm zerstreut. Auf dem gegenüberliegenden Ufer standen dicht am Wasser hohe, schweigsame Kiefern, die Luft mit einem kräftigen, harzigen Duft erfüllend. Alles war düster, unbeweglich, einförmig und durchdrungen von ernster Erhabenheit. Auf diesem Ufer wiegten schlanke Birken ihre geschmeidigen Zweige, und nervös zitterte das silberne Laub der Pappel. Wacholder und Nussbäume standen in üppigen Gruppen und spiegelten sich im Wasser; dort leuchtete der gelbe Sand, dicht mit ausgetrockneten Laubnadeln beschüttet; hier unter den Füßen grünte das junge Gras, kaum durch die abgemähten Halme hervorsprossend, und die unter den Bäumen zerstreuten Garben erfüllten die Luft mit dem Geruch nach frischem Heu. Der Fluss, leblos und kalt, spiegelte diese beiden

Welten wider, die einander so wenig glichen. In dem Schatten einer Gruppe von Birken war ein bunter Teppich ausgebreitet. Ein Samowar, von dem zarte Dampfwolken und ein bläulicher Rauch aufstiegen, stand darauf, und neben ihm hockte Mascha mit der Teekanne in der Hand, um die Wirtschaft bekümmert. Ihr Gesicht war rot und glücklich, die Haare nass.

»Du hast gebadet?«, fragte sie Warenjka. »Und wo ist Grigorij!«

»Ist auch baden gefahren. Wird schon bald zurückkommen.«

»Ich brauche ihn nicht. Ich will essen, trinken und ... essen und trinken! Mehr nichts! Und Sie, Ippolit Sergejewitsch?« »Werde mich nicht weigern«, bemerkte er lächelnd.

»Mascha, rasch!«

»Was befehlen Sie zuerst? Hühnchen, Pastete ...?«

»Alles auf einmal, und dann kannst du verschwinden! Vielleicht erwartet dich jemand.«

»Es scheint, als hätte mich niemand ...«, kicherte leise Mascha und schaute sie mit dankbaren Augen an ...

»Nun, schon gut! Verstelle dich!«

– Wie bei ihr alles natürlich herauskommt, dachte Ippolit Sergejewitsch, indem er sich an die Hühnchen heranmachte. Ist es möglich, dass ihr auch der Sinn und die Details solcher Beziehungen bekannt sind? ... Sehr wahrscheinlich; denn auf dem Lande ist man doch so offenherzig und brutal in dieser Sphäre.

»Wart' mal! Wird dich schon zahm machen!«, drohte sie.

»Oh, oh! Wird wohl lange warten müssen! ... Ich, wissen Sie, ich habe ihn ...«, und sie bedeckte ihr Gesicht mit der Schürze und schaukelte sich von einem Bein aufs andere, von einem Anfalle eines unbezwinglichen Lachens befallen. »Ich habe ihn unterwegs ins Wasser geworfen!«

»Nun? Du bist aber ein fixes Mädchen! Und weiter?«

»Er schwamm hinter dem Boote her ... und ... und bat mich immer, dass ich ihn ... hineinlasse ... und ich habe ihm ... einen Strick vom Steuer hinuntergeworfen!«

Das ansteckende Lachen der beiden Frauen zwang auch Ippolit Sergejewitsch, laut mitzulachen. Er lachte nicht, weil er sich Grigorij vorstellte, wie er hinter dem Boote herschwamm, sondern weil er sich wohl fühlte. Das Gefühl, von sich selbst frei zu sein, erfüllte ihn, und bisweilen schien es ihm, als hätte er sich von der Ferne beobachtet und bemerkt, dass er nie vorher so einfach-lustig gewesen war wie in diesem Augenblick. Dann verschwand Mascha, und sie blieben wieder allein. Warenjka trank, halb hingestreckt auf dem Teppich, ihren Tee. Ippolit Sergejewitsch sah sie wie durch den Schleier des Schlummers. Rings um sie her war es still, nur der Samowar sang seine trübsinnige Melodie, und bisweilen raschelte es im Grase.

»Weshalb sind Sie so schweigsam?«, fragte Warenjka und sah ihn besorgt an. »Ist es Ihnen vielleicht langweilig?«

»Nein, mir ist wohl«, sagte er langsam. »Aber sprechen mag ich nicht.«

»So geht es mir auch«, sagte das Mädchen lebhaft. »Wenn es so ruhig ist, so spreche ich schrecklich ungerne. Mit Worten kann man nicht viel ausdrücken; denn es gibt Gefühle, für die man keine Worte findet. Und wenn man sagt – Ruhe, so ist es umsonst. Von der Ruhe kann man nicht sprechen, ohne sie zu verscheuchen ... nicht wahr?«

Sie schwieg eine Weile, blickte nach dem Kiefernwald hinüber, und mit der Hand nach ihm hinweisend, sagte sie sanft lächelnd:

»Schauen Sie, die Kiefern sehen aus, als belauschten sie etwas. Dort zwischen ihnen ist es so ruhig – so ruhig. Manchmal scheint es mir, dass es am besten zu leben ist in solcher Ruhe. Aber auch im Gewitter ist es schön ... Ach, wie schön! Schwarzer Himmel, zornige Blitze, Dunkelheit ... und der Wind heult ... Dann aufs Feld hinausgehen und dort stehen und singen – laut singen, oder im Regen laufen gegen den Wind ... So geht es mir auch im Winter. Wissen Sie, einst in einem Schneegestöber verirrte ich mich, und beinahe wäre ich erfroren.«

»Erzählen Sie, wie das geschah!«, bat er. Es war ihm angenehm, ihr zuzuhören – es schien ihm, als spreche sie eine Sprache, die ihm fremd war, obwohl er sie verstand.

»Ich fuhr einst spät in der Nacht aus der Stadt«, begann sie, zu ihm heranrückend, und schaute ihn mit sanft-lächelnden Augen an. »Der Kutscher, Jakowleff, war so ein alter, strenger Bauer. Nun begann ein schreckliches Schneegestöber, ein Schneewirbel von ungeheurer Kraft, uns gerade ins Gesicht. Ein mächtiger Windstoß! – und eine ganze Schneewolke schleudert er auf uns mit so einer Wucht, dass die Pferde zurückprallen und Jakowleff auf dem Bocke in die Höhe geworfen wird. Ringsum siedet alles, wie in einem Kessel, und wir sind wie in kalten Schaum gehüllt. Wir fuhren, fuhren, dann sehe ich, wie Jakowleff seine Mütze abnimmt und sich bekreuzigt. ›Was ist mit dir?‹ – ›Beten Sie, Fräulein, zu unserm Allvater und zu Warwara, der Großmärtyrerin; sie schützt vor unerwartetem Tode.‹ Er sprach einfach und ohne Furcht, so dass ich nicht erschrak; ich frage ihn: ›Haben wir uns verirrt?‹ ›Ja‹, sagt er. ›Aber vielleicht werden wir uns noch heraushelfen?‹, meinte ich. –

›Wie denn?‹, antwortet er, ›in so einem Schneesturme sich heraushelfen! Da will ich mal die Leine fallen lassen, vielleicht finden die Pferde allein den Weg. Aber denken Sie dennoch an Gott!‹ Er ist sehr fromm, dieser Jakowleff. – Die Pferde stutzten und blieben stehen, und wir schneiten langsam ein. Kalt war es! Der Schnee schnitt uns ins Gesicht. Jakowleff stieg vom Bocke herab, setzte sich zu mir, damit es uns beiden wärmer würde, und wir wickelten uns bis über den Kopf in eine Decke, die im Schlitten lag. Auf der Decke häufte sich der Schnee an und begann schwer auf uns zu drücken. Ich saß und dachte: Da bin ich verloren! Werde wohl nicht die Bonbons aufessen, die ich aus der Stadt mitgebracht habe ... Aber ängstlich war mir nicht; denn Jakowleff unterhielt sich die ganze Zeit. Ich erinnere mich, wie er sagte: ›Leid tun Sie mir, Fräulein! Weshalb sollen Sie denn zugrunde gehen?‹ – ›Aber du wirst ja auch erfrieren?‹ – ›Mir ist es schon recht, ich habe schon meine Zeit gelebt, aber für Sie ...‹, und er sprach immer von mir. Er liebt mich sehr, schilt sogar manchmal; wissen Sie, brummt so böse auf mich: – ›Ach, du Gottlose! Du Wagehals! Du schamloser Windbeutel!‹ – Sie machte ein strenges Gesicht und sprach die Worte gedehnt mit einer Bassstimme. Die Erinnerung an Jakowleff brachte sie von der Erzählung ab, und Ippolit Sergejewitsch musste sie fragen:

»Wie haben Sie denn den Weg gefunden?«

»Ah ... Die Pferde fingen an zu frieren und gingen von selbst. Sie gingen – gingen und kamen in einem Dorfe an, das dreizehn Werst von dem unsrigen entfernt war. Sie wissen, unser Dorf ist nahe von hier – vier Werst vielleicht. Wenn man dort am Ufer entlang geht und dann auf dem Pfade, rechts in den Wald, so ist da ein Hohlweg, und dort sieht man das Gut. Aber auf der Fahrstraße sind es ungefähr zehn Werst von hier aus.«

Einige freche Vögelchen huschten an ihnen vorbei, ließen sich auf den Zweigen der Büsche nieder und zwitscherten keck, als ob sie sich gegenseitig die Eindrücke über diese zwei einsamen Menschen im Walde mitteilten. Aus der Ferne hörte man Lachen, Geplauder und das Plätschern der Ruder. Dort ruderten gewiss Grigorij und Mascha auf dem Flusse.

»Wollen wir sie herbeirufen, um auf jene Seite zu den Kiefern hinüber zu fahren?«, schlug Warenjka vor. Er willigte ein, und sie legte die Hand, wie ein Sprachrohr, an den Mund und begann zu rufen:

»Fahren Sie hierhe–er!«

Das Schreien schwellte ihren Busen, und schweigend bewunderte Ippolit Sergejewitsch sie. Er hätte über etwas nachdenken müssen – über etwas Ernstes, das fühlte er, – aber denken mochte er nicht, und dieser schwache Ruf seines Verstandes störte ihn nicht, ruhig und frei dem stärkeren Triebe – seinem Gefühle – sich hinzugeben.

Das Boot erschien. Grigorijs Gesicht war schelmisch und ein wenig verlegen, Maschas geheuchelt-böse. Aber als Warenjka sich ins Boot setzte und sie anschaute, brach sie in Lachen aus, und da fingen auch die beiden andern an zu lachen, verlegen und glücklich.

»Venus, und die von ihr geliebkosten Sklaven«, sagte Ippolit Sergejewitsch zu sich.

In dem Kiefernwalde war es feierlich und still, wie in einem Tempel; die schlanken Stämme standen wie Säulen und stützten das schwere Gewölbe des dunkeln Laubes. Ein warmer und kräftiger Harzgeruch erfüllte die Luft, und leise knirschten die trockenen Laubnadeln unter den Füßen. Vor ihnen, hinter ihnen, zu beiden Seiten – überall standen rötliche Kiefern, und nur hier und da bei den Wurzeln drängte sich ein blasses Grün durch die Schicht der Fichtennadeln, und in dieser Stille, in diesem Schweigen wanderten langsam zwei Menschen, bald nach rechts, bald nach links vor den Bäumen, die ihnen den Weg versperrten, ausweichend.

»Werden wir uns nicht verirren?«, fragte Ippolit Sergejewitsch.

»Ich mich verirren?«, sagte Warenjka erstaunt. »Ich werde überall die Richtung finden ... Man braucht ja nur nach der Sonne zu schauen.«

Er fragte nicht, wie ihr die Sonne den Weg weise; er wollte gar nicht sprechen, obwohl er manchmal fühlte, dass er ihr vieles hätte sagen können. Aber diese Wünsche brachen nur im Innern hervor, ohne die Oberfläche seiner ruhigen Stimmung zu streifen, und in einer Sekunde erloschen sie, ohne ihn irgendwie aufzuregen. Warenjka ging neben ihm her, und er sah auf ihrem Gesichte den Widerschein stillen Entzückens.

»Ist es nicht schön?«, fragte sie zuweilen, und ein kosendes Lächeln zuckte auf ihren Lippen.

›Ja – sehr!«, antwortete er kurz, und wieder gingen sie schweigend im Walde. Ihm schien es, dass er – ein Jüngling, andächtig verliebt war und fremd ihm alle sündigen Gedanken und jeder Seelenkampf. Aber jedes Mal, wenn seine Augen die Schmutzflecken auf ihrem Kleide gewahrten, huschte ein unheimlicher Schatten über seine Seele. Und er verstand es selbst nicht, wie es geschah, dass er in einem Augenblicke, in dem so ein Schatten sein Bewusstsein umschleierte, tief aufseufzte, als wälze er eine schwere Last von sich ab:

»Was für eine Schönheit Sie sind!«

Sie blickte erstaunt zu ihm auf:

»Was ist mit Ihnen? Sie schweigen – schweigen – und plötzlich!«

Ippolit Sergejewitsch lachte schwach auf, durch ihre Ruhe entwaffnet.

So ... wissen Sie ... gut ist es hier! Der Wald ist so schön ... und Sie sind darin wie eine Fee ... oder – Sie sind die Göttin, und der Wald ist Ihr Tempel.«

»Nein«, erwiderte sie lächelnd, »das ist nicht mein Wald, das ist ein Staatswald; unser Wald liegt in jener Richtung, flussabwärts.«

Und sie zeigte mit der Hand nach der Seite.

Scherzt sie oder ... versteht sie es nicht – dachte Ippolit Sergejewitsch, und in ihm entbrannte der hartnäckige Wunsch, ihr von ihrer Schönheit zu sprechen. Aber sie war nachdenklich und ruhig, und das hielt ihn während der ganzen Zeit ihres Spazierganges zurück.

Sie wanderten noch lange, aber sie sprachen nur wenig; denn die weichen, friedlichen Eindrücke dieses Tages breiteten über ihre Seelen eine süße Müdigkeit, in der alle Wünsche einschlummerten, außer dem Verlangen, schweigend über etwas nachzudenken, was mit Worten nicht auszudrücken war.

Als sie nach Hause kamen, erfuhren sie, dass Elisawetta Sergejewna noch nicht zurückgekehrt sei, und sie setzten sich an den Teetisch, den Mascha schnell gedeckt hatte. Bald nach dem Tee fuhr Warenjka nach Hause, nachdem sie sich von ihm das Versprechen hatte geben lassen, mit Elisawetta zusammen sie auf ihrem Gut zu besuchen. Er begleitete sie hinaus. Als er auf die Terrasse zurückkehrte, ertappte er sich, wie er einer wehmütigen Stimmung nachhing, die dem Gefühl Ausdruck verlieh, dass er etwas ihm Notwendiges verloren hatte. Er setzte sich wieder an den Tisch, auf dem noch sein Glas mit Tee stand, und versuchte, streng mit sich ins Gericht zu gehen, und das Spiel der im Laufe des Tages erregten Gefühle zu unterdrücken. Aber er empfand Mitleid mit sich selbst und verzichtete auf alle Operationen an seiner eigenen Person.

»Wozu?«, dachte er. »Ist denn alles das ernst? Eine Spielerei und mehr nicht. Das schadet ihr nicht, kann ihr nicht schaden, wenn ich es selbst wollte. Es stört mich ein wenig, mich auszuleben ... aber es ist so viel Junges und Schönes darin ...«

Dann erinnerte er sich seines festen Entschlusses, ihren Geist zu entwickeln, und seiner misslungenen Versuche und lächelte nachsichtig.

»Nein, offenbar muss man mit ihr in andern Worten reden. Solche urwüchsige Naturen sind eher geneigt, auf ihre Unmittelbarkeit zu verzichten der Metaphysik gegenüber, während sie sich vor der Logik mit dem Harnisch ihres blinden und primitiven Gefühls umgeben ... Sonderbares Mädchen!«

In Gedanken mit ihr beschäftigt, traf ihn die Schwester an. Sie war geräuschvoll und lebhaft. – So hatte er sie noch nie gesehen. Sie gab Mascha den Befehl, den Samowar aufzuwärmen, setzte sich ihm gegenüber und begann von Benkowskijs zu erzählen.

»Aus allen Ritzen ihres alten Hauses schauen die herben Augen der Armut heraus, die über ihren Sieg triumphieren. Im Hause scheint es, ist nicht eine Kopeke Geld und keine Vorräte. Zum Mittagessen schickte man ins Dorf nach Eiern. Es gab kein Fleisch, und der alte Benkowskij sprach deshalb sehr viel von dem Vegetarianertum und von der Möglichkeit der moralischen Umgestaltung der Menschheit auf diesem Boden. Es riecht bei ihnen nach Verwesung, und alle sind sie so böse – vor Hunger wahrscheinlich. Ich fuhr zu ihnen mit dem Vorschlage, ein Stück Land zu verkaufen, das in mein Gebiet hineinschneidet.«

»Wozu das?«, fragte Ippolit Sergejewitsch neugierig.

»Nun, dir werden wohl kaum meine Beweggründe verständlich sein. Stelle dir vor, dass ich das meiner zukünftigen Kinder wegen tue«, sagte sie lächelnd. »Nun, und wie hast du die Zeit verbracht?«

»Angenehm.«

Sie schwieg eine Weile und betrachtete ihn von der Seite.

»Verzeih mir die Frage ... Du fürchtest nicht, dich von Warenjka hinreißen zu lassen?«

»Was ist denn da zu fürchten?«, fragte er mit einem ihm selbst unerklärlichen Interesse.

»Die Möglichkeit, sich Hals über Kopf von ihr hinreißen zu lassen.«

»Nun, das werde ich wohl kaum verstehen ...«, antwortete er skeptisch und glaubte, dass er die Wahrheit sagte.

»Und wenn, so ist es prachtvoll. Ein wenig – ist gut, sonst bist du etwas zu trocken ...zu ernst ... für dein Alter. Und ich werde mich wirklich freuen, wenn sie dich ein wenig aufrütteln wird ... Vielleicht möchtest du sie häufiger sehen? ...«

»Sie hat sich von mir das Versprechen geben lassen, zu ihr zu kommen und ließ auch dich bitten ...«, teilte ihr Ippolit Sergejewitsch mit.

»Wann willst du hinfahren?«

»Ganz gleichgültig ... Wann es dir bequem ist. Du bist heute gut aufgelegt.« »Ist das sehr auffällig?«, fragte sie laut lachend. »Nun was? Ich habe den Tag gut zugebracht. Überhaupt ... ich fürchte, dass es dir zynisch scheinen wird ... aber wirklich, seit dem Tage, an dem mein Mann beerdigt wurde, fühle ich, dass ich förmlich wieder auflebe ... Ich bin egoistisch, – gewiss! Aber es ist der freudige Egoismus eines Menschen, der aus dem Gefängnis in die Freiheit entlassen ist ... Richte mich, aber sei gerecht.«

»Wie viel Phrasen für so eine kleine Rede! Bist du froh – so freue dich ...«, sagte Ippolit Sergejewitsch und lachte freundlich.

»Und du bist heute gut und nett«, sagte sie. »Siehst du – ein wenig Glück – und der Mensch wird sofort besser und gutmütiger. Und einige zu weise Menschen finden, dass uns die Leiden veredeln ... Ich wünschte, dass das Leben an ihnen diese Theorie anwendete, um ihre Geister von dieser Verirrung zu befreien ...«

»Und wenn man Warenjka leiden ließe ... Was möchte aus ihr werden?«, fragte sich Ippolit Sergejewitsch.

Bald darauf gingen sie auseinander. Sie – begann zu musizieren und er – ging auf sein Zimmer, legte sich hin und versank in Gedanken. – Was für eine Vorstellung das Mädchen wohl von ihm hatte. Hält sie ihn für schön? Oder für klug? Was kann ihr an ihm gefallen? Etwas zieht sie an, das ist klar. Aber wohl kaum hat er in ihren Augen den Wert eines klugen und gelehrten Menschen. Sie wirft so leicht alle seine Theorien, Anschauungen und Belehrungen von sich. Wahrscheinlicher ist es, dass er ihr nur einfach als Mann gefällt.

Und bei dieser Schlussfolgerung strahlte Ippolit Sergejewitsch vor stolzer Freude. Mit geschlossenen Augen und einem Lächeln der Wonne auf den Lippen stellte er sich das Mädchen vor, das ihm ergeben und besiegt von ihm, um seinetwillen zu allem bereit sei und ihn schüchtern bitten würde, sie zu nehmen und sie denken, leben und lieben zu lehren.

Als Elisawetta Sergejewnas Kabriolett vor dem Hause des Obersten Olessow anhielt, erschien auf der Freitreppe eine hagere, lange Frauengestalt in einem grauen Morgenkleide, und eine Bassstimme, die das »r« scharf rollte, rief ihnen zu:

»A–ah! Was für eine angenehme Überraschung!«

Ippolit Sergejewitsch fuhr sogar zusammen bei dieser Begrüßung, die fast einem Gebrüll ähnlich war.

»Mein Bruder Ippolit«, stellte Elisawetta Sergejewna vor, nachdem sie sich mit der Frau geküsst hatte.

»Margaritta Nodionowna Lutschickaja.«

Fünf knöcherne, kalte, klammernde Finger pressten Ippolit Sergeje-witschs Hand zusammen; zwei blitzende, graue Augen blieben auf seinem Gesichte haften, und Tante Lutschickaja sagte in ihrem Bass, deutlich jede Silbe markierend, als habe sie sie gezählt und fürchte, etwas Überflüssiges zu sagen:

»Sehr erfreut, mit Ihnen bekannt zu werden.«

Dann schob sie sich zur Seite und stieß mit der Hand die Tür auf, die zu den Zimmern führte.

»Bitte!«

Ippolit Sergejewitsch trat über die Schwelle und ihm entgegen erscholl ein heiseres Husten und ein gereizter Ausruf:

»Der Teufel hole deine Dummheit! Geh, schau hin und sag, we–er gekommen ist ...«

»Geh nur, geh!«, spornte Elisawetta Sergejewna den Bruder an, als sie bemerkte, dass er unentschlossen stehen blieb. »Das schreit der Oberst ... Wir sind es, Oberst!«

In der Mitte eines großen und niedrigen Zimmers stand ein massiver Lehnstuhl, und hineingezwängt in ihn war ein großer, aufgeblasener Körper mit einem roten, morschen Gesicht, das mit grauem Moos bewachsen war. Der obere Teil dieser Masse wälzte sich einförmig hin und her, und keuchte schwer. Hinter dem Stuhle zeigten sich die Schultern einer großen, wohlbeleibten Frau, die mit trüben Augen in Ippolit Sergejewitschs Gesicht schaute.

»Froh, Sie zu sehen ... Ihr Bruder? ... Oberst Wassilij Olessow ... schlug Türken und Tekiner, und jetzt bin ich selbst von Krankheiten geschlagen ... Cho – cho – cho! Froh, Sie zu sehen! ... Warwara trommelt mir schon den ganzen Sommer von Ihrer Gelehrtheit, von Ihrer Klugheit und allen möglichen, solchen Sachen die Ohren voll ... Bitte, hierher ins Empfangszimmer ... Fjokla – schieb!«

Durchdringend quietschten die Räder des Fahrstuhles, der Oberst erhielt einen Ruck nach vorne, fiel zurück und brach in ein heiseres Husten aus, dabei wackelte er so mit dem Kopfe, als wolle er ihn Herunterwerfen.

»Wenn dein Herr hustet – bleib stehen! Habe ich dir das nicht schon tausendmal gesagt?«

Und Tante Lutschickaja packte Fjokla bei der Schulter und drückte sie fast in den Boden hinein.

Polkanoffs standen und warteten, bis der massive, schaukelnde Körper Olessows ausgehustet hatte.

Endlich ging man weiter und kam in ein kleines Zimmer, in dem es schwül, finster und eng war infolge des Überflusses an weichen, in Leinwand gehüllten Möbeln.

»Bitte Platz nehmen ... Fjokala – hole das Fräulein!«, kommandierte Tante Lutschickaja.

»Elisawetta Sergejewna, mein Täubchen, ich bin froh, Sie zu sehen!«, äußerte der Oberst, und unter den grauen Brauen, die über den Nasenrücken zusammengewachsen waren, hervorschauend, betrachtete er mit runden Eulenaugen den Gast. Die Nase des Obersten war fast lächerlich groß, und ihre Spitze, bläulich und leuchtend, verbarg sich traurig in den grauen Borsten seines Schnurrbartes. »Ich weiß, dass Sie froh sind, wie auch ich froh bin, Sie zu sehen«, sagte freundlich der Gast.

»Cho–cho–cho! Das, pardon, lügen Sie! Was für ein Vergnügen ist es, einen Alten zu sehen, der vom Podagra gelähmt ist und an einem unersättlichen Durst nach Branntwein kränkelt? So fünfundzwanzig Jahre zurück konnte man sich wirklich beim Anblicke Wassjka Olessows freuen ... und viele Frauen freuten sich ... und jetzt habe ich Sie nicht nötig und Sie mich nicht ... Aber wenn Sie da sind, wird man mir Branntwein geben, – und deshalb bin ich froh, Sie zu sehen!«

»Sprich nicht so viel, wirst wieder husten ...«, warnte ihn Margaritta Rodionowna.

»Haben Sie gehört?«, wandte sich der Oberst zu Ippolit Sergejewitsch. »Ich darf nicht sprechen – es ist schädlich, trinken – schädlich, hol es der Teufel! Und ich sehe – dass zu leben, mir auch schädlich ist! Cho–cho–cho! Ausgelebt habe ich ... wünsche Ihnen nicht, es jemals von sich sagen zu müssen ... Übrigens werden Sie gewiss bald sterben ... werden sich eine Auszehrung holen – Sie haben eine unmöglich schmale Brust ...«

Ippolit Sergejewitsch schaute bald auf ihn, bald auf Tante Lutschickaja und dachte an Warenjka:

Aber zwischen was für Ungeheuern lebte sie eigentlich?!

Er hatte nie daran gedacht, sich die Umgebung, in der ihr Leben sich abspielte, vorzustellen, und jetzt war er niedergedrückt von dem, was er sah. Die herbe, eckige Magerkeit der Tante Lutschickaja tat seinen Augen weh; er konnte nicht ihren langen, von gelber Haut überzogenen Hals ansehen, und so oft sie zu sprechen begann, wurde ihm ängstlich, als ob er gefürchtet hätte, dass die Basstöne, die aus ihrer breiten, aber brettartig-platten Brust hervordrangen, ihr dieselbe sprengen würden. Und das Rauschen ihrer Röcke kam ihm vor, wie das Aneinanderreiben ihrer Knochen. Der Oberst roch nach Spiritus, Schweiß und schlechtem

Tabak. Nach dem Glanze seiner Augen zu urteilen, regte er sich gewiss häufig auf; und Ippolit Sergejewitsch empfand Widerwillen vor diesem Alten, als er ihn sich in solcher Gereiztheit vorstellte. Im Zimmer war es ungemütlich, die Tapeten an den Wänden waren verraucht, und die Kacheln am Ofen waren über und über mit Rissen bedeckt, was ihnen fast das Aussehen von Marmor gab. Die Ölfarbe am Boden war von den Rädern des Fahrstuhles weggewischt; die Fensterrahmen waren schief, die Scheiben trübe. Über allem lag ein Hauch des Alters, das von der Müdigkeit des Lebens vernichtet wird.

»Heute ist es aber schwül«, sagte Elisawetta Sergejewna.

»Wird regnen!«, sagte kategorisch Lutschickaja.

»Meinen Sie wirklich?«, fragte zweifelnd Elisawetta Sergejewna.

»Glauben Sie, was Margaritta sagt«, brummte der Alte. »Sie weiß alles, was sein wird ... Sie versichert mich dessen jeden Tag ... Du, sagt sie, wirst sterben, und Warjka wird man ausplündern und ihr den Kopf abschneiden ... Sehen Sie? ... Ich streite mit ihr: – Die Tochter des Obersten Olessow wird niemandem so ohne weiteres erlauben, ihr den Kopf abzuschneiden ... sie wird es allein tun! Und dass ich sterben werde – das ist wahr ... das heißt, so muss es sein. Und Sie, Herr Gelehrter, wie fühlen Sie sich hier? Langweile im Kubus hier, was?«

»Nein, weshalb denn? Eine schöne Waldgegend«, erwiderte liebenswürdig Ippolit Sergejewitsch.

»Eine schöne Gegend ... hier? Ho–ho! Das heißt, dass Sie nichts Schönes auf der Erde gesehen haben. Schön – ist das Tal des ›Kosanluck‹ in Bulgarien ... schön ist es – in Cherossan: ... in Murgaba sind Plätze da, wie im Paradies ... Ah! Meine kostbare Brut! ...« Warenjka brachte den Duft der Frische mit sich in die dumpfe Luft des Empfangszimmers. Ihre Gestalt war in ein weites, hell-lila Kattunkleid gehüllt, das an eine griechische Chlamys erinnerte; in den Händen hielt sie einen großen Strauß von frisch geschnittenen Blumen, und ihr Gesicht strahlte vor Vergnügen.

»Wie gut, dass Sie gerade heute gekommen sind!«, rief sie in einem fort, die Gäste begrüßend. Ich war schon im Begriffe, mich auf den Weg zu Ihnen zu machen ... sie haben mich hier totgeplagt! ...«

Und mit einer breiten Handbewegung zeigte sie auf den Vater und auf Margaritta Rodionowna, die an Elisawetta Sergejewnas Seite so unnatürlich gerade saß, als wäre ihre Wirbelsäule versteinert und könnte sich nicht beugen.

»Warwara! Du sprichst dummes Zeug!«, tadelte sie schroff das junge Mädchen, und ihre Augen flammten auf.

»Schelten Sie nicht! Sonst erzähle ich Ippolit Sergejewitsch von dem Leutnant Jakowleff und von seinem feurigen Herzen ...«

»Cho – cho – cho! Warjka – ruhig! Ich werde selbst erzählen ...«

Wo bin ich hingeraten?, überlegte sich Ippolit Sergejewitsch und schaute erstaunt seine Schwester an.

Aber ihr schien dies alles bekannt zu sein, und obwohl in ihrem Mundwinkel ein spöttisches Lächeln zuckte, schaute und hörte sie ruhig zu.

»Ich gehe, um den Tee zu bestellen!«, verkündete Margaritta Rodionowna, erhob sich in gerader Linie, ohne den Oberkörper zu bewegen, und verschwand, indem sie dem Obersten einen vorwurfsvollen Blick zuschleuderte.

Warenjka setzte sich auf ihren Platz und begann Elisawetta Sergejewna etwas ins Ohr zu flüstern. Was sie für eine Leidenschaft für weite Kleider hat – dachte Ippolit Sergejewitsch, indem er von der Seite ihre Gestalt betrachtete, die sich in einer schönen Pose zu seiner Schwester herabneigte.

Und der Oberst brummte dumpf, wie eine abgespielte Bassgeige:

»Sie wissen gewiss, dass Margaritta die Frau meines Kameraden, des Majors Lutschickij, ist, der bei Esky-Sagra fiel? Sie machte mit ihm den Feldzug mit, ja! Eine energische Frau, wissen Sie. Und nun war bei uns im Regiment ein Leutnant Jakowleff, so ein zartes Mädchen ... wissen Sie. Einst zertrümmerte ihm ein Rediefe die Brust mit dem Flintenkolben – galoppierende Schwindsucht ... und kaputt! Und als er krank lag, pflegte sie ihn fünf Monate lang! Ah? Wie gefällt Ihnen das? Und wissen Sie, sie gab ihm das Wort, nie wieder zu heiraten. Jung war sie, schön – effektvoll! Man machte ihr den Hof, sogar ernst machten ihr ehrenwerte Leute den Hof ... Der Kapitän Schmurlo zum Beispiel, so ein lieber Kleinrusse, – begann sogar zu saufen und quittierte den Dienst. Ich – auch ... das heißt, habe ihr auch einen Antrag gemacht: – Margaritta, sage ich, heirate mich! ... wollte nicht ... sehr dumm, aber gewiss sehr edel! Aber als mich das Podagra packte, erschien sie sofort und sagte: – du bist allein, ich bin allein ... und so weiter ... Rührend und heilig! Eine Freundschaft auf ewig und täglicher Zank. Sie kommt jeden Sommer angefahren, will sogar ihr Gut verkaufen und auf immer übersiedeln, das heißt, bis zu meinem Tode. Ich schätze es, aber komisch ist das alles – ja! Cho – cho – cho! Denn es war ein feuriges Weib und sehen Sie, wie das Feuer sie ausgezehrt hat? Spiele nicht mit Feuer ... cho – cho! Sie, wissen Sie, ärgert sich, wenn man von dieser, wie sie sagt, Poesie ihres Lebens erzählt. Wage nicht, sagt sie, mit deiner lasterhaften Zunge das Heiligtum meines Herzens zu beleidigen! Ah? Cho – cho – cho! Aber im Grunde genommen – was für ein Heiligtum? Eine Verstandesverirrung, Träume einer Pensionstochter ... Das Leben ist schlicht, nicht wahr? Genieße es und stirb zur rechten Zeit, und das ist die ganze Philosophie! Aber ... stirb nur zur rechten Zeit! Ich habe den Termin verpasst, das ist schlimm, wünsche es Ihnen nicht ...«

Ippolit Sergejewitsch wurde es wirr im Kopfe von dieser Erzählung und von diesem Geruche, den der Oberst um sich verbreitete. And Warenjka, ohne auf ihn zu achten, und ohne, sicherlich zu verstehen, wie wenig angenehm ihm das Gespräch mit ihrem Vater sei, unterhielt sich halblaut mit Elisawetta Sergejewna, die ihr aufmerksam und ernst zuhörte.

»Bitte, zum Tee«, erscholl in der Tür Margaritta Rodionownas Bass. »Warwara, roll den Vater herein!«

Ippolit Sergejewitsch atmete erleichtert auf und ging hinter Warenjka her, die mit Leichtigkeit den schweren Fahrstuhl vor sich herschob.

Der Teetisch war auf englische Art gedeckt, mit allerlei kaltem Horsd'oeuvre. Ein enormes, saftiges Roastbeef war von Weinflaschen umrahmt, und bei diesem Anblicke brach der Oberst in ein zufriedenes Lachen aus. Es schien, als ob seine halbtoten, in Bärenfell eingewickelten Füße, infolge der Vorfreude des Genusses zusammenzuckten; und noch im Fahren streckte er seine zitternden, aufgeschwollenen Hände, die dicht mit dunkeln Haaren bewachsen waren, den Flaschen entgegen, und mit seinem Lachen erschütterte er die Luft des großen Speisezimmers, das mit geflochtenen Stühlen ausgestattet war.

Das Teetrinken dauerte qualvoll lange, und die ganze Zeit erzählte der Oberst mit heiserer Stimme militärische Anekdoten. Margaritta Rodionowna machte kurz und mit tiefer brüllender Stimme ihre Bewertungen dazu, und Warenjka sprach leise, aber lebhaft mit Elisawetta Sergejewna.

Wovon spricht sie?, dachte melancholisch Ippolit Sergejewitsch, der dem Obersten zum Opfer überlassen war.

Ihm schien es, dass sie ihm heute zu wenig Aufmerksamkeit schenkte. Was war das – Koketterie? Und er fühlte, dass er imstande war, ihr böse zu werden. Aber plötzlich blickte sie zu ihm hinüber und lachte hell auf.

Meine Schwester wird wohl ihre Aufmerksamkeit auf mich gelenkt haben, kombinierte Ippolit Sergejewitsch und zog unwillig die Brauen zusammen.

»Ippolit Sergejewitsch! Sind Sie mit Ihrem Tee fertig?«, fragte Warenjka.

»Ja, schon ...«

»Gehen wir spazieren? Ich werde Ihnen prachtvolle Plätzchen zeigen!«

»Gehen wir. Und du Lisa, gehst mit?«

»Ich – nein! Ich möchte ein wenig bei Margaritta Rodionowna und dem Obersten bleiben.«

»Cho – cho – cho! Angenehm, am Rande meines Grabes zu stehen, in das mein halbtoter Körper hineinrutscht!«, lachte der Oberst. »Weshalb so sprechen?« ...

Bald wird sie mich fragen: »Ist Ihnen langweilig bei uns?«, dachte Ippolit Sergejewitsch, als er mit Warenjka durch die Zimmer in den Garten ging. Aber sie fragte ihn:

»Wie gefällt Ihnen Papa?«

»Oh!«, sagte Ippolit Sergejewitsch leise. »Er flößt Achtung ein!«

»Aha!«, rief Warenjka zufrieden aus. »So meinen alle. Er ist schrecklich tapfer! Wissen Sie, er spricht nicht von sich selbst, aber Tante Lutschickaja, – sie ist doch aus einem Regiment mit ihm, erzählte, dass bei ›Gornij-Dubnjak‹ eine Kugel seinem Pferde die Nüstern durchschoss; es trug ihn gerade auf die Türken los. Und die Türken waren im Vorrücken begriffen; es gelang ihm aber auszuweichen, und er galoppierte an der Front entlang davon; das Pferd wurde selbstverständlich getötet; er fiel und sah, wie vier auf ihn losstürzen ... Sieh! Einer erreichte ihn und holte mit dem Flintenkolben auf ihn aus, aber Papa – zap! – packte ihn beim Fuß, warf ihn nieder und gerade ins Gesicht mit dem Revolver – puff! Den Fuß hat er unter dem Pferde herausgezogen, und da kommen noch drei gelaufen, und dort hinter ihnen noch andere, und unsere Soldaten eilen ihm entgegen mit Jakowleff ... wer das ist, wissen Sie ja? ... Papa ergreift die Flinte des Totgeschossenen, springt auf – und vorwärts! Aber er war furchtbar stark, das hätte ihm beinahe das Leben gekostet; er gab dem Türken einen Hieb über den Kopf, und die Flinte zerbrach, es blieb ihm nur der Säbel, und der war stumpf und schlecht, und der Türke ist schon im Begriff, ihm das Bajonett in die Brust zu stoßen. Da gelang es Papa, mit der Hand den Riemen seiner Flinte zu fassen, und er lief den Seinigen entgegen, den Türken mit sich fortschleppend. In diesem Augenblick bekam er eine Kugel in die Seite und einen Bajonettstich in den

Hals. Er verstand, dass er verloren sei, drehte sich mit dem Gesicht dem Feinde zu, riss dem Türken die Flinte aus der Hand und los auf sie mit einem – Hurra! Da kam auch Jakowleff mit seinen Soldaten herbeigeeilt, und sie rückten so tapfer vor, dass die Türken zurückwichen. Papa hatte man dafür das Georgenkreuz verliehen; aber er ärgerte sich, dass man einem Unteroffizier seines Regiments, der in diesem Gemetzel zweimal Jakowleff und einmal Papa gerettet hatte, nicht den Georgi gab und nahm das Kreuz nicht an. Aber als man es dem Unteroffizier gab–da nahm auch Papa.«

»Sie erzählen von diesem Gemetzel, als hätten Sie selbst daran teilgenommen«, bemerkte Ippolit Sergejewitsch, indem er sie unterbrach. »Jaa«, sagte sie gedehnt, seufzte und kniff die Augen zusammen. »Der Krieg gefällt mir ... und ich werde als barmherzige Schwester mitgehen, wenn es Krieg geben sollte.«

»Und ich werde mich dann als Soldat stellen.«

»Sie?«, fragte sie, seine Gestalt betrachtend. Nun, das scherzen Sie ... Aus Ihnen wäre ein schlechter Soldat geworden ... Schwach sind Sie ... mager ...«

Das verletzte ihn.

»Ich bin stark genug, glauben Sie mir nur«, rief er ihr wie warnend zu.

»Nun, wo denn?«, sagte Warenjka, indem sie ruhig fortfuhr, ihm nicht zu glauben.

In ihm loderte das rasende Verlangen auf, sie in die Arme zu nehmen und mit der ganzen Kraft an sich zu pressen – so, dass ihr die Tränen aus den Augen hervorstürzten. Er blickte sich rasch um, schauderte und gab sogleich seinen Wunsch beschämt auf.

Sie gingen durch den Garten auf einem Pfade, der mit geraden Reihen von Apfelbäumen bepflanzt war; hinter ihnen am Ende des Pfades war ein Fenster des Hauses sichtbar. Von den Bäumen fielen Äpfel herab, die dumpf auf den Boden schlugen, und aus der Nähe drangen Stimmen zu ihnen; die eine fragte:

»Er ist wohl auch als Bräutigam zu uns gekommen?« Und die andere Stimme schimpfte brummig:

»Warten Sie ...« Warenjka nahm ihren Gefährten am Ärmel und hielt ihn zurück: »Hören wir zu, was sie von Ihnen sagen.«

Er blickte sie kalt an und sagte:

»Ich liebe es nicht, die Gespräche der Dienstboten zu belauschen ...«

»Und ich liebe es«, verkündete Warenjka. »Unter sich unterhalten sie sich sehr interessant über uns Herrschaften ...«

»Vielleicht interessant, aber kaum gut«, sagte Ippolit Sergejewitsch und lächelte spöttisch.

»Weshalb denn? Über mich sprechen sie immer gut.«

»Gratuliere ...«

Er war in der Gewalt eines bösen Bedürfnisses, schroff, barsch und beleidigend mit ihr zu sprechen. Ihr Benehmen empörte ihn heute. Im Zimmer hatte sie ihm lange keine Aufmerksamkeit geschenkt, als verstände sie nicht, dass er ihretwegen und zu ihr gekommen war, und nicht zu dem ohne Füße herumrollenden Vater und zu der ausgetrockneten Tante; dann erklärte sie ihn für schwach und begann, ihn herablassend zu behandeln.

»Was das nur alles sein mag? Wenn ich ihr nicht äußerlich gefalle und innerlich ihr nicht interessant bin – was hat sie dann zu mir hingezogen? Das neue Gesicht und ... weiter nichts?«

Er glaubte an seine Anziehungskraft und dachte, dass er es mit einer Koketterie zu tun hatte, die sich geschickt unter der Maske der Naivität und Offenherzigkeit verbarg.

Vielleicht hält sie mich für dumm ... und hofft, dass ich klüger werde ...

»Die Tante hat recht, es gibt Regen!«, sagte Warenjka, in die Ferne blickend. »Schauen Sie, was für eine Wolke ... und es wird schwül, wie immer vor einem Gewitter ...«

»Das ist unangenehm«, sagte Ippolit Sergejewitsch. »Man muss umkehren und die Schwester benachrichtigen ...«

»Wozu denn?«

»Um noch vor dem Regen nach Hause zurückzukehren.«

»Wer wird Sie fortlassen? Und Sie werden wohl kaum die Zeit haben, vor dem Gewitter nach Hause zu kommen ... Sie müssen es hier abwarten.«

»Und wenn der Regen sich bis in die Nacht hineinzieht?«

»Werden Sie bei uns übernachten«, sagte Warenjka kategorisch.

»Nein, das ist unbequem«, protestierte Ippolit Sergejewitsch.

»Mein Gott! Ist es denn so schwer, eine Nacht unbequem zuzubringen?«

»Ich denke nicht an meine Unbequemlichkeit ...«

»Und um andere kümmern Sie sich nicht! Jeder kann selbst für sich sorgen.«

Sie stritten und gingen weiter, und ihnen entgegen zog schnell eine finstere Wolke am Himmel herauf, und irgendwo weit in der Ferne brummte schon der Donner. Eine drückende Schwüle verbreitete sich in der Luft, als wenn die heranrückende Wolke die ganze Glut dieses Tages zusammenschmiedete und vor sich herjagte. Und lechzend erwarteten die Blätter, die wie erstarrt an den Bäumen hingen, den labenden Trank.

»Wollen wir umkehren?«, schlug Ippolit Sergejewitsch vor.

»Ja, es ist schwül ... ich liebe nicht die Zeit vor einem Ereignis ... vor Gewitter, vor Feiertagen. Das Gewitter an und für sich, oder die Feiertage – das ist gut, aber warten, bis sie kommen – ist langweilig. Wenn alles nur im Nu kommen wollte ... legst dich schlafen – Winter und Frost; erwachst – Frühling, Blumen und Sonne ... oder – die Sonne scheint und plötzlich ... Dunkelheit, Donner und Wolkenbruch.«

»Vielleicht möchten Sie, dass sich auch der Mensch so plötzlich und unerwartet verwandle?«, fragte Ippolit Sergejewitsch ironisch.

»Der Mensch soll immer interessant sein«, sagte sie sentenziös.

»Aber was heißt denn interessant sein?«, rief Ippolit Sergejewitsch unwillig«

»Was das heißt? Ah ... das ist schwer zu sagen ... wenn Sie lebhafter würden ... ja, lebhafter! Sollten mehr lachen, singen, spielen ... tapferer sein, kühner, kräftiger ... sogar frecher ... selbst grob.«

Er hörte ihrer Definition aufmerksamer zu und fragte sich:

Empfiehlt sie mir das, als Programm für die Beziehungen, die sie zwischen mir und sich wünscht?

»Die Schnelligkeit fehlt den Menschen ... und alles muss schnell gemacht werden, damit das Leben interessant verläuft«, erklärte sie mit ernstem Gesichte.

»Wer weiß? Vielleicht haben Sie recht!«, bemerkte Ippolit Sergejewitsch, »das heißt selbstverständlich nicht ganz recht ...«

»Nun, machen Sie nur keine Ausreden!«, sagte sie lachend. »Wie ist das – nicht ganz? ... Entweder ganz, oder gar nicht ... entweder bin ich gut oder schlecht ... schön oder hässlich! Nur so muss man urteilen! Aber wenn man sagt: ein braves, nettes Mädchen ... so tut man es ja nur aus Feigheit ... man fürchtet irgendwie die Wahrheit!«

»Nun, wissen Sie, mit dieser Teilung durch zwei werden Sie schon gar zu viele beleidigen!«

»Wodurch denn?«

»Durch Ungerechtigkeit ...«

»Was geht Sie die Gerechtigkeit an? Als beruhe auf ihr das ganze Leben, und ohne sie könnte man gar nicht auskommen. Und wer hat sie nötig?« Sie rief es ärgerlich und kapriziös, und Funken sprühten aus ihren Augen.

»Alle Menschen, Warwara Wassiljewna! Alle, angefangen vom Bauer ... bis zu Ihnen«, sagte Ippolit Sergejewitsch eindringlich, indem er ihre Erregung beobachtete und sich bemühte, sie sich zu erklären.

»Ich brauche keine Gerechtigkeit!«, weigerte sie sich entschlossen und machte sogar eine Bewegung mit der Hand, als wolle sie etwas von sich wegstoßen. »Und sollte ich sie nötig haben, so finde ich sie selbst ... Weshalb kümmern Sie sich denn stets um alle Menschen? Und ... nein, Sie sagen es nur, um mich zu ärgern ... denn Sie machen sich heute so wichtig, Sie sind so aufgeblasen ...«

»Ich? Sie ärgern? Weshalb denn?«, fragte Ippolit Sergejewitsch erstaunt.

»Was weiß ich? Aus Langeweile, gewiss ... Aber – lassen wir das! Ich bin auch ohne Sie ... uch, geladen! Mich hat man wegen meiner Bewerber die ganze Woche mit Predigten gefüttert ... mich mit allerlei Gift begossen ... und mit schmutzigen Verdächtigungen ... Danke bestens!«

Ihre Augen flammten in unheimlichem Glanze, die Nasenflügel zuckten, und sie selbst bebte vor Erregung, die sie plötzlich ergriffen hatte. Mit verschleierten Augen und mit heftigem Herzklopfen begann Ippolit Sergejewitsch, sich feurig vor ihr zu verteidigen.

»Ich wollte Sie nicht ärgern ...«

Aber in diesem Augenblick ertönte über ihnen ein rollendes Donnergetöse, das wie das Lachen eines Ungeheuer-Großen und Grob-Gutmütigen klang. Betäubt von dem gewaltigen Getöse, fuhren sie zusammen und blieben einen Augenblick stehen, aber sofort gingen sie rasch auf das Haus zu. Das Laub an den Bäumen zitterte, und von der Wolke, die sich am Himmel wie ein weicher, samtartiger Vorhang ausgebreitet hatte, fiel ein Schatten auf die Erde.

»Wie wir uns aber vom Zank hinreißen ließen«, sagte Warenjka im Gehen. »Ich habe nicht einmal bemerkt, wie die Wolke sich heraufschlich.«

Auf der Treppe stand Elisawetta Sergejewna und Tante Lutschizkaja mit einem großen Strohhut auf dem Kopfe, der ihr das Aussehen einer Sonnenblume gab.

»Wird ein schreckliches Gewitter geben!«, verkündete sie mit ihrem eindringlichen Bass, indem sie gerade Ippolit Sergejewitsch ins Gesicht schrie, als hielte sie es für ihre unbedingte Pflicht, ihn von dem herannahenden Gewitter zu überzeugen. Dann sagte sie: »Der Oberst ist eingeschlafen«, und verschwand.

»Wie gefällt dir das?«, fragte Elisawetta Sergejewna, mit einer Kopfbewegung auf den Himmel weisend. »Wir werden vielleicht hier übernachten müssen.«

»Wenn wir dadurch niemanden belästigen ...«

»Ist das ein Mensch!«, rief Warenjka und schaute ihn erstaunt und beinahe mitleidig an. – »Immer fürchtet er nur, zu belästigen und ungerecht zu sein ... Ach du mein Gott! Nun, aber langweilig muss es Ihnen sein zu leben ... Immer mit der Kandare! ... Und ich bin der Meinung – wenn Sie jemanden belästigen wollen – belästigen Sie ihn, wollen Sie ungerecht sein – seien Sie's!«

»Und Gott wird schon selbst entscheiden, wer recht hat...«, unterbrach sie Elisawetta Sergejewna lächelnd, in dem Bewusstsein ihrer Überlegenheit. »Ich denke, man muss unter Dach gehen ... und ihr?«

»Wir werden uns hier das Gewitter ansehen – ja?«, wandte sich das Mädchen an Ippolit Sergejewitsch.

Er drückte ihr seine Zustimmung durch eine Verbeugung aus.

»Nun, ich bin keine Liebhaberin von grandiosen Naturerscheinungen ... wenn sie ein Fieber, oder einen Schnupfen zur Folge haben können. Und außerdem kann man das Gewitter auch vom Fenster aus genießen ... ei !« ...

Ein Blitz zuckte auf und zerriss die Dunkelheit. Erbebend enthüllte sie auf einen Augenblick das von ihr Verschlungene und zog sich wieder zusammen. Einige Sekunden herrschte niederdrückende Ruhe, dann krachte wie ein Kanonenschuss der Donner, und sein dröhnendes Rollen schmetterte über dem Hause nieder.

Irgendwo brach ein wütender Windstoß hervor, fasste den Staub und den Schutt von der Erde und wirbelte ihn, wie eine Säule, hoch in die Luft. Strohhalme, Papiere, Blätter, alles flog durcheinander. Uferschwalben erfüllten mit ihrem ängstlichen Zwitschern die Luft; unheimlich rauschte das Laub der Bäume; in dichten Wolken fiel der Staub auf das eiserne Dach des Hauses nieder und brachte ein dumpf hallendes Geräusch hervor.

Warenjka schaute diesem Treiben des Sturmes durch die halb geöffnete Haustür zu; Ippolit Sergejewitsch stand hinter ihr und kniff die Augen zu, um sie vor dem Staube zu schützen. Die Terrasse, die auf die Freitreppe hinausführte, sah in der hereingebrochenen Finsternis wie ein düsterer Kasten aus, und bei jedem Aufflammen des Blitzes wurde die schlanke Gestalt des Mädchens mit einem bläulichen, geisterhaften Lichte beleuchtet.

»Sehen Sie! ... Sehen Sie!«, schrie Warenjka, so oft ein Blitz die Wollen zerriss. »Haben Sie gesehen? Es ist, als lachte die Wolke – nicht wahr? Es ist einem Lächeln sehr ähnlich ... Es gibt solche düstere und schweigsame Menschen. Da schweigt, schweigt so ein Mensch, und plötzlich verklärt ein Lächeln seine Züge: – Die Augen leuchten, die Zähne blitzen ... Ah! Da ist der Regen!«

Auf dem Dache trommelten große, schwere Tropfen, anfangs selten, dann immer häufiger, und zuletzt fielen sie mit furchtbarem Getöse herab.

»Gehen wir fort!«, sagte Ippolit Sergejewitsch, »Sie werden durchnässt!«

Es war ihm unbehaglich, in dieser engen Finsternis so nahe bei ihr zu stehen – unbehaglich und angenehm. Und er dachte, indem er ihren Hals betrachtete:

Wie wäre es, wenn ich ihn küsste?

Ein Blitz flammte auf und beleuchtete den halben Himmel. Bei diesem Scheine sah Ippolit Sergejewitsch, dass Warenjka mit einem Aufschrei des Entzückens die Arme hob und zurückgebogen dastand, als wolle sie ihre Brust den Blitzen darbieten. Er ergriff sie rückwärts bei der Taille, legte beinahe seinen Kopf auf ihre Schulter und fragte sie keuchend:

»Was? ... Was? ... Was ist mit Ihnen?«

»Aber nichts!«, rief sie unwillig und machte sich mit einer kräftigen und geschmeidigen Bewegung von seinen Händen los. »Mein Gott, wie Sie erschrecken ... und noch ein Mann!«

»Ich erschrak Ihretwegen«, sagte er dumpf und trat in die Ecke zurück. Ihm schien es, als hätte die Berührung ihm die Hände verbrannt, und seine Brust erfüllte ein unbezwinglicher, glühender Wunsch, sie so kräftig zu umarmen, dass es schmerzte. Er verlor allmählich die Selbstbeherrschung; er wollte von der Terrasse heruntergehen und sich unter den Regen stellen, dort, wo die großen Tropfen die Bäume wie mit Peitschenhieben trafen.

»Ich gehe ins Zimmer«, sagte er.

»Kommen Sie«, stimmte Warenjka unzufrieden zu, und geräuschlos glitt sie an ihm vorbei und ging hinein.

»Cho, cho, cho!«, empfing sie der Oberst. »Auf Befehl des Kommandierenden der Welten arretiert bis zur Aufhebung der Ordre. Cho, cho, cho!«

»Schrecklicher Donner!«, verkündete Tante Lutschizkaja sehr ernst und betrachtete scharf das blasse Gesicht des Gastes.

»Nun, diese tollen Streiche der Natur liebe ich nicht gerade«, sagte Elisawetta Sergejewna mit einem verächtlichen Ausdrucke in dem kalten Gesicht. »Gewitter, Schneegestöber. – Wozu diese nutzlose Vergeudung einer solchen Energiemenge?!«

Ippolit Sergejewitsch suchte seine Aufregung zu unterdrücken; aber er fand kaum die Kraft, seine Schwester ruhig zu fragen:

»Wie denkst du, wird das lange dauern?« »Die ganze Nacht hindurch«, antwortete ihm Margaritta Rodionowna.

»Wohl möglich«, bestätigte die Schwester.

»Sie werden schon von hier nicht loskommen«, sagte Warenjka lachend.

Polkanoff zuckte zusammen; er fühlte etwas Verhängnisvolles in ihrem Lachen.

»Ja, wir werden hier wohl übernachten müssen«, sagte Elisawetta Sergejewna. – »In der Nacht werden wir kaum durch das Komowu-Wäldchen fahren können, ohne den Wagen zu beschädigen ... Im glücklichsten Falle ...«

»Hier sind genug Zimmer«, sagte Tante Lutschizkaja.

»Dann ... möchte ich bitten ... verzeihen Sie, bitte! ... Das Gewitter wirkt auf mich abscheulich! ... Ich möchte wissen ... wo ich untergebracht werde ... ich möchte auf einige Augenblicke dorthin gehen!«

Seine Worte, die er mit dumpfer und abgerissener Stimme hervorstieß, riefen allgemeine Unruhe hervor.

»Salmiakgeist!«, ertönte dumpf Margaritta Rodionownas Stimme, die ganze Skala durchlaufend. Sie sprang vom Platze auf und verschwand.

Warenjka lief aufgeregt im Zimmer hin und her und sagte mit verwundertem Gesicht zu ihm:

»Bald werde ich Ihnen zeigen ... Werde Sie hinführen ... Dort ist es still ...«

Elisawetta Sergejewna war ruhiger als alle übrigen und fragte ihn lächelnd:

»Ist dir schwindlig?«

Und der Oberst begann heiser:

»Strund! – Wird schon vergehen. Mein Kamerad, Major Gortalew, der bei einem Ausfalle der Türken erstochen wurde, war ein braver Kerl! Oh! Eine Rarität, sag' ich Ihnen! Ein tapferer Bursche! Bei Sistowo rannte er vor seinen Soldaten so ruhig auf die Bajonette los, als dirigiere er einen Tanz. Schlug sich, hackte auf sie los, brüllte, zerbrach seinen Säbel, ergriff irgendeine Holzkeule und haute damit auf die Türken ein. Ein

Krieger, wie es nur wenige gibt! Aber beim Gewitter litt er auch an Nervenanfällen, wie ein Weib ... Das war urkomisch! Nun, ganz so, wie Sie, wurde blass, begann zu schwanken, rief: ›ach und och!‹ Ein Trunkenbold, ein Lebemann, zwölf Werschock lang. –Stellen Sie sich vor, wie das ihm gut zu Gesicht stand.«

Ippolit Sergejewitsch sah und hörte, entschuldigte sich, beruhigte alle und verfluchte sich selbst. Ihn schwindelte in der Tat, und als Margaritta Rodionowna ihm das Flakon unter die Nase schob und kommandierte: »Riechen Sie!«, ergriff er den Salmiakgeist und begann den beißenden Geruch mit der Nase einzusaugen; er fühlte, dass die ganze Szene komisch war und ihn in Warenjkas Augen erniedrigte.

Und an die Fenster trommelte wütend der Regen; zuckende Blitze erhellten das Zimmer; der Donner machte die Scheiben ängstlich klirren, und alles das erweckte im Oberst die Erinnerung an das Getöse der Schlachten.

»Im letzten türkischen Kriege ... weiß nicht mehr wo ... aber es war ebenso ein höllischer Lärm. Donner und Blitz, Wolkenbruch und Kanonensalven. Die Infanterie schlug zerstreut ... Leutnant Wjachirew zog eine Flasche Kognak heraus, setzte sie an den Mund – bulle, bulle, bulle! Und die Kugel, krach! – und in tausend Splitter flog die Flasche. Der Leutnant schaute auf den Hals der Flasche, der in seiner Hand blieb, und sagte:

»Hol's der Teufel! Sie führen Krieg gegen die Flaschen! Cho, cho, cho!« – Und ich zu ihm: »Sie irren sich, Leutnant, die Türken schießen nur auf die Flaschen, aber Krieg führen Sie mit ihnen. Cho, cho, cho! Witzig – he?« »Ist Ihnen besser?«, fragte Tante Lutschizkaja Ippolit Sergejewitsch.

Er biss die Zähne zusammen und dankte ihr. Er schaute alle mit melancholisch-bösen Augen an und machte die Beobachtung, dass Warenjka misstrauisch und erstaunt lächelte zu dem Flüstern seiner Schwester, die sich zu ihrem Ohre herabneigte. Endlich gelang es ihm, von diesen Menschen fortzukommen. In dem kleinen Zimmer, das ihm angewiesen war, warf er sich auf das Sofa und versuchte unter dem Rauschen des Regens sich über seine Gefühle klar zu werden.

Ein ohnmächtiger Zorn gegen sich selbst kämpfte in ihm mit dem Verlangen, zu begreifen, wie es kam, dass er die Fähigkeit der Selbstbeherrschung verloren hatte. – War es möglich, dass in ihm die Neigung zu dem Mädchen so tief wurzelte? Aber es gelang ihm nicht, sich auf einen Punkt zu konzentrieren und seine Gedanken zu Ende zu führen. In ihm tobte der rasende Sturm des empörten Gefühls. Anfangs beschloss er, sich ihr zu erklären; aber er verwarf diesen Entschluss sofort; er erinnerte sich, dass ihm nachher die unerwünschte Pflicht bevorstehe, zu Warenjka in geregelte Beziehungen zu treten; und es wäre doch unmöglich, diese schöne Missgeburt zu heiraten! Er machte sich den Vorwurf, dass er sich in seiner Neigung so weit hatte fortreißen lassen, und zugleich, dass er nicht kühn genug in seinem Verkehr mit ihr gewesen war. Ihm schien es, dass sie bereit sei, sich ihm hinzugeben, und dass sie nur ein kaltes Spiel mit ihm treibe, das Spiel der Koketterie. Er nannte sie dumm, tierisch, herzlos und widerlegte sich selbst, indem er sie wieder entschuldigte. Und an das Fenster klopfte der Regen und das ganze Haus zitterte unter den mächtigen Schlägen des Donners.

Aber es gibt kein Feuer, das nicht erlischt! Nach langem und qualvollem Kampfe gelang es ihm, sich in den Schraubstock der Vernunft zu zwängen; alle seine erregten Gefühle strömten weit in die Tiefe seines Herzens zurück und machten der Verlegenheit und der Empörung gegen sich selbst freien Raum.

Dieses Mädchen, das unrettbar verdorben war, durch die verkrüppelte Umgebung, unzugänglich dem Einflusse jedes gesunden Gedankens und unerschütterlich fest bei seinen Irrtümern beharrte – dieses sonderbare Mädchen hatte ihn im Laufe von drei Monaten in eine Bestie verwandelt. Und er fühlte sich niedergedrückt von der Schmach dieser Tatsache. Er hatte alles getan, was er tun konnte, um sie zu vermenschlichen. Wenn er aber nicht die Möglichkeit hatte, mehr zu tun – war es nicht seine Schuld. Aber nachdem er getan hatte, was er tun konnte, musste er sie verlassen, und ihn traf die Schuld, nicht rechtzeitig fortgegangen zu sein. Er hatte ihr aber sogar erlaubt, in ihm einen schmählichen Ausbruch der Sinnlichkeit hervorzurufen.

Ein anderer, weniger anständiger Mensch wäre vielleicht in so einem Falle klüger gewesen als ich. Hier gab ihm ein unerwarteter Gedanke einen Stich:

Hält mich denn wirklich meine Anständigkeit zurück? Vielleicht ist es nur die Kraftlosigkeit meines Gefühls? Wie wäre es, wenn nicht das Gefühl, sondern die Lüsternheit mich so aufregt? Kann ich überhaupt lieben? ... Kann ich ein Ehemann, ein Vater sein ... trage ich in mir, was zu solchen Pflichten nötig ist? Bin ich überhaupt ein Mensch? – Seine Gedanken arbeiteten in diesem Sinne fort und in seinem Innern empfand er eine Kälte und etwas, was ihn ängstigte und erniedrigte.

Bald darauf wurde er zum Abendbrot gerufen.

Warenjka empfing ihn mit neugierigen Blicken und fragte ihn freundlich: »Was macht das Köpfchen?«

»Danke Ihnen«, antwortete er trocken, setzte sich weit von ihr und dachte: Sie kann sich nicht einmal richtig ausdrücken: »Köpfchen.«

Der Oberst schlummerte, mit dem Kopfe nickend, und schnarchte. Die drei Damen saßen alle nebeneinander auf dem Diwan und sprachen von allerlei Nichtigkeiten. Das Rauschen des Regens hinter den Fenstern wurde schwächer; aber dieser leise, eindringliche Ton verriet seinen festen Entschluss, unendlich lange die Erde zu begießen.

Die Dunkelheit schaute durch die Fenster herein; im Zimmer war es schwül, und der Petroleumgeruch der drei brennenden Lampen, vermischt mit dem Geruch des Oberst, vermehrte die Hitze und den nervösen Zustand Ippolit Sergejewitschs. Er schaute zu Warenjka hinüber und dachte: Sie kommt nicht zu mir ... Was kann das sein. Hat ihr am Ende Elisawetta etwas mitgeteilt ... etwas Dummes ... eine Schlussfolgerung aus ihren Beobachtungen?

In dem Speisezimmer wirtschaftete schwerfällig die korpulente Fjokla. Ihre runden Augen schauten immerwährend ins Gastzimmer zu Ippolit Sergejewitsch hinüber, der schweigend eine Zigarette rauchte.

»Fräulein! Fertig zum Abendbrot!«, sagte sie seufzend, indem sie ihren Körper in die Türe des Empfangszimmers hineindrängte.

»Gehen wir essen! ... Ippolit Sergejewitsch! ... Bitte! Tante, man muss Papa nicht beunruhigen, lass ihn hier bleiben und schlummern ... Dort wird er wieder zu trinken beginnen.«

»Das ist vernünftig«, bemerkte Elisawetta Sergejewna.

Und Tante Lutschizkaja sagte halblaut, mit den Schultern zuckend: »Jetzt ist schon alles das zu spät ... Wird er trinken – wird er schneller sterben. Dafür wird er mehr Vergnügen haben. Wird er nicht trinken – wird er ein Jahr länger leben – aber schlechter.« »Und das ist auch vernünftig«, sagte Elisawetta Sergejewna lachend.

Bei Tische saß Ippolit Sergejewitsch neben Warenjka; er fühlte, dass die Nähe des Mädchens wieder das Gleichmaß seiner Seele störe. Er wollte gerne so nahe an sie heranrücken, dass er ihr Kleid berühren konnte. Und in seiner Gewohnheit, sich selbst zu beobachten, dachte er, dass in seiner Neigung zu ihr viel Eigensinn des Fleisches liege, aber keine Kraft des Geistes ... Ein träges Herz! – rief er bitter. Und daraufhin konstatierte er beinahe mit Stolz, dass er sich nicht scheue, von sich die Wahrheit zu sagen, und dass er jede Schwingung seiner Seele verstehe.

Mit sich selbst beschäftigt, schwieg er. Warenjka wandte sich anfangs häufig zu ihm hin. Als sie aber nur trockene und einsilbige Worte zur Antwort erhielt, verlor sie offenbar die Lust, sich mit ihm zu unterhalten. Erst nach dem Abendbrot, als sie zufällig allein blieben, fragte sie ihn einfach:

»Weshalb sind Sie so niedergeschlagen? Langweilen Sie sich oder sind Sie unzufrieden mit mir?«

Er antwortete, dass er sich nicht niedergeschlagen fühle und noch weniger mit ihr unzufrieden sei.

»Also, was haben Sie denn?«, drang sie in ihn.

»Ich glaube nichts Besonderes ... Übrigens manchmal ermüdet der Überfluss an Aufmerksamkeit den Menschen.«

»Überfluss an Aufmerksamkeit?«, fragte Warenjka besorgt. »Wessen denn? – Papas? Die Tante sprach doch nicht mit Ihnen!«

Er fühlte, dass er errötete vor dieser unverwundbaren Aufrichtigkeit oder hoffnungslosen Dummheit. Sie aber machte ihm den Vorschlag, ohne seine Antwort abzuwarten:

»Seien Sie nicht so ein ... Bitte! Ich kann so brummige Menschen nicht leiden ... Wissen Sie was? ... Wollen wir Karten spielen ... Kommen Sie!«

»Ich spiele schlecht ... und gestehe, dass ich diese Art nutzlosen Zeitvertreibs nicht liebe«, sagte Ippolit Sergejewitsch und fühlte, dass er sich mit ihr zu versöhnen begann.

»Und ich liebe ihn auch nicht ... Aber was tun? Sie sehen doch, was für eine Langweile bei uns herrscht«, sagte das Mädchen betrübt. »Ich weiß, Sie wurden nur deshalb so, weil Sie sich langweilen.«

Er fing an, sie des Gegenteils zu versichern, und je mehr er sprach, desto feuriger kamen die Worte heraus, bis er endlich, ohne es selbst zu merken, endete:

»Wenn Sie nur wollen, wird es auch in der Wüste mit Ihnen nicht langweilig sein.«

»Was muss ich denn dazu tun?«, unterbrach sie ihn, und er sah, dass ihr Wunsch, ihn aufzuheitern, vollkommen aufrichtig sei.

»Nichts müssen Sie tun«, antwortete er, indem er tief in seinem Innern verbarg, was er ihr hätte antworten mögen. »Nein – wirklich. Sie kamen hierher, um sich auszuruhen, und Sie haben so viel schwere Arbeit. Sie brauchen Kräfte, und vor Ihrer Ankunft sagte Lisa zu mir: Da werden wir dem Gelehrten helfen, auszuruhen und sich zu zerstreuen ... Und wir ... Was kann ich machen? Wirklich ... Ich ... wenn dadurch die Langweile verginge ... ich werde Sie küssen!«

Es wurde ihm dunkel vor den Augen, und das ganze Blut stürzte so heftig zum Herzen, dass er sogar schwankte.

»Versuchen Sie es ... Küssen Sie ... küssen Sie ...«, sagte er dumpf, vor ihr stehend, ohne sie zu sehen.

»Oho! Was für einer Sie sind!«, sagte Warenjka im Fortgehen lachend.

Er machte einen Schritt ihr nach und hielt sich am Türpfosten fest; alles in ihm strebte zu ihr.

Einige Sekunden vergingen, bis er den Oberst sehen konnte. Der Alte schlief, den Kopf auf die Schulter gesenkt und schnarchte behaglich. Dieser Laut zog auch Ippolit Sergejewitschs Aufmerksamkeit an. Darauf überzeugte er sich, dass das monotone und klägliche Stöhnen nicht aus seiner Brust kam, sondern dass es der Regen war, der hinter den Fenstern weinte und nicht sein beleidigtes Herz. Dann brach in ihm der Zorn aus.

Du spielst ... Du spielst ... Murmelte er mit zusammengebissenen Zähnen und drohte ihr mit einer beleidigenden Strafe. In seiner Brust war es glühend heiß, und in den Füßen und im Kopfe hatte er das Gefühl, als stächen ihn spitze Eisnadeln. Die Damen traten mit lautem Lachen ins Zimmer; bei ihrem Anblicke riss Ippolit Sergejewitsch sich innerlich zusammen. Tante Lutschizkaja lachte so dumpf, als platzten dicke, große Blasen in ihrer Brust. Warenjkas Gesicht erhellte ein schelmisches Lächeln, und Elisawetta Sergejewnas Lachen war nachsichtig-zurückhaltend.

Möglich, dass sie über mich lachen!, dachte Ippolit Sergejewitsch.

Das von Warenjka vorgeschlagene Kartenspiel kam nicht zustande, und das gab ihm die Möglichkeit, auf sein Zimmer zu gehen, indem er sich mit Unwohlsein entschuldigte. Als er das Empfangszimmer verließ, fühlte er, dass drei Blicke auf seinem Rücken hafteten, und er wusste, dass sie alle Bedenken ausdrückten.

Aber es war ihm gleichgültig. Er war nur von dem Verlangen beseelt, sich zu rächen, das Mädchen zu erniedrigen, das sich solche Ausfälle erlaubte; sie zum Weinen zu bringen, und dann selbst ihr zuzusehen und über ihre Tränen zu lachen. Aber seine Gefühle verharrten nicht lange in einem so hohen Grade der Heftigkeit. Er war gewohnt, ihre Gärungen der Kraft des Verstandes unterzuordnen, und sie kamen immer schon abgeschwächt zum Ausbruch. Sein Ehrgefühl war durch die Überzeugung, dass sie mit ihm spiele, bis zum Schmerze gereizt, aber daneben keimte in ihm wieder der Entschluss auf, der durch die eben erlebte Szene zurückgedrängt war, sich an diesem Mädchen durch vollständige Gleichgültigkeit gegen ihre Schönheit zu rächen. Es war notwendig, sie fühlen zu lassen, wie wenig sie in seinen Augen gelte, – das würde ihr nützen, aber es müsste eine Lehre sein und selbstverständlich nicht eine Rache.

Ihn beruhigten solche Beweggründe stets einigermaßen; aber jetzt fühlte er in seiner Brust etwas, wovon er sich selbst nicht befreien konnte, eine Schwere, die ihn niederdrückte. Er hatte den Wunsch und hatte ihn nicht, sich diese sonderbare, fast krankhafte Empfindung zu erklären.

»Verflucht seien alle Gefühle, für die es keinen Namen gibt!«, rief es in ihm.

Und irgendwo im Zimmer fielen Wassertropfen monoton auf den Boden und machten: ja ... ja ...

So saß er fast eine Stunde im Kampfe mit sich selbst und bemühte sich vergebens zu verstehen, was ihm unverständlich blieb und was stärker war, als alles bisher Verstandene. Endlich beschloss er, sich hinzulegen und mit den Gedanken einzuschlafen, am nächsten Morgen, befreit von allem, was ihn so gebrochen und erniedrigt hatte, fortzufahren. Als er aber im Bette lag, stellte er sich unwillkürlich Warenjka vor, wie er sie auf der Freitreppe gesehen hatte: ihre Arme hatte sie gleichsam zu einer Umarmung ausgebreitet, und ihr Busen bebte vor Entzücken bei jedem Aufflammen des Blitzes. Und wieder dachte er daran: wenn er kühner gewesen wäre, hätte er ... und brach den Gedanken ab, indem er damit schloss: »So hätte ich mich gefesselt an eine unstreitig sehr schöne, aber unbequeme, lästige und dumme Geliebte, mit dem Charakter einer wilden Katze und der gröbsten Sinnlichkeit ... das schon sicher! ...«

Aber plötzlich mitten in diesen Gedanken, durchzuckte ihn eine Vermutung, oder eine Ahnung und sein ganzer Körper zitterte. Schnell sprang er auf, lief nach der Tür und schloss sie auf. Dann legte er sich lächelnd wieder auf das Bett und begann, auf die Tür zu schauen, während er voll Hoffnung und Entzücken dachte:

Das kommt vor ... kommt vor ...

Er hatte irgendwo gelesen, wie es einst so geschehen war: sie war mitten in der Nacht gekommen und hatte sich ihm hingegeben ohne zu fragen, ohne zu fordern, nur um den Augenblick zu erleben. Warenjka – sie hatte doch viel von der Heldin dieser Erzählung, – sie konnte so handeln. Vielleicht lag schon in ihrem anmutigen Ausrufe: »Was für einer Sie sind!« Das Versprechen; nur hatte er es nicht herausgehört! Und nun

– wird sie plötzlich erscheinen, ganz in Weiß gehüllt, zitternd vor Scham und Verlangen!

Er stand mehrere Male vom Bette auf, lauschte der nächtlichen Stille des Hauses und dem Rauschen des Regens und kühlte seinen heißen Körper. Aber alles war still, und der ersehnte Laut vorsichtiger Schritte ließ sich nicht vernehmen.

Wie wird sie eintreten?, dachte er und stellte sie sich vor, wie sie auf der Schwelle stehen würde mit stolzem, entschlossenem Gesichte. – Gewiss wird sie ihm stolz ihre Schönheit hingeben! Das ist ein Geschenk einer Königin! ... Und vielleicht wird sie mit gesenktem Kopfe, verlegen und beschämt, mit Tränen in den Augen vor ihm stehen bleiben. Oder plötzlich, lachend zu ihm kommen, mit einem leisen Lachen über seine Qualen, die sie kennt, schon lange durchschaut hat; aber sie hatte es ihn nicht merken lassen, um ihn zu quälen und sich an seinen Qualen zu laben.

In diesem Zustande, der dem Delirium eines Wahnsinnigen glich, malte er sich in seiner Phantasie wollüstige Bilder aus und reizte dadurch seine Nerven immer mehr. Er bemerkte nicht, dass der Regen aufgehört hatte, und die Sterne vom klaren Himmel durch die Fenster seines Zimmers hineinschauten; er harrte auf den Laut der Schritte, der Schritte eines Weibes, das ihm den berauschenden Genuss bringen würde. Bisweilen, aber nur auf einen kurzen Augenblick erlosch in ihm die Hoffnung, das Mädchen zu umarmen; dann hörte er in dem schnellen Pochen seines Herzens einen Vorwurf gegen sich selbst und gestand sich, dass dieser von ihm durchlebte Zustand ihm fremd sei, schmachvoll, krank und ekelhaft. Aber die innere Welt des Menschen ist zu kompliziert und zu mannigfaltig, als dass ein einziger Trieb alle anderen im stoischen Gleichgewichte erhalten könnte; und deshalb entsteht im Leben eines jeden ein Abgrund, in den er unvermeidlich herabstürzen wird, wenn die Zeit kommt; und die Vorsichtigen fallen durch die bittere Ironie der Lebensgewalten, die über uns herrschen, noch tiefer und verletzen sich noch schmerzhafter.

Bis in den Morgen hinein phantasierte er, von der Leidenschaft gepeinigt. Als die Sonne schon aufgegangen war – ertönten Schritte. Er setzte sich auf das Bett, zitternd, mit fiebernden Augen und wartete. Er fühlte wenn sie erscheinen würde – wäre er nicht imstande, auch nur ein Wort der Dankbarkeit herauszubringen ... Langsame und schwere Schritte näherten sich der Tür ...

Da ging die Tür leise auf ...

Ippolit Sergejewitsch fiel kraftlos auf die Kissen zurück, schloss die Augen und blieb starr liegen.

»Habe ich Sie vielleicht aufgeweckt? Ihre Stiefel hätte ich nötig ... Ihre Beinkleider«, sagte mit schläfriger Stimme die dicke Fjokla, und näherte sich langsam, wie ein Ochs, seinem Bette. Sie seufzte, gähnte, stieß an die Möbel, raffte seine Kleider zusammen und ging davon; im Zimmer blieb ein fader Küchengeruch.

Er lag lange, zerschlagen und vernichtet und beobachtete, wie allmählich die letzten Schatten jener Bilder erblassten, die die ganze Nacht hindurch seine Nerven gefoltert hatten. Dann kam das Weib mit seinen Kleidern zurück, legte sie hin und ging schwer seufzend fort. Er begann sich anzukleiden, ohne sich Rechenschaft zu geben, was ihn eigentlich zwang, es so früh am Morgen zu tun. Dann entschloss er sich halb gedankenlos, an den Fluss zu gehen und zu baden; – das belebte ihn ein wenig. Behutsam ging er an dem Zimmer vorüber, in welchem der Oberst laut schnarchte, und dann noch an einer verschlossenen Tür vorbei, die in irgendein Zimmer führte; er blieb einen Augenblick vor ihr stehen, aber als er sie aufmerksam betrachtete, merkte er, dass es nicht die richtige war. Endlich kam er, wie im Halbschlaf, in den Garten hinaus und ging einen schmalen Pfad entlang, der, wie er wusste, nach dem Flusse führte.

Es war hell und frisch; die Sonne strahlte noch im rosigen Glanze; Stare schwatzten lebhaft miteinander und pickten an den Kirschen. Auf den Blättern zitterten die Regentropfen wie Diamanten, und wie strahlende Freudentränen fielen sie auf die Erde, die sie gierig verschlang. Der Boden war feucht, er hatte allen Regen, der in der Nacht gefallen war, aufgesogen, und nirgends sah man eine Pfütze oder Schmutz. – Alles war so rein, so frisch und jung – als wäre es in dieser Nacht geboren, und alles war still und regungslos, als hätte es sich noch nicht in das irdische Leben hineingefunden und bewundere lautlos die göttliche Schönheit der Sonne, die es zum ersten Mal erblickte.

Ippolit Sergejewitsch schaute umher, und der Schlamm, der sich um seinen Geist und seine Seele gelegt hatte, wich allmählich unter dem reinen Hauch des neugeborenen Tages, der voll süßen und erfrischenden Duftes war.

Da war der Fluss, rosig und golden in den Strahlen der Sonne; das Wasser, noch ein wenig trübe vom Regen, spiegelte nur schwach das Grün des Ufers in seinen Wellen wieder. Irgendwo in der Nähe plätscherte ein Fisch, und dieses Plätschern und der Gesang der Vögel, waren die einzigen Laute, die die morgendliche Ruhe unterbrachen. Wenn es nicht feucht wäre, könnte man sich auf die Erde legen und hier, am Flusse, unter dem grünen Laubdach liegen, bis die Seele sich von den durchlebten Erregungen dieser Nacht ausgeruht hätte.

Ippolit Sergejewitsch ging an dem Ufer entlang, in welches sandige Landzungen und kleine mit Grün bedeckte Buchten launisch einschnitten, und beinahe alle fünf Schritte vor ihm ein neues Bild entfalteten. Lautlos und langsam schritt er dicht am Wasser entlang; er wusste, dass ihn noch immer etwas Neues erwarte. Und er betrachtete genau die Konturen jeder Bucht und die Formen der Bäume, die sich zu ihm herabneigten, als wollte er sich klar werden, wodurch sich die Details dieses Bildes unterschieden von jenen, das er eben hinter sich gelassen hatte.

Plötzlich blieb er wie geblendet stehen. Vor ihm, bis zum Gürtel im Wasser, stand Warenjka mit gesenktem Kopfe und rang mit den Händen das nasse Haar aus. Die Kälte und die Sonnenstrahlen gaben ihrer Haut einen rosigen Schimmer, und die Wassertropfen auf ihr glänzten wie silberne Fischschuppen. Langsam flossen sie von den Schultern und der Brust herab; aber bevor sie ganz ins Wasser tauchten, glänzte jeder Tropfen noch lange in der Sonne, als wolle er sich nicht von dem Körper trennen, den er eben umspült hatte. Und von den Haaren floss das Wasser zwischen den rosigen Fingern des Mädchens hindurch, mit zartem, kosendem Laut in den Fluss.

Er betrachtete sie mit Entzücken und Andacht, wie etwas Heiliges – so rein und harmonisch war die Schönheit dieses Mädchens, in der Blüte ihrer Jugendkraft, und er fühlte kein anderes Verlangen, als sie anzuschauen. Über ihm, in den Zweigen eines Nussbaumes, sang und klagte die Nachtigall; aber für ihn waren alle Klänge der Natur und alles Sonnenlicht verkörpert in diesem Mädchen, das in den Fluten vor ihm stand. Und lautlos liebkosten die Wellen den Körper, leise und zärtlich ihn wiegend in ihrem friedlichen Flusse.

Aber das Gute ist ebenso kurz wie das Schöne – selten. Was er erblickte – sah er nur einige Sekunden; denn plötzlich hob das Mädchen den Kopf, und mit einem zornigen Aufschrei tauchte es bis zum Halse im Wasser unter.

Diese Bewegung zitterte in seinem Herzen nach – es zuckte zusammen und tauchte in eisige Kälte hinab, die es zusammenschnürte. Das Mädchen schaute ihn mit funkelnden Augen an; auf ihre Stirn trat eine zornige Falte, die ihr Gesicht entstellte und ihm den Ausdruck des Schreckens, der Verachtung und der Wut gab. Und er hörte ihre entrüstete Stimme:

»Fort ... gehen Sie fort! Was machen Sie! Wie, schämen Sie sich nicht! ...«

Aber ihre Worte drangen wie aus weiter Ferne zu ihm, undeutlich, und sie verboten ihm nichts. Er beugte sich über das Wasser und streckte die Arme aus. Er konnte kaum sich auf den Beinen halten, die vor Anstrengung zitterten, seinen unnatürlich vorgebeugten Körper, der von brennender Leidenschaft gefoltert wurde, aufrechtzuerhalten. Seine ganze Seele, jede Fiber seines Wesens strebte zu ihr hin, und endlich fiel er auf die Knie, die beinahe das Wasser berührten.

Sie schrie zornig auf und machte eine Bewegung, um zu schwimmen; aber sie hielt inne und rief dumpf und erregt:

»Gehen Sie fort! ... Ich werde es niemandem erzählen.«

»Ich kann nicht ...«, wollte er antworten; aber die Worte kamen nicht über seine bebenden Lippen; sie hatten keine Kraft, irgendetwas hervorzubringen.

»Nimm dich in Acht ... du! Fort mit dir!«, schrie das Mädchen. »Gemeiner! Niederträchtiger ...!« Was waren für ihn diese zornigen Rufe? Er schaute ihr mit seinen trockenen, brennenden Augen ins Gesicht und erwartete sie auf den Knien. Er hätte sie erwartet, selbst wenn er gewusst hätte, dass über seinem Kopfe jemand mit einem Beile aushole, um ihm den Schädel zu zerschmettern.

»Oh! Du ... Niederträchtiger Hund ... Nun werde ich dich ...«, zischte das Mädchen voll Abscheu und sprang plötzlich aus dem Wasser auf ihn zu.

Sie wuchs vor seinen Augen, wuchs, strahlend vor Schönheit, – da stand sie vor ihm, nackt bis zu den Zehen – – wunderbar in ihrem Zorne. Er sah sie und erwartete sie mit durstigem Verlangen. Da beugte sie sich zu ihm herab ... Er breitete die Arme aus; aber er umarmte die Luft.

In demselben Augenblick traf ihn ein Schlag mit etwas Feuchtem und Schwerem ins Gesicht. Geblendet taumelte er zurück.

Schnell rieb er sich die Augen; nassen Sand hatte er zwischen den Fingern, und auf Kopf, Schultern und Wangen fielen die Schläge herab. Aber die Schläge verursachten ihm keinen Schmerz; sie erweckten etwas anderes in ihm, und er schützte den Kopf mit seinen Händen; aber er tat es mehr mechanisch als bewusst. Dann hörte er zorniges Weinen ... Endlich, von einem starken Schlage in die Brust getroffen, fiel er rücklings zu

Boden. Man schlug ihn nicht mehr. Es raschelte in den Büschen; dann wurde es still ...

Endlos dauerten die Sekunden des düsteren Schweigens, nachdem dieser Laut verstummt war. Er lag noch immer regungslos, niedergeschmettert von seiner Schmach; und von dem instinktiven Streben geleitet, sich vor seiner Schande zu verstecken, schmiegte er sich fest an die Erde. Als er die Augen öffnete, sah er den blauen Himmel, und es schien ihm, als ob er schnell immer höher und höher von ihm davongleite ... Und es wurde ihm so schwer zu atmen, dass er zu stöhnen begann, und allmählich versank er in einen Zustand, in dem er schon keine Empfindung mehr hatte.

... So lag er, bis ihm kalt wurde. Als er die Augen öffnete, erblickte er Warenjka, die sich über ihn beugte. Zwischen ihren Fingern tropfte ihm das Wasser ins Gesicht, und er hörte ihre Stimme:

»Nun? – Ist es gut so?! ... Wie werden Sie so nach Hause kommen? ... So abscheulich, schmutzig, nass, zerrissen ... Ä! Sie ... Sagen Sie wenigstens, dass Sie vom Ufer ins Wasser gefallen sind ... Schämen Sie sich nicht?! ... Ich hätte Sie doch totschlagen können ... wenn mir etwas anderes in die Hände geraten wäre.«

Sie sprach noch lange; aber all das verringerte und vermehrte nicht, was er empfand. Er antwortete nicht auf ihre Worte; als sie ihm aber sagte, dass sie fortgehe, fragte er leise:

»Sie ... nie mehr ... nie werde ich Sie wiedersehen?« Und als er das fragte, erwachte in ihm die Erinnerung, und er verstand, dass er zu ihr sagen müsste:

»Vergeben Sie mir ...«

Aber er hatte nicht die Zeit, es zu sagen; denn sie machte eine Bewegung mit der Hand in der Luft, als wolle sie nichts mehr von ihm wissen und verschwand schnell hinter den Bäumen.

Er saß mit dem Rücken gegen einen Baumstamm gelehnt und schaute stumpf zu, wie das trübe Wasser des Flusses zu seinen Füßen dahinfloss.

Langsam floss es ... langsam ... langsam ...

Kain und Artem

Kain war ein kleiner, behänder Jude mit spitzem Kopf und gelbem, magerem Gesicht. Um Backen und Kinn wuchsen zottige rote Haarbüschel, und das Gesicht sah aus ihnen wie aus einem alten, zerzausten Plüschrahmen hervor, dessen oberen Teil der Schirm einer schmutzigen Mütze bildete.

Unter dem Schirm und den roten Brauen, die wie gerupft aussahen, blitzten kleine, graue Augen hervor. Sehr selten hafteten sie lange auf einem Gegenstande, sondern eilten immer schnell von einem zum andern und teilten überall ihr Lächeln aus – ein scheues, spähendes, schmeichelndes Lächeln.

Jeder, der dies Lächeln sah, erkannte sogleich, dass das Grundgefühl eines Menschen, der so lächelt, – Furcht vor allem und allen ist, Furcht, im Nu bereit, sich zum Entsetzen zu steigern. Und deshalb suchte jeder, der nicht zu faul war, mit bösem Spott und allerhand Schnippchen dies stets gespannte Gefühl des Juden zu steigern, von dem nicht nur seine Nerven durchdrungen waren, sondern, wie's schien, selbst die Falten seines segeltuchenen Kaftans, der, ihn von den Schultern bis zur Ferse umhüllend, auch beständig zitterte.

Der Name dieses Juden war Chaim Aaron Purwitz, aber er wurde Kain genannt. Das ist einfacher als Chaim, der Name ist den Leuten bekannter, und es liegt viel Kränkendes in ihm. Obwohl dieser Name keineswegs zu seiner kleinen, furchtsamen, schwächlichen Gestalt passte, schien es doch allen, als kennzeichne er vollkommen Leid und Seele des Juden und kränke ihn zugleich.

Er lebte unter Leuten, die vom Schicksal benachteiligt waren, und solchen ist es stets angenehm, ihren Nächsten zu kränken; sie verstehen es auch sehr gut, denn einstweilen können sie sich nur so rächen. Kain zu beleidigen war leicht; machten sie sich über ihn lustig, so lächelte er nur verlegen und half manchmal sich selbst auslachen, damit gleichsam seinen Beleidigern das Recht der Existenz unter ihnen bezahlend.

Er lebte natürlich vom Handel. Mit einem hölzernen Kästchen vor der Brust ging er in den Straßen umher und rief mit süßlichem, feinem Stimmchen.

»Wich–se! Streichhöl–zer! Stecknadeln! Haarnadeln! Galanteriewaren! Allerhand Kurzwaren!«

Noch ein charakteristischer Zug – seine Ohren waren groß, standen ab und waren immer gespitzt, wie bei einem scheuen Pferde.

Er handelte in Schichan, einer Gegend, wohin das städtische Lumpengesindel abgeschoben wurde – allerhand »ausgemerzte« Existenzen. Schichan besteht aus einer engen Straße, die mit alten, hohen, finsteren Häusern bebaut ist; Nachtasyle, Schenken, Brotbäckereien, Läden mit Kolonialwaren, altem Eisen und verschiedenem Hausgerät – Diebe, Hehler, Krämer und Höker mit Esswaren haben darin Unterkunft gefunden. In dieser Straße waren stets viele Betrunkene, viel Schatten von den hohen Häusern, viel Schmutz; im Sommer stagnierte in ihr ein dicker Dunst von Fäulnis und Branntwein. Als fürchte die Sonne, ihre Strahlen durch den Schmutz zu besudeln, blickte sie nur frühmorgens in diese Straße, und nicht lange.

Sie breitete sich an einem Bergabhang aus, unfern dem Ufer eines großen Flusses, und war immer voller Schiffsarbeiter, Auflader und Matrosen von den Dampfern. Hier frönten sie dem Trunke und amüsierten sich auf ihre Weise, und eben hier hielten in abgelegenen Winkeln Diebe ihren Rausch ab. Am Trottoir standen die Näpfe mit gefüllten Mehlklößen, die Mulden der Piroggen- und Leberverkäufer. Haufen von Flussarbeitern standen da, gierig die heiße Speise verschlingend; Betrunkene sangen wüste Lieder und schimpften. Verkäufer riefen mit klingender Stimme Käufer herbei, ihre Ware anpreisend; Bauernwagen rasselten, sich mit Mühe durch die Menschengruppen einen Weg bahnend, welche sich kaufend und verkaufend, in Erwartung von Arbeit und Erfolg, auf der Straße stauten. Wirbelnd zog ein Chaos von Lauten durch die einem stagnierenden Graben gleichende Straße und zerschlug sich an den schmutzigen Mauern ihrer Gebäude, die, da der Stuck abgebröckelt war und Schimmelflecke sie bedeckten, aussahen, als wären sie verwundet.

In diesem Graben voll brodelnden Schmutzes, voll betäubenden Lärms und zynischer Reden schlüpften und rannten immer Kinder umher, – Kinder aller Altersstufen, doch alle gleich schmutzig, hungrig und verkommen. Sie liefen hier vom Morgen bis zum Abend umher, existierend auf Kosten wohlwollender Hökerinnen und der Geschicklichkeit ihrer kleinen Hände, und nachts schliefen sie irgendwo abseits – unter einem Tor, unter dem Kasten eines Piroggenverkäufers, in der Vertiefung eines Kellerfensters. In der Morgendämmerung waren diese mageren Opfer der Rachitis und Skrofulose schon auf den Füßen, um wiederum schmackhafte und kostbare Bissen zu stehlen und zu erbetteln, was für den Verkauf untauglich war. Wem gehörten diese Kinder? Allen ... Und hier in dieser Straße strich auch Kain tagein, tagaus umher, bot seine Waren aus und verkaufte sie den Weibern der Straße. Sie borgten bei ihm für einige Stunden zwanzig Kopeken mit der Verbindlichkeit, zweiundzwanzig wiederzugeben, und bezahlten immer pünktlich. Überhaupt machte Kain große Geschäfte in dieser Straße: er kaufte von den sich umhertreibenden Arbeitern Hemden, Mützen, Stiefel und Harmonikas, von den Weibern – Röcke, Jacken, Groschenschmuck; dann vertauschte er diese Sachen oder verkaufte sie mit zwanzig Kopeken Gewinn. Allstündlich war er Spott und Schlägen ausgesetzt, und manchmal wurde er sogar beraubt. Aber alles das beklagte er sich nicht, sondern lächelte nur sein tragisch-sanftes Lächeln.

Es kam vor, dass der Jude, in einem dunklen Straßenwinkel von zwei, drei handfesten Burschen ergriffen, die, durch Hunger und Trunk dazu gebracht, bereit waren, einen Mord zu begehen, durch den Schreck oder ihre Fäuste niedergestreckt, seinen Plünderern zu Füßen lag, krampfhaft in den Taschen wühlend, und sie zitternd anflehte:

»Herren! Gute Herren! Nehmt nicht alles ... Wie soll ich dann handeln?«

Und vor unaufhörlichem Lächeln bebte sein ganzes, mageres Gesicht.

»Nu, winsle nicht! Gib bloß dreißig Kopeken ...«

Diese guten Herren wussten wohl, dass man der Kuh nicht das ganze Euter abreißen darf, um Milch zu bekommen.

Es kam vor, dass er sich von der Erde erhob und spaßend und lächelnd auf der Straße neben ihnen herging, dass sie auch herablassend mit ihm sprachen und über ihn lachten, und alle gaben sich einfach und offen. Kain aber erschien nach solchem Vorfall noch magerer, und – das war alles.

Mit dem Kahal schien er sich nicht gut zu stehen. Er wurde sehr selten mit einem Glaubensgenossen gesehen, und stets konnte man merken, dass dieser sich verächtlich und von oben herab gegen Kain benahm. In der Straße ging das Gerücht, Kain wäre mit einem Fluch belegt, und eine Zeitlang nannten ihn die Straßenhöker einen Verfluchten.

Dies war schwerlich wahr, obwohl Kain unzweifelhafte Merkmale von Ketzerei zeigte – er beobachtete nicht den Sabbat und nahm nicht »koscheres« Fleisch zur Nahrung. Bittend und fordernd wurde ihm zugesetzt, er solle erklären, wie er zu essen wagen dürfe, was seine Religion verbot. – Dann kroch er ganz in sich zusammen, lächelte, machte sich mit einem Spaß los oder lief fort, ohne jemals etwas über die Religion und die Gebräuche der Juden zu äußern.

Selbst die unglücklichen Kinder dieser Straße verfolgten ihn und bewarfen seinen Kasten und Rücken mit Schmutz, Melonenschalen und allerhand Unrat. Er suchte sie mit freundlichen Worten abzuwehren, öfter aber lief er von ihnen fort, in die Menge hinein, wohin sie ihm nicht nachkamen, aus Furcht, dort zertreten zu werden.

So lebte Kain von einem Tag zum andern, allen bekannt und von allen verfolgt, – er handelte, zitterte vor Furcht und lächelte; und siehe da, einmal lächelte das Schicksal auch ihm ...

Jedes Winkelchen des Lebens hat seinen Despoten. In Schichan spielte diese Rolle der schöne Artem, ein kolossaler junger Bursch mit einem regelmäßig runden Kopfe, in einer dicken Kappe lockigen, schwarzen Haares. Dies weiche Haar fiel in launischen Ringeln in seine Stirn bis auf die prächtigen samtenen Brauen und die großen, braunen, länglichen, immer mit einem feuchten Schimmer überzogenen Augen. Seine Nase war gerade, antik-regelmäßig, die Lippen rot und voll, mit einem schwarzen Schnurrbart bedeckt; sein ganzes, rundes, reines, bräunliches Gesicht war wunderbar regelmäßig und geradezu schön, und die umflorten Augen passsten gut zu ihm, als vervollständigten und erklärten sie seine Schönheit. Hoch und schlank, mit breiter Brust, immer mit einem sorglos zufriedenen Lächeln auf den Lippen, war er in Schichan der Schrecken der Männer und die Freude der Weiber. Den größten Teil des Tages verbrachte er, irgendwo träg und massig an einer sonnigen Stelle liegend, indem er mit langsamen Zügen, die seine mächtige Brust hoch und gleichmäßig hoben, Luft und Sonnenlicht einsog.

Er war fünfundzwanzig Jahre alt. Vor etwa drei Jahren war er mit einem Aufladerartel aus Promsino in der Stadt erschienen und nach beendeter Schifffahrt dageblieben, um zu überwintern, da er die Erfahrung gemacht hatte, dass er auch ohne zu arbeiten, vermöge seiner Kraft und Schönheit, angenehm leben könne. And siehe da, seit jener Zeit hatte er sich aus einem Dorfburschen und Auflader in den Liebling der Krämerfrauen, Kloßverkäuferinnen und anderer Weiber in Schichan verwandelt. Diese Beschäftigungsart versorgte ihn stets mit Nahrung, Schnaps und Tabak, sobald er es wünschte; weiter wusste er sich nichts zu wünschen, und so lebte er.

Die Weiber schimpften und zankten sich heimlich seinetwegen miteinander, die verheirateten wurden bei ihren Männern verklatscht und von Gatten und Liebhabern geschlagen, – Artem war alles das gleichgültig, er wärmte sich in der Sonne, dehnte sich wie eine Katze und wartete, bis sich einer der wenigen ihm erreichbaren Wünsche in ihm regte.

Gewöhnlich lag er auf dem Berge, an den sich die Straße lehnte. Hier sah er den Fluss gerade vor sich, hinter welchem sich bis an den Horizont eine Flur ausbreitete, auf deren gleichmäßig grünem Teppich sich hier und da graue Flecke zeigten, – das waren Dörfer. Dort war es immer – still, hell und grün ... Wandte er aber den Kopf links, so sah er seine Straße von Anfang bis zu Ende, und in ihr brauste lärmendes Leben; betrachtete er aufmerksam ihr dunkles Gewimmel, so konnte er die Gestalten bekannter Leute unterscheiden, er hörte das hungrige Geheul der Straße und dachte vielleicht an irgend etwas. Am ihn herum auf dem Berge wuchs dichtes Steppengras, ragten einsame, kümmerliche Birken empor, standen abgebrochene Fliederbüsche, – hier durchlebten die Mitglieder der »goldnen Rotte«> ihren Rausch und spielten Karten, flickten ihre Kleider oder ruhten von Arbeit und Händeln aus.

Artem war bei ihnen schlecht angeschrieben. Er war unbezwinglich stark und suchte oft Händel, und dann erwarb er sich sein Brot gar zu leicht. Das erweckte den Neid; außerdem teilte er selten seinen Gewinn mit irgendwem. Überhaupt waren kameradschaftliche Gefühle nicht in ihm entwickelt, und es zog ihn nicht zur Gemeinschaft mit Menschen. Kam man zu ihm und sprach mit ihm, so antwortete er willig, aber er selbst fing kein Gespräch an; wurde er um Geld zum Trinken gebeten, so gab er, aber aus eigenem Antriebe bewirtete er nie Bekannte. Und unter ihnen war es Sitte, jede erbeutete Kopeke in Gesellschaft zu verzehren und zu vertrinken.

Hier, im Gebüsch, erschienen bei Artem die Boten der Liebe – in Gestalt eines zerlumpten, schmutzigen Straßenmädchens oder eines ebenso schmutzigen Jungens. Das waren sehr junge Leute von 7-8 Jahren, selten zehn Jahre alt, aber sie waren stets durchdrungen von dem Bewusstsein der tiefen Wichtigkeit der ihnen aufgetragenen Bestellungen, sie sprachen halbblaut, und auf ihren Frätzchen lag immer ein geheimnisvoller Ausdruck ...

»Onkelchen Artem, Tantchen Marja lässt dir sagen, dass ihr Mann fortgefahren ist, du sollst heute ein Boot mieten und mit ihr nach der Wiese fahren ...«

»So–o«, dehnt Artem träge, und seine schönen Augen lächeln umflort.

»Ganz bestimmt, dass ...«

»Ich kann ... Aber ... was noch ... das ist ... wer ist denn Tante Marja?«

»Die Krämerfrau doch«, sagte der Bote vorwurfsvoll.

»Die Krämerfrau ... n–ja? Das ist die neben dem Eisenladen?«

»Aber neben dem Eisenladen ist doch Anisia Nikolajewna ... wie denn!«

»Nu, nu, ich weiß ja, Bruder ... Ich sag ja bloß so ... Zum Spaß tu ich, als hätt' ich's vergessen ... Ich kenn' Marja doch.«

Aber der Bote ist davon nicht überzeugt; er will seinen Auftrag gut ausrichten und erklärt Artem dringend:

»Marja – das ist die kleine, rotbäckige, die neben den Fischen ...«

»Nu, nu! ... Die neben den Fischen. Siehst du! du wunderlicher Kauz! ... Verwechsle ich das denn? Gut, sag' Marja, ich komme. Er wird fahren, sag' ihr. Geh!«

Dann machte der Bote ein süßes Frätzchen und sagt gedehnt:

»Onkelchen Artem, gib 'n Kopekchen!«

»Kopekchen? Wenn ich aber keins habe?«, sagt Artem, beide Hände gleichzeitig in die Taschen seiner Pluderhosen steckend. Aber immer findet sich irgendein Geldstück. Vergnügt lachend, rennt der Bote davon, um die verliebte Krämersfrau von dem erfüllten Auftrag zu benachrichtigen und auch von ihr eine Belohnung zu bekommen. Er kennt den Wert des Geldes und braucht es nicht nur, weil er hungrig ist, sondern auch, weil er Zigaretten raucht, Schnaps trinkt und seine eigenen kleinen Herzensangelegenheiten hat. Am Tage nach einer solchen Szene ist Artem noch unzugänglicher für die Eindrücke des Daseins als sonst, und noch schöner in seiner seltenen Schönheit eines starken, aber friedlichen Tieres. So zog sich diese satte, ihrer selbst fast unbewusste Existenz hin, ruhig, trotz der zahlreichen Menge der Neider und Eifersüchtigen, ruhig, weil die schreckliche Kraft von Artems Fäusten sie schützte.

Aber manchmal verdichtete sich etwas Dunkles, Drohendes in den braunen Augen des schönen Artem; seine samtenen Brauen zogen sich finster zusammen, und eine tiefe Falte durchschnitt die braune Stirn. Er stand auf und ging von seinem Lager auf die Straße, und je mehr er sich dem Getümmel näherte, desto runder wurden seine Augensterne, und desto mehr bebten die feinen Nasenflügel. Über der linken Schulter hängt die gelbe Jacke aus Bauerntuch, die rechte ist mit dem Hemd bedeckt, und durch das Hemd sieht man die mächtige Schulter. Stiefel liebt er nicht, sondern geht immer in Bastschuhen; die weißen Fußlappen mit den schön gekreuzten Bändern zeichnen seine Waden deutlich ab. Er geht langsam wie eine große Gewitterwolke ...

Die Straße kennt seine Gewohnheiten und sieht schon an seinem Gesicht, was sie von ihm zu erwarten hat. Vorbeugendes Flüstern wird hörbar: »Artem kommt!«

Und eilfertig wird ihm auf der Straße Platz gemacht, die Warenmulden, die Kessel und Näpfe mit Heißem werden beiseite gerückt, ihm wird entgegenkommend zugelächelt, er wird gegrüßt, und alle fürchten ihn. Er aber geht durch diese Zeichen der Aufmerksamkeit und Furcht vor seiner Kraft hindurch, geht finster und schweigend, – schön, wie ein großes wildes Tier.

Da stößt sein Fuß an eine Mulde mit Gehacktem, mit Leber und Lunge, und alles fliegt auf das schmutzige Pflaster. Der Händler kreischt verzweifelt auf und schimpft los.

»Was stehst du im Wege?«, fragt Artem ruhig, aber unheilkündend.

»Was hast du hier zu gehen, Ochse?«, brüllt der Händler.

»Wenn ich hier aber gehen will?!«

Unter Artems Backenknochen blähen sich die Wangen auf, und seine Augen sehen aus wie zur Rotglut erhitzte Nägel. Der Händler sieht es und brummt:

»Für dich ist die Straße zu eng ...«

Artem schreitet langsam weiter. Der Händler geht in die Schenke, holt dort siedendes Wasser, wäscht seine Ware darin ab, und nach fünf Minuten ruft er wieder durch die ganze Straße:

»Leber, Lunge, heißes Herz! Heda, Matrose! Komm her, zum Anfang, – für 'n Fünfer Zunge schneid' ich ab! Tantchen, kauf' das Geschlinge! Wer will heißes Herz? Leber, Lunge!«

Stimmenlärm erhebt sich, und der schwere Geruch von Fäulnis, Schnaps, Schweiß, Fischen, Teer und Zwiebeln steigt auf.

Die Pferde am Gehen hindernd, bewegen sich die Leute auf dem Pflaster hin und her, rufen, handeln und lachen. Hoch über ihnen der blaue Himmelsstreifen ist matt von dem Staub und Schmutz, der sich aus dieser Straße in die Luft erhebt, in welcher selbst die Häuser feucht und schmutzgetränkt erscheinen ...

»Galanterie–waren! Garn! Nadeln!«, ruft Kain laut aus, indem er Artem folgt, der ihm noch schrecklicher ist, als den andern.

»Piroggen und Birnen, kauft und esst«, schmettert hell eine junge Piroggenhändlerin.

»Zwiebeln, junge Zwiebeln!«, sekundiert ihr eine andere.

»Kwa–as! Kwa–as!«, quakt heiser ein kleiner, dicker Alter mit rotem Gesicht, im Schatten seines Fasses sitzend.

Und ein Mensch, der unter dem sonderbaren Beinamen des »schlechten Bräutigams« in der Straße bekannt ist, verkauft einem Schiffsarbeiter sein schmutziges, aber starkes Hemd von der Schulter, indem er ihm überredend zuruft:

»Dummkopf, wo kaufst du solch Staatsstück für 20 Kopeken? Eine Kaufmannstochter kannst du darin freien! Mit Millionen ... Teufel!«

And plötzlich klingt durch das allgemeine wilde, aber harmonische Gebrüll und Getöse der helle Ton einer Kinderstimme:

»Um Christi willen, schenkt 'ne Kopeke ... 'ner armen Waise ... die nicht Vater noch Mutter hat ...«

Seltsam und allen fremd klingt der Name Christi in dieser Straße!

»Artjuschka! Komm mal her!«, ruft freundlich das dralle, muntere Soldatenweib, Darja Gromowa, das mit gefüllten Mehlklößen handelt. »Was treibst du denn, dass du uns ganz vergisst?«

»Hast schon viel verkauft?«, fragt Artem ruhig und wirft mit einem leichten Fußstoß ihre Ware um. Die gelben, glatten Mehlklöße gleiten dampfend über die Pflastersteine, und Darja, bereit, sich in eine Rauferei einzulassen, ruft wütend:

»Du mit deinen unverschämten Augen! Du Räuber! Dass dich die Erde trägt, astrachanisches Kamel.«

Sie wird ausgelacht – alle wissen, dass sie es Artem wieder verzeiht. Er aber geht ebenso langsam weiter, indem er die Leute anstößt, sie mit der Brust anrennt, ihnen auf die Füße tritt. Und schnell wie eine Schlange gleitet vor ihm her das warnende Geflüster:

»Artem kommt!«

In diesen beiden Worten fühlte sogar der, welcher sie zuerst hörte, etwas ihm Drohendes und machte Artem Platz, indem er die mächtige Gestalt des schönen Menschen mit Neugier und Vorsicht ansah.

Da begegnet Artem einem ihm bekannten »Barfüßer«. Sie begrüßen sich, und Artem drückt die Hand des Bekannten so mit seiner Eisentatze, dass dieser vor Schmerz aufschreit und losschimpft. Dann kneift ihn Artem in die Schulter oder verursacht ihm sonst einen Schmerz und beobachtet ruhig und schweigend, wie der Mensch unter seinen Händen stöhnt und ächzt und, vor Schmerz außer Atem, flüstert:

»Lass los, Henker! ... Verfluchter!«

Doch der Henker ist unerbittlich, wie das Schicksal.

Nicht selten ist auch Kain in Artems grausame Hände gefallen, der mit ihm spielte, wie ein neugieriges Kind mit einem Käferchen.

Dies eigentümliche und unbegreifliche Benehmen des Athleten hieß in Schichan »Artjuschkas Ausgang«. Es schuf ihm eine Menge Feinde, aber sie konnten seine ungeheuerliche Kraft nicht brechen, wenn sie es auch versuchten. So hatten sich einmal sieben handfeste Burschen zusammengetan und beschlossen, von der ganzen Straße ermutigt, Artem eine Lehre zu geben und ihn zu demütigen. Ihrer zwei mussten diesen Versuch sehr teuer bezahlen, die übrigen kamen leichter davon. Ein andermal hatten Krämer – beleidigte Ehemänner – einen als Kraftmenschen berühmten Fleischer aus der Stadt gedungen, der mehrmals im Kampfe mit Zirkusathleten als Sieger hervorgegangen war. Der Fleischer hatte sich für eine große Belohnung anheischig gemacht, Artem halbtot zu schlagen. Sie wurden zusammengebracht, und Artem, der nie abgeneigt war, »zum Vergnügen« zu raufen, schlug dem Fleischer den Arm aus dem Gelenk und streckte ihn mit einem Schlag bewusstlos zu Boden. Diese Tatsachen erhöhten das Prestige seiner Kraft, aber machten ihm allerdings auch noch mehr Feinde.

Er aber setzte wie vordem seine »Ausgänge« fort, alles und alle auf seinem Wege vernichtend. Was für Gefühle mochte er auf diese Weise ausdrücken? Vielleicht war es Rache an der Stadt und ihren Lebenseinrichtungen seitens eines Menschen der Fluren und Wälder, der von seinem Heimatboden losgerissen war; vielleicht empfand er dunkel, wie die Stadt ihn verdorben, indem sie Leib und Seele mit ihrem Gift infizierte, und aus diesem Gefühle kämpfte er so mit der verhängnisvollen Macht, die ihn knechtete. Manchmal endeten seine »Ausgänge« auf der Wache, wo sich die Polizei gegen ihn besser als gegen die übrigen Schichaner benahm, weil sie sich über seine fabelhafte Stärke wunderte, sich daran ergötzte und wohl wusste, dass er kein Dieb und unfähig war, ein solcher zu sein – weil er zu dumm dazu war. Häufiger aber ging er danach in irgendeine Spelunke, und dort nahm ihn eins der in ihn verliebten Weiber in seine Fürsorge. Nach seinen Heldentaten war er mürrisch und launisch, in seinen Augen lag etwas Wildes, und die Unbeweglichkeit seiner Gesichtszüge gab ihm etwas Idiotenhaftes.

Irgendeine bis zum Mark der Knochen fettige Krämersfrau, ein kerniges Weib im Balzacschen Alter, schwänzelte um ihn herum mit einer Miene, als sei sie die Eigentümerin dieses wilden Tieres, und mit dem Gefühl der Furcht vor ihm.

»Vielleicht noch ein paar Glas Bier bestellen, Artjuschka? Oder einen Likör? Oder magst du 'was essen? Warum bist du mir nur heut' gar nicht so munter? ...«

»Bleib' mir vom Halse!«, sagte Artem dumpf, und für einige Minuten hörte sie auf, um ihn herumzuschwänzeln, aber dann fing sie von neuem an, den schönen Artem mit Getränken zu versorgen, denn sie wusste bereits, dass der nüchterne Artem mit Liebkosungen kargte.

Und siehe da, einmal gefiel es dem oft gar spaßhaften Schicksal, dass dieser Mensch und Kain zusammentrafen.

Das geschah so.

Einmal nach einem »Ausgang« und ihm folgenden, ausgiebigen Zechgelage ging Artem mit seiner Dame schwankend zum Besuch zu ihr durch eine enge und öde Quergasse der Vorstadt. Dort wurde er erwartet. Einige Männer warfen sich auf ihn und schlugen ihn sofort nieder. Vom Weine geschwächt, konnte er sich schlecht verteidigen, und da rächten sich diese Leute wohl eine Stunde lang an ihm für die zahlreichen Kränkungen, die er ihnen zugefügt hatte. Artems Begleiterin war fortgelaufen. Die Nacht war dunkel, der Platz leer – da konnten sie in aller Bequemlichkeit voll mit Artem abrechnen, und sie taten es, ohne ihre Kräfte zu schonen. Und als sie, ermüdet, ein Ende machten, lagen zwei regungslose Körper auf der Erde, der eine war der des schönen Artem, und der andere – der eines Menschen, dessen Name »Roter Bock« war.

Nachdem sie beratschlagt hatten, was mit diesen Körpern zu tun war, beschlossen die Burschen, Artem unter einer alten, beim Eisgang zerbrochenen Barke zu verstecken, die umgestülpt am Flussufer lag, und den »Roten Bock«, welcher stöhnte, mit sich zu nehmen.

Als sie Artem auf der Erde nach dem Ufer schleppten, kam er vor Schmerz zur Besinnung, aber da er erkannte, dass der Zustand eines Toten jetzt vorteilhafter für ihn war, schwieg er, den Schmerz verbeißend. Sie schleppten ihn, schimpften und rühmten sich voreinander der Schläge, die sie dem Kraftmenschen beigebracht hatten. Artem hörte, wie Mischka Wawilow zu seinen Gefährten sagte, dass er beständig danach getrachtet habe, seine Stöße Artem unter das linke Schulterblatt zu versetzen, um das Herz zu treffen. Und Ssuchoplujew erzählte, er habe immer auf den Leib geschlagen, denn wenn dem Menschen die Eingeweide ruiniert werden, nützt ihm das Essen nichts, und wie viel er immer genießen mag, Kräfte bekommt er davon nicht. Auch Lomakin erklärte, dass er zweimal mit den Füßen auf Artems Leib gesprungen sei. Ebenso glänzend hatten sich auch die übrigen ausgezeichnet, wovon sie rühmend erzählten, bis sie an die Barke kamen und Artem darunter versteckten. Er hatte alle ihre Reden gehört, und als sie fortgingen, hörte er auch, wie sie einstimmig das Urteil fällten – Artem würde nicht wieder aufstehen.

Da blieb er nun allein, im Dunklen, auf einem Haufen nassen Bauschutts, der bei hohem Wasserstande von den Flusswellen unter der Barke angeschwemmt worden war. Es war eine frische Mainacht, und diese Frische brachte Artem immer wieder zu sich. Doch als er versuchte, an den Fluss zu kriechen, fiel er vor schrecklichen Schmerzen im ganzen Körper wieder in Ohnmacht. Aber vom Schmerz gepeinigt und von schrecklichem Durst geplagt, kam er wieder zu sich. Als wollte ihn der Fluss seiner Ohnmacht wegen foppen, plätscherte er leise am Ufer, irgendwo ganz in seiner Nähe. Die ganze Nacht brachte er in dieser Lage zu und hatte Angst, zu stöhnen und sich zu bewegen.

Aber als er wieder einmal zum Bewusstsein kam, fühlte er, dass ihm etwas Gutes geschehen war, das seine Schmerzen sehr linderte. Er konnte mit Mühe ein Auge öffnen und kaum die zerschlagenen, geschwollenen Lippen regen. Es war Tag, denn Sonnenstrahlen drangen durch die Ritzen der Barke und schufen eine Dämmerung um Artem. Dann hob er, so gut es ging, eine Hand zum Gesicht und fühlte feuchte Lappen darauf. Lappen lagen auch auf Brust und Leib. Er war ganz entkleidet, und die Kälte verminderte seine Qualen.

»Trinken ...«, sagte er, dunkel vermutend, dass jemand um ihn sei. Eine zitternde Hand streckte sich über seinen Kopf, und der Hals einer Flasche wurde ihm in den Mund gesteckt. Die Flasche schwankte in der Hand des Gebers und schlug an Artems Zähne. Nachdem er Wasser getrunken hatte, wollte Artem erkennen, wer bei ihm sei, aber der Versuch, den Kopf zu wenden, gelang nicht, da er Schmerzen im Halse hervorrief. Röchelnd und stammelnd fing er da an zu sprechen: »Schnaps ... innerlich ein Glas ... und äußerlich damit abreiben ... Dann könnt ich vielleicht aufstehen ...«

»Auf–stehen? Ihr könnt' nicht aufstehen, ihr seid ja ganz, blau und geschwollen wie ein Ertrunkener ... Aber Schnaps – ist möglich, Schnaps ist da ... ich habe eine ganze Flasche Schnaps ...«

Es wurde leise, scheu und sehr schnell gesprochen. Artem kannte diese Stimme, aber er konnte sich nicht erinnern, wem sie gehörte, welchem der Weiber.

»Gib«, sagte er.

Und wieder reichte ihm jemand, der augenscheinlich seinen Augen auswich, die Flasche von hinten über den Kopf. Artem sah mit dem einen Auge den feuchten, schwarzen, mit Pilzen bewachsenen Boden der

Barke an, während er den Branntwein mit Anstrengung hinunterschluckte.

Als er mehr als ein Viertel der Flasche ausgetrunken hatte, seufzte er tief und erleichtert auf und sagte mit einem Röcheln in der Brust, mit schwacher, modulationsloser Stimme:

»Ordentlich haben sie mich zugerichtet ... Aber wart'... ich stehe auf. Ich stehe auf ... dann steht mir ...«

Ihm wurde nicht geantwortet, aber er hörte ein Geräusch – gerade als spränge jemand von ihm fort – und dann wurde es still, nur die Wellen plätscherten, und irgendwo weit fort wurde gesungen und geächzt – als würde ein schwerer Gegenstand geschleppt. Dann gellte durchdringend die Pfeife eines Dampfers, gellte, brach ab und tönte nach einigen Sekunden ganz dumpf, als wäre es ein Abschied von der Erde für immer ... Artem wartete lange auf eine Antwort, aber unter der Barke blieb es still, und ihr schwerer, von grünlicher Fäulnis durchtränkter Boden hing und schaukelte über seinem Kopfe, sich bald hebend, bald senkend, als wolle er sich mit einem Schwunge auf ihn stürzen und ihn zu Tode drücken. Artem tat sich selbst leid. Er war plötzlich ganz durchdrungen von dem Bewusstsein seiner fast kindlichen Hilflosigkeit, und zugleich empfand er die Beleidigung seiner Persönlichkeit. Er, so stark, so schön, und nun so verstümmelt, so entstellt! ...

Mit schwachen Händen begann er die Abschürfungen und Beulen im Gesicht und auf der Brust zu betasten, und dann fing er bitterlich zu weinen und zu schimpfen an. Er schluchzte, schimpfte bekümmert, und kaum die Lider bewegend, presste er mit ihnen die Tränen hervor, die seine Augen füllten. Groß und brennend rannen sie ihm über die Wangen und tropften in die Ohren ... und er hatte das Gefühl, als werde durch die Tränen in seinem Innern etwas geläutert.

»Gut! ... Wartet ...«, murmelte er durch sein Schluchzen.

And plötzlich hörte er, dass irgendwo ganz nahe, als wolle es ihm nachäffen, auch ersticktes Schluchzen und Flüstern ertönte.

»Wer ist da?«, fragte er drohend, obwohl ihm etwas bange war.

Seine Frage wurde nicht beantwortet. Da nahm Artem seine ganze Kraft zusammen und wandte sich, vor Schmerz wie ein Tier aufbrüllend, auf die Seite, erhob sich auf den Ellbogen und erblickte in der Dämmerung eine kleine Figur, die ganz zusammengedrückt am Bord der Barke sah. Mit den langen, dünnen Armen seine Knie umfassend, hatte der Mensch den Kopf daraufgelegt, und, seine Schultern bebten. Es schien Artem, als wäre es ein halbwüchsiger Bursche ...

»Komm her!«, sagte er.

Aber jener hörte nicht und fuhr fort, sich wie im Fieber zu schütteln. Artem wurde es vor Schmerz und Furcht vor dieser Gestalt dunkel vor den Augen, und er heulte los:

»Komm!«

Ein ganzer Hagel zitternder, hastiger Worte kam ihm zur Antwort: »Was hab' ich Euch denn Böses getan? Warum schreit Ihr mich an? Habe ich Euch nicht mit Wasser abgewaschen, Euch getränkt, Euch Schnaps gegeben? Hab' ich nicht geweint, als Ihr weintet, und tat es mir nicht weh, als Ihr stöhntet? Oh, mein Gott und mein Herr! Auch mein Gutes trägt mir nur Qual ein! Was hab' ich Eurer Seele oder Eurem Leibe Böses getan? Was kann ich Euch Böses tun – ich, ich, ich!«

Und mit dreimaligem Wehklagen seine Rede abbrechend, schwieg dieser Mensch, griff sich mit den Händen an den Kopf und wiegte sich hin und her, auf der Erde sitzend.

»Kain? Ach ... du bist es!«

»Nu was denn? Ich bin's ...«

»Du? Nu–u! Alles das – du hier? Ei – ei! Komm her. Nu ... wunderlicher Mensch, du!« –

Artem war ganz verwirrt vor Überraschung und empfand zugleich, dass sich eine gewisse Freude in ihm regte. Er lachte sogar, als er bemerkte, dass der Jude zaghaft auf allen vieren herankroch, und wie häufig und ängstlich die kleinen Augen in dem komischen, ihm lange bekannten Gesicht blinzelten.

»Komm dreist heran! Wahrhaftig, ich tu dir nichts!«, hielt er für nötig, den Juden zu ermutigen.

Kain kroch bis an seine Füße, hielt an und sah dieselben mit solchem ängstlichen und flehenden Lächeln an, als erwarte er, dass sie seinen furchterschöpften Leib zertreten würden.

»Nu ... da bist du ja! Und alles das hast du getan? Wer hat dich geschickt – Anisia?«, fragte Artem, kaum die Zunge bewegend.

»Ich bin von selbst gekommen.«

»Von selbst? Du lügst!«

»Ich lüge nicht, ich lüge nicht!«, fing Kain schnell an zu flüstern. »Ich bin von selbst gekommen – bitte, glaubt mir! Ich will erzählen, wie ich gekommen bin. Hört nur – ich erfuhr davon in der »Räuberhöhle« ... Ich trank Tee und hörte: »Artem haben sie in der Nacht totgeschlagen. Ich glaubte es nicht – pche! Kann man Euch denn totschlagen? Ich lachte für mich. Oh, ihr dummen Leute, dachte ich. Dieser Mensch ist – wie Simson, wer von euch kann ihn bezwingen? Aber immerfort kamen sie und sagten: geschlagen, geschlagen! Und schimpften und lachten über Euch ... Alle freuten sich ... und ich fing an zu glauben. Ich erfuhr, dass Ihr hier seid. Sie waren schon hergekommen, nach Euch zu sehen, und sagten, Ihr wäret tot ... Ich ging und kam und sah Euch ... Ihr stöhntet, als ich hier stand. Als ich Euch sah, dachte ich – der stärkste Mensch in der Welt – da haben sie ihn erschlagen! ... solche Stärke, solche Stärke! Entschuldigt, Ihr tatet mir leid! Ich dachte, es wäre nötig, Euch mit Wasser abzuwaschen ... ich tat es, und da fingt Ihr an, Euch zu beleben ... Ich war darüber so froh ... ach, wie froh war ich ... Ihr glaubt's mir nicht, ja? Weil ich ein Jude bin? ja? Aber nein, Ihr werdet es glauben ... ich werde Euch sagen, warum ich mich freute, und was ich dachte ... ich sage die Wahrheit ... Ihr werdet nicht böse auf mich sein?«

»Ich schwör' es dir! ... Der Blitz soll mich erschlagen!«, beteuerte der zu Schanden geschlagene schöne Artem.

Kain rückte noch näher an ihn heran und dämpfte seine Stimme noch mehr.

»Ihr wisst, welch' gutes Leben ich habe? Ihr wisst es, ja? Entschuldigt, hab' ich denn nicht Schläge von Euch erduldet? Und habt Ihr denn nicht den räudigen Juden verspottet? Was? Ist das die Wahrheit? Ah! Ihr verzeiht mir die Wahrheit, Ihr habt's geschworen. Seid nicht böse! Ich sage nur, dass Ihr, wie alle übrigen Leute, den Juden verfolgt habt ... Warum, ah? Ist denn der Jude nicht Eures Gottes Sohn, und hat nicht derselbe Gott Euch und ihm die Seele gegeben?«

Kain sprach heftig und warf eine Frage nach der andern auf, ohne die Antworten abzuwarten: – plötzlich wallten all die Worte in ihm auf, mit denen er die ihm zugefügten Kränkungen und Beleidigungen in seinem Herzen angemerkt hatte, sie alle bebten in ihm auf und ergossen sich aus seinem Herzen wie ein heißer Strom. Artem wurde es unbehaglich vor ihm.

»Hör', Kain«, sagte er dumpf, »lass das! Ich sage dir ... wenn ich dich jetzt noch mit einem Finger anrühre ... oder sonst wer– ich schlage ihn in Stücke! Verstanden?«

»Aha!«, rief Kain triumphierend aus und schnalzte sogar mit der Zunge. »Seht –! Ihr seid vor mir schuldig ... verzeiht! Seid mir nicht böse deshalb, weil Ihr wisst, Ihr seid vor mir schuldig! Ich sage schuldig, aber ich weiß ja, oh, ich weiß, Ihr seid weniger schuldig als die andern ... ich verstehe das! Sie alle speien ihren garstigen Geifer nur auf mich, Ihr aber auf mich und auf alle andern! Ihr habt viele ärger beleidigt als mich ...

Da dachte ich – sieh, dieser starke Mensch schlägt und beleidigt mich nicht, weil ich ein Jude bin, sondern weil ich bin, wie sie alle, nicht besser als sie, und weil ich unter ihnen lebe ... Und ... ich habe Euch immer voll Furcht geliebt. Ich sah Euch an und dachte, auch Ihr könntet den Rachen des Löwen zerreißen und die Philister schlagen ... Ihr habt sie geschlagen ... und ich mochte gern sehen, wie Ihr das tatet ... Und auch mich verlangte es, stark zu sein ... aber ich bin wie ein Floh ...«

Artem lachte heiser.

»Das ist schon wahr – wie ein Floh! ...« Was ihm Kain sagte, hatte er kaum verstanden, aber es war ihm angenehm, die kleine Gestalt des Juden neben sich zu sehen. Und bei Kains erregtem, halblautem Geflüster ordneten sich allmählich seine Gedanken:

»Wie spät ist es jetzt? Ich meine, es ist um Mittag. Und wirklich keine kommt, den lieben Freund zu besuchen ... Und der Jude hier ist gekommen ... hat geholfen, sagt – ich hab' dich lieb, und ich habe ihn wie oft gekränkt ... Er rühmt meine Kraft ... Wird sie mir wiederkehren? Herrgott, dass sie wiederkäme!«

Schwer atmend, stellte sich Artem seine Feinde vor, von ihm zu Schanden geschlagen und ebenso geschwollen wie er. Und ebenso wie er werden sie sich kraftlos irgendwo hin- und herwälzen, aber zu ihnen kommen die Ihrigen, die Gefährten, und kein Jude ...

Artem blickte auf Kain, und ihm war, als würde es ihm von seinen Gedanken bitter in Hals und Mund. Er spie aus und seufzte schwer.

Aber Kain, schrecklich erregt, sprach immerfort mit vor Aufregung verzerrtem Gesicht, und am ganzen Körper zitternd.

»Und als Ihr weintet, hab' ich auch geweint ... So leid tat es mir um Eure Kraft ...«

»Und ich dachte, wer äfft mir da nach?«, lachte Artem mit finsterer Miene auf.

»Ich habe immer Eure Kraft geliebt ... und Gott gebeten: Ewiger Gott unser im Himmel und auf Erden und in fernen Himmelshöhen! Lass es geschehen, dass dieser starke Mensch meiner bedürfe! Lass es mich an ihm verdienen, dass seine Kraft mir zum Schilde werde! Lass mich durch sie vor Verfolgungen bewahrt bleiben, und mögen meine Verfolger durch sie umkommen! So habe ich gebetet ... und lange habe ich so meinen Gott angefleht, er möge mir aus dem stärksten meiner Feinde einen Beschützer schaffen, wie er Mardochai den König zum Beschützer gab, der alle Völker besiegt hatte ... Und also weintet Ihr, und ich weinte ... und plötzlich schriet Ihr mich an, und meine Gebete waren aus ...«

»Konnte ich das denn wissen, du wunderlicher Mensch ...«, lachte Artem verlegen auf.

Aber Kain hörte diese Worte kaum. Er bewegte sich hin und her, schwenkte die Arme nach oben und flüsterte fort und fort in leidenschaftlicher Weise, aus der Freude und Hoffnung klang, Vergötterung der Kraft dieses misshandelten Menschen, und Furcht und Bangigkeit.

»Angebrochen ist mein Tag, und allein bin ich um Euch. – Alle haben Euch verlassen, aber ich bin gekommen ... Ihr werdet doch wieder gesund werden, Artem? Dies ist doch nicht gefährlich für Euch? Und Eure Kraft wird Euch wiederkehren?«

»Ich stehe auf ... hab' keine Angst ... Und dich werde ich für deine Guttat behüten wie ein kleines Kind ...«

Artem fühlte, dass ihm allmählich besser wurde, – der Körper schmerzte weniger, und im Kopf wurde es heller. Er muss für Kain vor den Leuten eintreten – das ist gewiss! ...

Wie gut und aufrichtig er ist – sagt alles geradehin, wie's ihm ums Herz ist. So denkend, lächelte Artem plötzlich – schon lange quälte ihn ein unbestimmtes Verlangen, und jetzt verstand er, was es war.

»Ich möchte wohl etwas essen. Könntest du etwas Essbares beschaffen, Kain?«

Kain sprang so schnell auf die Füße, dass er fast an die Barke stieß. Sein Gesicht war entschieden verwandelt – etwas Starkes und zugleich Kindlich-Helles erschien darin. Artem, dieser fabelhafte Kraftmensch, bittet ihn, Kain, um etwas zu essen!

»Ich mache Euch alles, alles! Ich hab's schon hier, da, im Winkel! Ich hab' mich damit versorgt ... ich weiß. Wenn jemand krank ist, muss er essen ... nu, ja! Und als ich herkam, hab' ich einen ganzen Rubel ausgegeben.«

»Wir rechnen ab! Ich geb' dir zehn wieder ... Ich kann das ja ... selbst hab' ich's nicht ... Ich sage – gib! Und man gibt ...«

Und er fing gutmütig an zu lachen, und Kain strahlte noch mehr bei diesem Lachen und kicherte sogar. »Ich weiß ... Ihr werdet sagen, was Ihr wollt. Ich mache alles, alles!«

»Ja, sieh! ... wenn schon so ... dann reibe mich mit Branntwein ab! Gib nichts zu essen, sondern reibe mich zuerst ab ... kannst du?«

»Warum sollt' ich nicht können? Wie der beste Doktor mach ich's!«

»Vorwärts! Wenn du mich abgerieben hast, werd' ich aufstehen ...«

»Auf–stehen? Ach, nein, Ihr könnt nicht aufstehen!«

»Ich zeig' dir, dass ich kann! Soll ich hier etwa übernachten?

Du wunderlicher Mensch ... Reibe mich nur ab, und dann lauf in die Vorstadt zu der Piroggenverkäuferin Mokewna ... sag' ihr, dass ich zu ihr in den Schuppen übersiedeln will ... sie möchte dort Stroh aufschütten. Bei ihr lieg' ich's ab ... so! Für alles und jedes bezahl' ich dich ... zweifle nicht daran!«

»Ich glaub's«, sagte Kain, indem er Artem Branntwein auf die Brust goss, »ich glaub' Euch mehr als mir selbst ... Ach, ich kenn' Euch!«

»Oh–oh! Reibe, reibe ... Tut nichts, wenn es schmerzt ... reib' nur! Ah – ah – ah!... So, so, so ...«, brüllte Artem.

»Ich geh' für Euch ins Wasser ...«, erklärte Kain.

»So, so, so ... die Schulter da, die Schulter reibe ... Ach Teufel! Ordentlich haben sie mich durchgewalkt! Und an allem sind die Weiber schuld. Wär' das Weib nicht gewesen, wär' ich nüchtern geblieben ... und wenn ich nüchtern bin, dann komm' mir einer!«

Kain erklärte, während er seine Dienerrolle ausübte:

»Oh, die Weiber! Das sind – alle Sünden der Welt ... wir Juden haben sogar solch Morgengebet: Gepriesen seist du, ewiger Gott, Herr des Weltalls, dass du mich nicht als Weib geschaffen hast ...« »Nu? Nicht möglich!«, rief Artem aus. »So geradezu betet ihr zu Gott? Was seid ihr doch für Menschen ... Was ist denn das Weib? Es ist nur dumm ... und ohne das Weib geht's nicht ... Aber so zu Gott sogar zu beten ... das ist doch ... das ist doch kränkend für das Weib! Es fühlt doch auch ...«

Er lag groß und unbeweglich da – sein Umfang noch vergrößert durch die Beulen, und der kleine, gebrechliche Kain, vor Anstrengung außer Atem, mühte sich um ihn ab, indem er ihm aus allen Kräften Seiten, Brust und Leib abrieb, und hustete vom Branntweindunst.

Fortwährend gingen Leute am Flussufer hin und her; Stimmen und Schritte wurden gehört. Die Barke aber lag über einem sandigen Abhang von mehr als einem Faden Höhe, und von oben war sie nur dicht am Rande des Abhangs zu sehen. Ein mit Spänen und verschiedenem Schutt beworfener Sandstreifen trennte sie vom Flusse. Unter ihr war es noch schmutzig. Aber heute erregte sie ein großes Interesse bei den Leuten. Kain und Artem bemerkten, dass beständig an ihr vorübergegangen, sich darauf gesetzt und mit den Füßen an die Borde gestoßen wurde ... Auf Kain wirkte dies sehr schlecht. Er hörte zu sprechen auf und lächelte furchtsam und kläglich, indem er schweigend um Artem herumkroch.

»Hört Ihr? ...«

»Ich höre«, lachte der Riese zufrieden. »Ich verstehe ... sie überlegen, ob ich bald wieder bei Kräften sein werde ... sie müssen das ja auch wissen ... um ihre Rippen in Sicherheit zu bringen ... Ha, ha! Teufel! Es kränkt sie vermutlich, dass ich nicht krepiert bin ... Ihre Arbeit ist umsonst gewesen ...«

»Aber wisst Ihr was?«, flüsterte ihm Kain mit dem Ausdruck des Schreckens und der Warnung im Gesicht ins Ohr. »Wisst Ihr? Wenn ich fortgehe, und Ihr allein bleibt ... und sie dann zu Euch kommen und ... und ...« Artem öffnete den Mund und gab eine ganze Salve heiteren Gelächters von sich.

»Ach du ... Knirps! Du denkst also – dass sie vor dir Angst haben? Ach, du! ...«

»Ah! Aber ich kann doch Zeuge sein.«

»Sie geben dir eine Kopfnuss! ... ha, ha, ha! Und dann bezeug' es! ... in jener Welt.«

Kains Furcht wurde durch Artems Lachen verjagt, und feste, freudige Sicherheit nahm in der schmalen, eingefallenen Brust des Juden die Stelle der Furcht ein. Jetzt wird Kains Leben einen anderen Gang nehmen, jetzt besitzt er eine mächtige Hand, die stets die Schläge und Ungerechtigkeiten der Leute von ihm abwenden wird, die ihn ungestraft gefoltert haben ...

Ein Monat ungefähr war vergangen.

Einst eines Mittags, um die Stunde, wenn das Leben in Schichan einen besonders gespannten Charakter annimmt, wenn es sich konzentriert und seinen Siedepunkt erreicht, wenn die Esswarenhändler von den Haufen der Hafen- und Schiffsarbeiter mit leerem Magen und riesigen Nahrungsbedürfnissen umringt werden, und die ganze Straße von dem warmen Geruch gekochten verdorbenen Fleisches erfüllt ist, – zu dieser Stunde rief jemand halblaut:

»Artem kommt!«

Einige Lumpazi, die sich müßig in der Straße umhertrieben, eine Gelegenheit abpassend, sich einen Vorteil zu machen, verschwanden schnell. Scheel und verstohlen fingen die Bewohner Schichans voll Unruhe und Neugier an dorthin zu sehen, woher der Warnungsruf gekommen war.

Artem wurde längst mit großem Interesse erwartet, wobei leidenschaftlich erörtert wurde, in welcher Weise er erscheinen würde. Wie früher auch ging Artem inmitten der Straße, ging mit seinem gewöhnlichen, langsamen Gang des satten Menschen, der einen Spaziergang macht. In seinem Äußeren war nichts Neues. Wie immer hing ihm die Jacke über der einen Schulter, die Mütze war auf ein Ohr gesetzt ... und die schwarzen Locken hingen ihm, wie immer, in die Stirn. Den Daumen der rechten Hand hatte er in den Gurt gesteckt, die Linke war tief in der Hosentasche vergraben, und die Brust war reckenhaft vorgewölbt. Nur war es, als ob sein schönes Gesicht beseelter geworden wäre. Das ist nach Krankheiten stets so. Er ging und erwiderte die Begrüßungen mit nachlässigem Kopfnicken.

Die ganze Straße begleitete ihn mit Blicken und einem leisen Geflüster der Verwunderung und des Entzückens über diese unverwüstliche Kraft, die so leicht die Schläge ausgehalten hatte. Viele Leute waren in der Straße, die mit Groll von seiner Gesundung sprachen: die schimpften voll Verachtung auf diejenigen, die ihm nicht die Lunge zu zerschlagen und die Rippen zu zerbrechen verstanden hatten. Es kann ja doch keinen Menschen geben, der nicht zu Tode misshandelt werden kann! ... Die anderen stellten mit Vergnügen Mutmaßungen auf, wie der Riese mit dem »Roten Bock« und seinen Kameraden Abrechnung halten würde. Aber die Stärke ist umso bezaubernder, je größer sie ist, und die Mehrzahl befand sich unter dem Einfluss von Artems Kraft.

Und Artem ging bereits nach der »Räuberhöhle«, dem Klub von Schichan.

Als seine hohe, mächtige Gestalt auf der Schwelle der Schenke erschien, waren nur wenige Gäste in der langen, niedrigen Stube mit gewölbter Backsteindecke. Bei Artems Anblick erschallten zwei – drei Ausrufe unter ihnen, eine gewisse unruhige Bewegung entstand, und jemand nahm Reißaus in einen entfernten Winkel dieses Grabgewölbes, das feucht, von Tabaksdunst verräuchert, voller Schmutz und Schimmel war. –

Ohne irgendwen zu beachten überflog Artem die Schenke langsam mit den Augen und beantwortete den freundlichen Gruß des Büfettiers Ssawka Chlebnikoff mit der Frage:

»War Kain nicht da?«

»Er muss bald kommen ... Seine Zeit ist heran ...«

Artem trat an einen Tisch an einem der eisenvergitterten Fenster, bestellte Tee und besah sich, seine großen Hände auf den Tisch legend, gleichgültig das Publikum. Etwa zehn Leute, lauter Landstreicher, waren in der Schenke; sie hatten sich an zwei Tischen in ein Häuflein zusammengedrängt und beobachteten Artem von dort aus. Als aber ihre Augen denen des schönen Artem begegneten, lächelten die Beobachter unruhig und entgegenkommend; augenscheinlich hatten sie den Wunsch, sich mit Artem in eine Unterhaltung einzulassen, aber jener sah sie schwer und finster an. Und alle schwiegen, da sich keiner entschloss, ihn anzureden. Chlebnikoff, der am Büffet geschäftig war, summte sich etwas in den Bart und sah sich mit Fuchsaugen um.

Durch die Fenster drang dumpfer Straßenlärm und schallten derbe Schimpfworte, Beteuerungen und Ausrufe der Händler herein. Ganz nahe fielen klirrend Flaschen hin und zerschmetterten auf dem Steinpflaster. Artem wurde es ganz langweilig, in diesem dumpfen Keller zu sitzen ...

»Nu, ihr Wölfe«, redete er sie plötzlich laut und langsam an, – »was seid ihr so zahm geworden? Glotzen und reden nicht ...«

»Wir können auch reden, Ew. Gestrengen!«, sagte der »schlechte Bräutigam«, indem er aufstand und zu Artem kam.

Das war ein hagerer Mensch in einer Segeltuchjacke und Soldatenhosen, kahlköpfig, mit einem Spitzbart und kleinen roten, tückisch zusammengekniffenen Augen. »Du bist krank gewesen, heißt es?«, fragte er, indem er sich Artem gegenüber setzte.

»Nu?«

»Nichts ... du warst lange nicht zu sehen ... Man fragt – wo ist denn Artem? Es heißt, er beliebt krank zu sein ...«

»So ... Nu?«

»Noch ... nu? Fahren wir weiter fort ... Was hat dir denn gefehlt?«

»Das weißt du nicht?«

»Hab' ich dich denn kuriert?«

»Das alles lügst du ja, Hund«, lächelte Artem. »Und warum lügst du? Du weißt ja doch die Wahrheit.«

»Ich weiß ...«, sagte der Bräutigam, auch lächelnd.

»Warum lügst du also?«

»So ist's klüger, folglich ...«

»Klüger. Ach du ... Lump!«

»Ja ... denn sagt man dir die Wahrheit, wirst du am Ende böse ...«:

»Ich spuck' darauf!«

»Danke! Und auf deine Genesung lässt du uns nicht trinken?«

»Bestelle ...«

Der Bräutigam bestellte eine halbe Flasche Branntwein und lebte auf.

»Was hast du für'n leichtes Leben, Artem! ... Immer hast du Geld ...«

»Nu, also?«

»Nichts ... Die Weiber – verfluchten – kommen dir zu Hilfe!«

»Und dich sehen sie nicht an.«

»Warum nicht gar! Wir find nicht dazu angetan, um es dir gleichtun zu können«?, seufzte der Bräutigam.

»Weil die Weiber gesunde Männer lieben. Was bist du? Aber ich bin ein reinlicher Mensch, das ist es ...« In diesem Tone unterhielt sich Artem stets mit den Landstreichern. Seine gleichgültige, träge, tiefe Stimme gab seinen Worten eine besondere Kraft und Schwere, und sie waren immer grob und kränkend. Vielleicht fühlte er, dass diese Leute in vielem schlimmer, aber in allem und immer klüger waren als er.

... Kain erschien mit seinem Warenkasten vor der Brust und mit einem gelben Kattunkleid auf dem Arm. Von dem ihm eigenen Furchtgefühl bedrückt, stand er in der Tür, reckte den Hals und sah sich mit unruhigem Lächeln im Innern der Schenke um; als er aber Artem erblickte, strahlte er vor Freude. Artem sah ihn an und lächelte breit, indem er die Lippen regte.

»Komm zu mir her!«, rief er Kain zu, und sich an den Bräutigam wendend, befahl er ihm spöttisch:

»Und du geh weg ... Mach' einem Menschen Platz ...«

Des Bräutigams rote, borstige Fratze wurde einen Moment ganz starr vor Verwunderung und Verdruss; er erhob sich langsam vom Stuhl, sah seine Kameraden an, die nicht weniger betroffen waren als er und Kain, der geräuschlos und vorsichtig an den Tisch getreten war ... und spie plötzlich erbost auf den Boden.

»Pfui!«

Danach ging er langsam und schweigend an seinen Tisch, wo sich sogleich ein dumpfes Gemurmel erhob, aus dem Laute des Spottes und des Zornes deutlich zu hören waren. Kain lächelte immerfort verwirrt und froh und schielte zugleich voll Unruhe nach dem beleidigten Bräutigam und seiner Gesellschaft.

Aber Artem sagte gutmütig zu ihm:

»Nu, wir wollen Tee trinken, Kaufmann ... Piroggen kaufen, – wirst du Piroggen essen? Was siehst du dahin? ... Mach' dir nichts daraus, hab' keine Angst ... Ich werd' ihnen gleich 'ne Predigt halten ...«

Er stand auf, warf mit einer Schulterbewegung die Jacke zu Boden und trat an den Tisch der Unzufriedenen. Hoch und stark, mit vorgewölbter Brust, die Schultern bewegend und sich auf jede Weise mit seiner Stärke brüstend, stand er mit einem Lächeln auf den Lippen vor ihnen, und sie, in lauernder Haltung verharrend, schwiegen, bereit, fortzulaufen.

»Nu ...«, fing Artem an, »was knurrt ihr?«

Er wollte etwas schrecklich Gewaltiges sagen, aber er fand keine Worte und hielt an ...

»Sag's auf einmal!«, winkte der schlechte Bräutigam mit der Hand, indem er die Lippen verzog. »Sonst bleibt uns lieber so weit wie möglich vom Leibe, du Dummkopf! ...«

»Schweig!«, runzelte Artem die Brauen ... »Du bist erbost, es ist dir schimpflich, dass ich mit dem Juden Freundschaft halte und dich fortgejagt habe ... Ich sage euch allen – der Jude ist besser als ihr! Weil er Menschenfreundlichkeit besitzt und ihr nicht ... Er wird nur gequält ... aber jetzt nehme ich ihn in meinen Schutz ... und wenn irgendein Gespenst von euch ihm etwas zuleide tut – dann hat ers mit mir zu tun! Ich sage frei heraus – nicht schlagen, aber peinigen werde ich ...«

Seine Augen loderten in wildem Feuer, die Adern an seinem Halse schwollen, und die Nasenflügel bebten.

»Dass ich in der Betrunkenheit geschlagen worden bin, hat für mich nichts zu bedeuten! Meine Kraft ist nicht geringer, nur mein Herz ist noch fühlloser geworden ... Richtet euch danach! Für Kain, für jedes beleidigende Wort, das ihr zu ihm sagt, trete ich ein und misshandle denjenigen zu Tode. Das sagt allen andern ...«

Er atmete tief auf, als hätte er eine Last abgeworfen, und ging davon, ihnen den Rücken zukehrend ...

»Gut geschossen!«, rief der schlechte Bräutigam halblaut und schnitt ein klägliches Gesicht, als er sah, wie sich Artem Kain gegenübersetzte.

Kain saß, bleich vor Aufregung, am Tische, und voller Gefühle, die Worte nicht auszudrücken vermögen, hafteten seine weit geöffneten Augen unverwandt auf Artem.

»Hast du gehört?«, fragte ihn dieser streng. »Siehst du ... Wisse also, wenn jemand dir zu nahe tritt, komm zu mir gelaufen und sag's. Ich komme sofort und renke ihm die Knochen aus ...«

Der Jude murmelte etwas, entweder betete er zu Gott oder er dankte dem Menschen. Nachdem der »schlechte Bräutigam« und seine Gesellen miteinander geflüstert hatten, verließen sie einer nach dem andern die Schenke. Als der Bräutigam an Artems Tisch vorbeiging, summte er vor sich hin:

»Würde beim Verstande mein
Geld 'ne schwere Menge sein,
Ei, wie gut doch wäre das, –
Tränke ohne Unterlass«,

und beendete, nachdem er Artem angeblickt hatte, sein Lied unerwartet mit seinen eigenen Worten, indem er eine Fratze schnitt und mit dem Fuß den Takt trat:

»– Alle Narren würd ich kaufen,
Und im Schwarzen Meer ersaufen.
Siehst du wohl! –«,

und schlüpfte schnell zur Tür hinaus.

Artem schimpfte los und sah sich um. In dem halbdunklen, verräucherten, dunstigen Gewölbe waren nur drei Leute geblieben – er, Kain ihm gegenüber und Ssawka am Büffet.

Ssawkas Fuchsaugen begegneten Artems schwerem Blick, und sein langes Gesicht nahm den Ausdruck süßester Frömmigkeit an.

»Herrlich und vortrefflich handelst du, Artem Michailitsch!«, sagte er, sich den Bart streichend. »Ganz nach dem Evangelium ... Wie im Gleichnis vom barmherzigen Samariter ... Voll Eiter und Schwären war auch Kain ... Und du hast ihn nicht verabscheut.«

Artem hörte nicht seine Worte, sondern nur ihr Echo. Von der gewölbten Decke widerhallend, tönte es durch die dicke, dunstige Luft und schallte ihm ins Ohr. Artem schwieg und schüttelte leise den Kopf, als wolle er diese Laute verscheuchen. Aber sie schallten und pickten ihm ins Ohr, ihn erzürnend. Es war schwül und langweilig. Auf Artems Herz legte sich eine sonderbare Schwere.

Er sah Kain starr an.

Sich verbrennend und auf die Untertasse blasend, trank der Jude, den Kopf beugend, gierig seinen Tee, und die Tasse zitterte in seinen Händen. Dann und wann ertappte Artem einen flüchtigen Blick Kains auf sein Gesicht, und es wurde ihm dadurch noch langweiliger. Ein dumpfes Gefühl der Unzufriedenheit mit irgendetwas entstand in seiner Brust, seine Augen verdunkelten sich, und er sah sich wild um. Wie Mühlsteine drehten sich Gedanken ohne Worte in seinem Kopfe herum. Früher hatten sie ihn nicht heimgesucht, aber zur Zeit der Krankheit waren sie gekommen. Und sie gehen nicht fort ...

Durch die wie im Gefängnis mit eisernen Gittern versehenen Fenster tönt betäubender Straßenlärm herein ... Feuchte, schwere Steinmassen hängen über dem Kopfe, schlüpfrig von Schmutz, mit Kehricht bedeckt, ist der Ziegelboden ... Und dieser kleine, zerlumpte, furchtsame Mensch ... Er sitzt, zittert und schweigt ... Und in den Dörfern beginnt bald die Ernte. Hinter dem Flusse, der Stadt gegenüber, reicht das Gras in den Wiesen schon fast bis zum Gurt. Und wenn der Wind von dort herüberweht und solche verlockenden Düfte mitbringt ... dann möchte er wohl die Sense nehmen und die Wiese entlanggehen!

»Was schweigst du immer, Kain?«, fing Artem unzufrieden zu sprechen an. »Hast du denn noch immer Angst vor mir? Ach, du bist ein konfuser Mensch! ...«

Kain hob den Kopf und schüttelte ihn sonderbar, aber sein Gesicht war verwirrt und kläglich.

»Was soll ich sagen? Und mit welcher Zunge soll ich mit Euch reden? Mit dieser?« Der Jude steckte die Zungenspitze aus und zeigte sie Artem, »mit welcher ich mit allen anderen Leuten rede? Schäme ich mich denn nicht, mit dieser Zunge zu Euch zu reden? Ihr denkt, ich weiß nicht, dass Ihr Euch auch schämt, neben mir zu sitzen? Wer bin ich und wer Ihr? – Denkt Ihr denn, Artem, großherzige Seele, der Ihr seid wie Judas Makkabäus! ... was Ihr tätet, wenn Ihr wüsstet, wozu Euch Gott erschaffen hat? Ah! Niemand kennt die großen Geheimnisse des Schöpfers, und niemand kann erraten, wozu das Leben ihm gegeben ist. Ihr wisst nicht, wie viel Tage und Nächte meines Lebens ich gedacht habe: Wozu lebe ich? Wozu mein Geist und mein Verstand? Was bin ich den Menschen? Nichts als ein Gegenstand, den sie mit ihrem giftigen Geifer besudeln. Und was sind die Menschen mir? Gewürm, das mich an jeder Stelle meines Leibes und meiner Seele verwundet hat ... Wozu bin ich auf Erden? Und warum kenne ich nur Unglück ... und die Sonne hat keinen Strahl für mich!«

Er sprach diese Worte in leidenschaftlichem, halbem Flüsterton, und – wie immer in den Augenblicken der Erregung seiner leidzerrissenen Seele – bebte sein ganzes Gesicht.

Artem verstand seine Reden nicht, aber hörte und sah, dass Kain sich beklagte. Dadurch wurde ihm noch schwerer zumute.

»Nu, wieder die alte Leier!«, schüttelte er ärgerlich den Kopf. »Ich hab dir ja doch gesagt, dass ich dir beistehen will!«

Kain lachte leiser und bitter.

»Wie könnt Ihr vor dem Angesichte meines Gottes für mich einstehen? Er ist es, der mich verfolgt ...«

»Nu das ... natürlich! Gegen Gott kann ich nichts«, pflichtete Artem treuherzig bei und gab dem Juden mitleidig den Rat: »Dulde nur! Gegen Gott ist nichts zu machen.«

Kain sah seinen Beschützer an und lächelte ... auch mitleidig. So bemitleidete zuerst der Starke den Klugen, dann bemitleidete die Klugheit die

Stärke, und zwischen den beiden Gefährten entstand ein Rapport, der sie einander etwas näherte.

»Bist du verheiratet?«, fragte Artem.

»Oh, ich habe für meine Kräfte eine große Familie ...«, seufzte Kain schwer.

»Ach du!«, sagte der Hüne. Es wurde ihm schwer, sich ein Weib vorzustellen, das den Juden lieben könnte, und er sah denselben mit neuem Interesse an, der so schwächlich, klein, schmutzig und verschüchtert war.

»Ich hatte fünf Kinder, jetzt noch vier. Ein Mädchen, Chaja, hustete, hustete immerfort und ist gestorben ... Mein Gott ... mein Herr und Gott! ... And meine Frau ist auch krank ... hustet immer ...«

»Das ist schwer für dich«, sagte Artem und verfiel in Gedanken.

Kain ließ den Kopf hängen und dachte auch nach.

In die Tür der Schenke waren Leute gekommen, traten ans Büffet und unterhielten sich dort halblaut über etwas mit Ssawka. Er erzählte ihnen geheimnisvoll etwas, indem er nach Artem und Kain hinblinzelte, und die Leute sahen die beiden spöttisch und verwundert an. Kain hatte diese Blicke bereits bemerkt und war zusammengefahren. Aber Artem stellte sich wieder sich selbst auf der Wiese vor, mit einer Sense in den Händen ... Die Sense saust, und mit leisem Rauschen legt sich das Gras ihm zu Füßen ...

»Geht Ihr fort, Artem ... oder wenn Ihr nicht wollt, geh ich ... Da sind Leute gekommen«, flüsterte Kain, »und sie lachen über Euch um meinetwillen ...«

»Wer lacht?«, brüllte Artem auf, aus seinen Träumen erwachend, indem er seine Augen wild umherschweifen ließ.

Aber alle in der Schenke waren ernst und in ihre Angelegenheiten vertieft. Nicht einen Blick fing Artem auf. Und finster die Brauen runzelnd, sagte er zu dem Juden:

»Das lügst du ... Du beklagst dich unnütz ... Gib acht, das ist kein Spiel! Beklage dich, wenn etwas gegen dich verschuldet wird. Oder vielleicht willst du mich auf die Probe stellen, hast es absichtlich gesagt?«

Kain lächelte ihm wehmütig ins Gesicht und antwortete nicht. Einige Minuten saßen beide schweigend da. Dann stand Kain auf, hing seinen Kasten um den Hals und machte sich zum Fortgehen bereit. Artem reichte ihm die Hand:

»Gehst du? Nu, geh, handle ... Ich bleib noch ein bisschen hier sitzen ...«

Mit seinen beiden kleinen Händen schüttelte Kain die Riesentatze seines Beschützers und ging schnell davon.

Auf die Straße hinausgekommen, trat er hinter eine Ecke, blieb dort stehen und sah von dort hervor. Er Konnte die Tür der Schenke sehen und brauchte nicht lange zu warten. Bald erschien Artems Gestalt in dieser Tür, wie in einem Rahmen. Seine Brauen waren zusammengezogen, und sein Gesicht sah aus, als fürchte Artem etwas ihm Unangenehmes zu sehen. Er betrachtete die auf der Straße sich drängenden Leute lange und anhaltend, dann nahm sein Gesicht den gewohnten faulgleichgültigen Ausdruck an, und er ging durch die Menge hindurch, dorthin, wo sich die Straße an den Berg lehnte, – augenscheinlich nach seinem Lieblingsplatze.

Kain sah ihm mit bangem Blicke nach und das Gesicht mit den Händen bedeckend, lehnte er sich mit der Stirn an die eiserne Speichertür, neben der er stand ...

Artems schwerwiegende Drohung verfehlte nicht ihre Wirkung – sie flößte Schrecken ein, und der Jude wurde nicht mehr verfolgt.

Kain sah deutlich, dass in dem Dornengesträuch, durch welches er seinem Grabe zuwanderte, der Dornen weniger wurden. Es war, als hörten die Leute auf, seine Existenz zu bemerken. Wie früher schlüpfte er, seine Waren ausrufend, flink zwischen ihnen hindurch, aber ihm wurde nicht mehr absichtlich auf die Füße getreten, wie es früher geschah, er wurde nicht mehr in die hageren Seiten gestoßen, ihm nicht mehr in den Kasten gespien ... obschon sie ihn früher nicht so kalt und feindlich angesehen hatten, wie sie es jetzt taten.

Mit seiner feinen Witterung für alles, was ihn betraf, bemerkte er auch diese neuen Blicke und fragte sich, – was sie bedeuten und womit sie ihn bedrohen? Viel dachte er darüber nach und konnte nicht begreifen, warum er so angesehen wurde ... Und ihm fiel ein, dass sie sich früher, wenn auch selten, freundschaftlich in ein Gespräch mit ihm eingelassen, sich manchmal nach dem Gange seiner Geschäfte erkundigt und dann und wann sogar gespaßt und keineswegs böse gespaßt hatten ...

Kain wurde nachdenklich. So pflegt es ja immer zu sein, dass der Mensch geneigt ist, in der Vergangenheit auch das geringste Gute zu sehen, das er früher nicht bemerkt hat ...

Er dachte nach, lauschte feinhörig und beobachtete scharfsichtig. Einmal traf sein Ohr ein neues Lied, das der schlechte Bräutigam, der Troubadour dieser Straße, gemacht hatte. Dieser Mensch erwarb mit Musik und Gesang sein Brot; acht hölzerne Esslöffel dienten ihm als Instrument; er nahm sie zwischen die Finger und schlug sich damit auf die aufgeblähten Wangen, auf den Leib, fingernd schlug er die Löffel aneinander, und es ergab sich eine ordentliche Begleitung zum Rezitativ der Couplets, die er auch selbst verfasste. War diese Musik auch wenig angenehm, so erforderte sie dafür von dem, der sie ausübte, die Geschicklichkeit eines Taschenspielers; Geschicklichkeit in jeder Hinsicht aber wusste das Publikum dieser Straße zu schätzen.

Und so stieß Kain einmal auf eine Gruppe Menschen, inmitten welcher der Bräutigam, mit seinen Löffeln ausgerüstet, munter also sprach:

»Heda, ehrenwerte Herren, Reservearrestanten! Ich spiele ein neues Stück, eben erst gebacken – noch ganz heiß! Pro Schnauze eine Kopeke, und wer 'ne Fratze hat, zahlt mehr! Ich fange an!

»– Kommt die Sonn' ins Fenster nein –
Freuen sich die Leute,
Steige aber ich hinein ...«

»Das haben wir schon gehört!«, rief skeptisch einer aus dem Publikum.

»Das wissen wir! Vor dem Brot werd ich dir doch nicht umsonst 'nen Kuchen geben ...«, erklärte der Bräutigam, indem er mit den Löffeln klapperte und im Singen fortfuhr:

»Ach, bitter ist mein Leben!
Ich habe wenig Glück.
Vater und Bruder wurden gehängt,
Und bei mir riss der Strick! ...«

»Schade!«, erklärte das Publikum.

Aber die Kopeken gaben sie dem Bräutigam, denn sie wussten, dass er ein gewissenhafter Mensch war, und wenn er ein neues Lied versprochen hatte, so würde er es schon geben. »Jetzt das neue, jeder sich freue!« Und die Löffel schlugen einen aufreizenden Wirbel.

»Bekannt ward der Ochs mit der Spinne,
Bekannt wurden Jude und Narr,
Auf dem Schwanz trägt der Ochs die Spinne,
Weibern wird verhandelt der Narr.
Heda, ihr ...«

»Stop, Maschine! Herrn Kain meine Empfehlung mit einem Zaunpfahl! Haben Sie beliebt, das Lied anzuhören, Kaufmann? Es ist nicht für Sie gemacht ... gehen Sie Ihres Weges!«

Kain verschwendete sein Lächeln vor dem Artisten und ging seufzend mit einem bösen Vorgefühl von ihm fort.

Er schätzte diese Tage und fürchtete für sie. Jeden Morgen erschien er auf der Straße, fest überzeugt, dass heut niemand wagen würde, ihm seine Kopeken abzunehmen. Und seine Augen waren etwas klarer und ruhiger geworden. Artem sah er täglich, aber wenn der Recke ihn nicht rief, ging Kain nicht zu ihm heran.

Artem aber rief ihn selten heran, und wenn er ihn rief, fragte er:

»Nu was – lebst du?«

»Oh ja! Ich lebe ... und ich danke Euch«, sagte Kain mit froh glänzenden Augen.

»Rührt dich keiner an?«

»Können sie denn wider Euch?«, rief der Jude voll Furcht aus.

»Nu ... eben! ... Aber wenn – dann sag's.«

»Ich sag' es!«

»Also ...«

Finsteren Auges maß er die kleine Gestalt des Juden und entließ ihn.

»Geh nur – handeln!«

Und Kain ging schnell von seinem Beschützer hinweg, stets auf sich die spöttischen und bösen Blicke des Publikums empfindend, Blicke, die ihm bange machten.

So war etwa ein Monat vergangen.

Und da einmal abends, als Kain schon nach Hause gehen wollte, begegnete ihm Artem. Nachdem er mit dem Kopf genickt, winkte ihn dieser mit dem Finger zu sich heran. Kain eilte schnell zu ihm und sah, dass Artem düster und verdrießlich aussah, wie eine Herbstwolke.

»Bist du für heut mit dem Handeln fertig?«, fragte er.

»Ja ... ich wollte schon nach Hause gehen ...«

»Wart noch ... komm mal mit, ich will dir was sagen ...«, sagte Artem dumpf.

Und groß und schwer schritt er voran, und Kain schritt hinter ihm.

Sie verließen die Straße und wandten sich dem Flusse zu, wo Artem an dem steilen Ufer eine einsame Stelle hart an den Wellen fand.

»Setz dich«, sagte er zu Kain.

Jener setzte sich, indem er seinen Beschützer ängstlich von der Seite ansah. Artem krümmte den Rücken und fing an, langsam eine Zigarette zu drehen, und Kain blickte gen Himmel, auf den Mastenwald am Ufer, auf das jenseitige Flussufer, auf die ruhigen, in Abendstille verharrenden Wellen und suchte sich vorzustellen, was der Hüne ihm zu sagen habe.

»Nu«, fragte Artem, »lebst du?«

»Ich lebe, oh! Jetzt hab ich keine Angst …«

»Nu, das ist gut.«

»Ich danke …«

»Warte!«, sagte Artem.

Und er schwieg lange und schwer, indem er hastig an der Zigarette drehte, während der Jude seine Worte, dunkler, ängstlicher Ahnungen voll, erwartete.

»N-ja, … Also geht's jetzt leidlich, dir wird nichts getan?«

»Oh, sie fürchten Euch! Sie alle sind wie Hunde, und Ihr – wie ein Löwe! And jetzt kann ich …«

»Warte!«

»N-nu? Was wollt Ihr mir denn sagen?«, fragte Kain mit Zittern.

»Sagen? Das ist nicht so einfach …«

»Was ist es denn?«

»Ah! … siehst du … wir wollen ohne Umschweife reden. Mit einem Mal, und alles!«

»Aha!«

»Ich muss dir sagen, dass ich länger – nicht kann …«

»Was? Was könnt Ihr nicht?« …

»Nichts! Ich kann nicht! Es ist mir zuwider … Es geht nicht … Das ist meine Sache nicht …«, sagte Artem aufseufzend.

»Was denn? Nicht Eure Sache … was?«

»Alles das … du und alles … Ich will dich nicht mehr kennen … weil – das mich nichts angeht.«

Kain sank in sich zusammen, als hätte er einen Schlag bekommen, und schwieg.

»Und wenn sie dich beleidigen, komm nicht zu mir und beklage dich … ich kann dir nicht helfen … und will dich nicht beschützen. Hast du verstanden? Ich kann das nicht …«

Kain schwieg, wie tot.

Aber Artem atmete befreit auf, als er diese Worte gesagt hatte, und fuhr klarer und zusammenhängender fort:

»Dafür, dass du damals Mitleid mit mir gehabt hast, kann ich dich bezahlen. Wie viel willst du? Sag, und du bekommst es. Aber bedauern kann ich dich nicht … Das ist nicht in mir … und ich hab mich bloß so angestellt. Ich dachte es wohl, aber es ist doch bloß Täuschung. Ich kann gar kein Mitleid haben.«

»Weil ich – ein Jude bin?«, fragte Kain leise.

Artem sah ihn von der Seite an und sagte einfach eines jener Worte, welche aus dem Herzen kommen:

»Was – Jude? Vor Gott sind wir alle Juden ...«

»Warum also?«, fragte Kain leise.

»Weil ich eben nicht kann! Verstehst du, ich habe kein Mitleid für dich ... und für niemand ... Und versteh auch das: ... einem andern hätt' ich es nicht gesagt, sondern ihm einfach eins an den Schädel gegeben! Aber dir sag' ich's ...«

»Wer stehet bei mir wider die Boshaftigen? Wer tritt zu mir wider die Übeltäter?«, fragte der Jude leise und traurig mit den Worten des Psalmisten.

»Ich kann nicht ...«, schüttelte Artem verneinend den Kopf. – »Nicht deshalb, weil sie lachen ... ich scher' mich den Teufel um ihr Lachen! ... Ich bedaure dich nicht ... Und für das andere ... bezahl' ich dich lieber ...«

Oh, rächender Gott! Ewiger Gott der Vergeltung, erscheine! Erhebe dich, du Richter der Welt ...«, betete Kain, ganz in sich zusammengesunken.

Der Sommerabend war still und warm. Traurig-freundlich lag der Widerschein der Sonnenuntergangsstrahlen auf dem Wasser. Von der Böschung fiel der Schatten auf Kain und Artem.

»Bedenke«, sagte Artem traurig und überredend, »was jetzt meine Aufgabe ist! Du verstehst das nicht ... aber ich – ich muss für mich selber einstehen ... wie haben sie mich zuschanden geschlagen, – weißt du noch?«

Er knirschte mit den Zähnen und rückte auf dem Sande hin und her, dann legte er sich auf den Rücken, die Arme unter dem Kopf, und die Beine gegen den Fluss ausgestreckt.

»Ich kenne sie jetzt alle ...«

»Alle?«, fragte Kain niedergeschlagen.

»Alle! Jetzt beginnt meine Abrechnung mit ihnen ... Und du hinderst mich ...«

»Wieso kann ich dich hindern?«, rief der Jude aus.

»Nicht gerade hindern, aber ... das ist die Sache – ich bin auf alle Leute erbittert. Bin ich schlechter als sie? Das ist es ..., und du bist mir folglich – überflüssig. Verstanden?«

»Nein!«, antwortete der Jude sanft und schüttelte den Kopf.

»Du verstehst nicht? Was bist du für einer! Du willst bedauert werden
– ja? Nu, und ich kann jetzt mit niemand Mitleid haben ... Ich habe kein
Mitleid ...«

Er stieß den Juden in die Seite und fügte hinzu:

»Gar keins. Verstanden?«

Langes Schweigen trat ein. Um die beiden Gefährten tönte in der
warmen, duftigen Luft das Geplätscher des Wassers, und fernher von
dem verschlafenen, dunklen Flusse kamen dumpfe, ächzende Laute.

»Was soll ich jetzt machen?«, fragte Kain endlich, aber er bekam keine
Antwort, denn Artem war eingeschlafen oder dachte über etwas nach.

»Wie werde ich leben ohne Euch?«, sagte der Jude lauter.

Artem sah gen Himmel und antwortete ihm:

»Das musst du schon selber bedenken ...«

»Mein Gott, mein Gott!«

»Das kann man doch nicht so mit einem Male sagen – wie leben«, sagte Artem träge.

Nachdem er gesagt hatte, was er wollte, wurde er mit einem Mal klar
und ruhig.

»Ich wusste das ja ... schon damals, als ich zu Euch kam, als Ihr geschlagen wart, wusste ich schon ... dass Ihr mir nicht lange beistehen
würdet ...«

Und der Jude sah mit flehenden Blicken Artem an, aber begegnete
nicht seinen Augen.

»Vielleicht deshalb, weil meinetwegen über Euch gelacht wird?«, fragte Kain vorsichtig und fast flüsternd.

»Die? Was sind mir die?«, lachte Artem auf, indem er die Augen öffnete. »Wenn ich Lust hätte, setzte ich dich auf die Schultern und trüge dich
durch die Straße. Lass sie lachen ... Aber das ist vergeblich ... Man muss
alles der Wahrheit gemäß machen ... Dem Herzen nach ... Was nicht
darin ist – das nicht ... Und mir, Bruder, ich sag' es geradezu, ist es zuwider, dass du so bist ... ja! Darauf kommt's hinaus.«

»Ach! ... richtig. Nu, und was jetzt?! Soll ich gehen?«

»Geh, so lange es hell ist ... noch wird man dir nichts tun. Unser Gespräch kennt ja niemand ...«

»Ja–a. Und Ihr sagt es niemand, ah?«, fragte Kain.

»Nu ... natürlich. Aber komm mir nicht oft vor Augen ...«

»Gut«, willigte der Jude leise und traurig ein und stand auf.

»Es wär' besser für dich, wenn du an einen andern Ort handeln gingst«, sagte Artem gleichgültig. »Denn hier – ist das Leben hart ... Ganz offen wird einem aufgelauert ...«

»Wohin sollt' ich wohl gehen?«

»Nu denn ... wie du meinst.«

»Lebt wohl, Artem.«

»Leb wohl, Bruder!«

Und liegend reichte er dem Juden die Hand und drückte mit seinen Fingern dessen trockene Knochen.

»Leb wohl ... Nimm es nicht übel ...«

»Ich nehme es nicht übel«, seufzte der Jude bedrückt.

»Nu also ... Es ist doch besser so, urteile selbst ... Du bist doch kein Kamerad für mich ... Sollte ich denn für dich leben? Das geht nicht ...«

»Lebt wohl!«

»Geh nur ...«

Kain ging gesenkten Hauptes und sehr gebeugt den Fluss entlang.

Der schöne Artem wandte den Kopf nach ihm, und nach einigen Sekunden nahm er wieder seine frühere Lage ein, mit dem Gesicht gen Himmel, den die Nähe der Nacht schon verdunkelte.

Seltsame Laute entstanden und verhallten in der Luft. Der Fluss plätscherte einförmig, traurig und bang am Ufer.

Doch Kain kehrte wieder um, nachdem er fünfzig Schritt gegangen war, trat an Artems mächtige, auf der Erde ausgestreckte Gestalt und fragte leise und ehrerbietig, indem er vor ihr stehen blieb:

»Vielleicht habt Ihr's Euch anders überlegt?«

Artem schwieg.

»Artem!«, rief Kain und wartete lange auf eine Antwort. »Artem! Vielleicht tut Ihr nur so?«, wiederholte der Jude mit zitternder Stimme. »Denkt doch daran, wie ich Euch damals ... ah? Artem!? Niemand kam zu Euch, aber ich kam ...«

Ihm zur Antwort ertönte ein schwaches Schnarchen.

... Kain stand noch lange vor dem starken Artem und blickte immerfort in sein leblos-schönes, vom Schlaf gemildertes Gesicht. Die reckenhafte Brust hob sich gleichmäßig, und der durch die Atemzüge bewegte schwarze Schnurrbart ließ die festen, glänzenden Zähne des schönen Menschen sehen. Es war, als lächle er ...

Tief aufseufzend, neigte der Jude sein Haupt noch tiefer und ging wieder an das Flussufer.

Zitternd vor Furcht vor dem Leben, ging er vorsichtig – auf freien, weiten, monderhellten Stellen mäßigte er den Schritt, in den Schatten tauchend – schlich er langsam ...

Und er glich einem Mäuschen, einem kleinen, feigen Diebe, der sich durch viele Gefahren, die ihn von allen Seiten bedrohen, zu seinem Neste schleicht. –

Und schon brach die Nacht herein, und am Ufer des Flusses war es öde ...

Jemeljan Pilay

»Es bleibt weiter nichts übrig, als nach der Saline zu gehen! Das ist zwar die allerverfluchteste Arbeit, aber man muss sie ergreifen, weil man sonst noch vor Hunger krepiert.«

Indem er dies sagte, zog mein Gefährte Jemeljan Pilay zum zehnten Male seinen Tabaksbeutel aus der Tasche, seufzte, als er sich überzeugt hatte, dass derselbe ebenso leer war wie gestern, spie aus und fing an zu pfeifen, indem er sich auf den Rücken warf und den wolkenlosen, Schwüle atmenden Himmel ansah. Wir lagen auf einer sandigen Landzunge etwa drei Werst von Odessa, das wir verlassen hatten, weil wir keine Arbeit fanden, und da uns hungerte, erörterten wir jetzt die Frage, wohin gehen. Jemeljan streckte sich auf dem Sande aus, den Kopf nach der Steppe, die Füße nach dem Meere, und die auf das Ufer laufenden, leise rauschenden Wellen wuschen seine nackten und schmutzigen Füße. Vor der Sonne blinzelnd, dehnte er sich bald wie eine Katze, bald wälzte er sich tiefer ins Meer, und da rollte eine Welle fast bis an seine Schultern. Das behagte ihm, denn es versetzte ihn in eine trägmelancholische Stimmung.

Ich blickte nach dem Hafen, wo sich ein dichter Mastenwald erhob, von schweren, schwarzgrauen Rauchwolken eingehüllt, und von wo über das Meer das disharmonische Geräusch der Ankerketten tönte, das Pfeifen der Lokomotiven, welche das Frachtgut heranschafften, und die lebhaften Stimmen der Arbeiter, welche die Schiffe beluden, Ich erblickte dort nichts, das unsere erloschene Hoffnung auf Erwerb neu belebt hätte, und sagte aufstehend zu Jemeljan:

»Nu, wohlan, gehen wir nach der Saline!«

»So ... geh! ... Wirst du's denn zustande bringen?«, fragte er gedehnt, ohne mich anzusehen.

»Das werden wir dort sehen.«

»So gehen wir also?«, wiederholte Jemeljan, ohne ein Glied zu rühren.

»Nu, natürlich!«

»Aha! Nu, recht so ... gehen wir denn! Und dies verfluchte Odessa – der Teufel hol's – bleibt, wo's ist. Hafenstadt! Dass dich die Erde verschlänge!«

»Schon gut, steh auf und lass uns gehen; Schimpfen hilft nicht.«

»Wo gehen wir hin? Nach der Saline ... So. Aber, du wirst sehen, Brüderchen, dass doch nichts dabei herauskommt, wenn wir auch hingehen.«

»Aber du hast doch gesagt, wir müssten hingehen.«

»Das ist wahr, ich hab's gesagt. Was ich gesagt habe, hab' ich gesagt; meine Worte verleugne ich nicht. Aber dass nichts dabei herauskommen wird, ist auch wahr.«

»Warum denn?«

»Warum? Glaubst du denn, dass man dort auf uns wartet, dass es heißen wird: Bitte sehr, Herr Jemeljan und Herr Maxim, seid so gut, rackert euch ab und empfangt unsere Groschen. Nu nein, so pflegt es nicht zu sein. So steht die Sache: jetzt sind wir beide voll und ganz Herren unserer Haut.«

»Nu, schon gut, genug! Wir wollen gehen!«

»Warte! Sollen wir nun zu dem Herrn Salinenverwalter gehen und mit aller Ehrerbietung zu ihm sagen: Geehrter Herr, hochverehrter Schinder und Blutsauger, hier sind wir, Ihnen unsere Haut anzubieten, ob es Ihnen nicht gefällig ist, sie für sechzig Kopeken den Tag abzuschinden! Und dann folgt ...«

»Wohlan, steh auf und lass uns gehen. Bis zum Abend kommen wir nach der Fischerei, wir helfen das Netz herausziehen und – bekommen vielleicht Abendbrot.«

»Abendbrot? Das ist wahr. Die Fischer geben zu essen; sie sind ein gutes Volk. Gehen wir, gehen wir ... Aber was Vernünftiges machen wir beide doch nicht ausfindig, Brüderchen, denn – schon die ganze Woche hat sich nichts für uns getroffen, und so wird's bleiben.«

Ganz durchnässt stand er auf, reckte sich und steckte die Hände in die Taschen seiner Hosen, die er aus zwei Mehlsäcken genäht hatte, stöberte darin umher und besah humoristisch seine leeren Hände, nachdem er sie herausgezogen hatte und vor's Gesicht hielt.

»Nichts! ... Vier Tage such' ich schon und immer nichts! Das sind Sachen, Brüderchen.«

Wir gingen am Ufer entlang, hin und wieder Bemerkungen austauschend. Die Füße sanken in den nassen Sand ein, der mit Muscheln vermengt war, die unter den sanften Schlägen der auflaufenden Wellen ein melodisches Geräusch hervorbrachten. Hier und da fanden sich, von den Wellen ausgeworfen, gallertartige Medusen, Fischchen, schwarze, durchfeuchtete Holzstückchen von seltsamen Formen. Ein prächtiger frischer Wind kam vom Meere her, fächelte uns Kühlung zu und flog, kleine Sandstaubwirbel erhebend, in die Steppe.

Der immer lustige Jemeljan ließ sichtlich den Kopf hängen, und ich suchte ihn zu zerstreuen, als ich es bemerkte:

»Nu, Jemeljan, erzähle etwas, vielleicht aus deinem Leben!«

»Ich möchte schon erzählen, Brüderchen, aber mit dem Reden geht's schwach, weil – der Magen leer ist. Das Wichtigste am Menschen ist – der Magen, und was für Krüppel man auch findet – ohne Magen ist keiner! Ist der Magen befriedigt, dann ist auch der Geist munter; jede menschliche Tätigkeit hat im Magen ihren Ursprung ... nu, das weißt du ja auch selbst.«

Er schwieg.

»Ach, Bruder, wenn mir jetzt das Meer – bums! – tausend Rubel zuwürfe! Gleich würde ich eine Schenke aufmachen, du solltest mein Gehilfe werden, und ich selbst machte mir mein Bett unter dem Ladentisch und leitete ein Rohr aus dem Fässchen gerade in den Mund. Wenn ich dann Lust bekäme, am Quell der Freude und Heiterkeit zu trinken, würde ich gleich kommandieren: Maxim, dreh den Kran auf! – Und ... gluck-gluck-gluck ... direkt in den Hals! Schluck, Jemeljan! Hol' mich der Teufel, das wäre schö-ön. Den Bauern aber, den Herrn der schwarzen Erde – ach du! ... schinde ... zieh's Fell ab! Den kehr' um und um. Kommt er, sich nach dem Rausch zu stärken – ›Jemeljan Pawlitsch, gib mir ein Gläschen auf Borg.‹ Ah? ... Was? ... Auf Borg?! Ich gebe nichts auf Borg! – ›Sei barmherzig, Jemeljan Pawlitsch!‹ – Meinetwegen, ich tu's: bring deinen Wagen her, dann kriegst du ein Maß. Ha-ha-ha! Durchbohren würd' ich den dickwanstigen Teufel!«

»Nu, was bist du aber grausam! Der Bauer hungert auch, sag' ich dir.«

»Wieso? Er hungert? ... Das ist gut! Das ist recht! Hungere ich denn nicht? Brüderchen, vom Tage meiner Geburt an hungere ich, und das steht nicht im Gesetz geschrieben. N-ja! Er hungert ... warum ... warum? Missernte. Das ist zweifelhaft. Missernte ist zuerst in seinem Schädel und dann erst auf dem Felde, siehst du! Warum gibt's in anderen Reichen keine Missernte?! Weil den Leuten dort die Köpfe nicht angewachsen sind, um sich im Nacken zu kratzen; dort wird gedacht, das ist's, Bruder, dort kann man den Regen auf morgen verschieben, wenn er heut nicht gebraucht wird, und die Sonne fortrücken, wenn sie es zu gut meint. Und was für Vorkehrungen haben wir? Gar keine, Brüderchen ... Nein, das ist ja alles Spaß! Aber wenn man wirklich tausend Rubel und eine Schenke hätte, das wäre Ernst ...«

Er schwieg und suchte nach seiner Gewohnheit nach seinem Tabaksbeutel, zog ihn heraus, kehrte ihn um, besah ihn und warf ihn, ärgerlich ausspuckend, ins Meer.

Eine Welle ergriff den schmutzigen Beutel und wollte ihn schon vom Ufer forttragen, nachdem sie aber das Geschenk besehen, warf sie es unwillig wieder ans Ufer.

»Du nimmst es nicht? Du lügst, du nimmst es doch!«, und den nassen Beutel aufhebend steckte Jemeljan einen Stein hinein und warf ihn, ausholend, weit ins Meer.

Ich fing an zu lachen.

»Nu, was fletschst du die Zähne? ... Das sind mir Leute! Liest Bücher, trägt sie sogar bei sich und kann einen nicht mal verstehen! Vieräugiges Gespenst!«

Das bezog sich auf mich, und ich schloss daraus, dass Jemeljan mich ein vieräugiges Gespenst nannte, auf seine hochgradige Empfindlichkeit gegen mich, denn nur in Momenten heftigen Grolles und Hasses auf alles, was existierte, erlaubte er sich, über meine Brille zu spotten; im allgemeinen verlieh mir dieser unfreiwillige Schmuck in seinen Augen so viel Ansehen und Bedeutung, dass er mich in den ersten Tagen unserer Bekanntschaft nicht anders als mit »Sie« anredete und in achtungsvollem Tone, obwohl ich mit ihm zusammen Kohlen auf einen rumänischen Dampfer lud und, wie er, ganz zerlumpt, zerschunden und schwarz wie der Satan war.

Ich bat ihn um Entschuldigung, und da ich ihn einigermaßen zu beruhigen wünschte, fing ich von ausländischen Staaten zu erzählen an und versuchte ihm zu erklären, dass sich seine Nachrichten von der Herrschaft über Sonne und Wolken auf das Reich der Mythe bezogen.

»Sieh an! So also! Nu! ... So, so ...«, schaltete er dann und wann ein; aber ich fühlte, dass sein Interesse für ausländische Staaten und den Gang des Lebens in ihnen gegen seine Gewohnheit nicht groß war, und dass er mir fast gar nicht zuhörte, sondern starr vor sich hin in die Ferne blickte.

»Das ist wohl so, lieber Bruder«, unterbrach er mich mit einer unbestimmten Handbewegung. »Aber was ich dich fragen will: wenn uns jetzt ein Mensch mit Geld begegnete, mit vielem Gelde«, unterstrich er, nachdem er von der Seite flüchtig unter meine Brille geschielt hatte, »würdest du ihm, um dich mit allen Attributen zu versehen, den Garaus machen?«

Ich fuhr zusammen.

»Natürlich nein«, antwortete ich. »Keiner hat das Recht, um den Preis eines anderen Menschenlebens sein Glück zu erkaufen.«

»Uhu! Ja ... So steht es sehr gescheit in den Büchern, aber nur des Gewissens wegen, in Wirklichkeit aber würde derselbe Herr, der sich diese Worte zuerst ausgedacht hat, ginge es ihm schlecht, heißt das, – um seiner Erhaltung willen ganz sicher bei passender Gelegenheit jemand umbringen. Rechte! Da hast du sie, diese Rechte!«, und Jemeljans nervige Faust paradierte vor meiner Nase. »Und jeder Mensch richtet sich, nur in verschiedener Weise, stets nach diesem Recht. Das sind auch Rechte!«

Jemeljan runzelte die Stirn, und seine Augen versteckten sich tief unter den langen, verblichenen Brauen.

Ich schwieg, denn ich wusste aus Erfahrung, dass Einwendungen nichts nützten, wenn er böse war. –

Er schleuderte ein Stück Holz, das ihm unter die Füße geraten war, ins Meer und sagte seufzend:

»Wenn man jetzt rauchen könnte ...«

Rechts in die Steppe hinausblickend, bemerkte ich zwei Schafhirten, die auf der Erde lagen und nach uns hinsahen. »Guten Tag, Herren!«, rief Jemeljan sie an, »habt ihr nicht Tabak?«

Einer der Hirten wandte den Kopf nach dem andern, spie ein zerkautes Hälmchen aus und sagte träge:

»Sie wollen Tabak, eh, Michail?«

Michail sah den Himmel an, als wolle er von ihm die Erlaubnis erbitten, mit uns zu sprechen, und drehte sich nach uns um.

»Guten Tag!«, sagte er, »wo geht ihr denn hin?«

»Nach Otschakow, in die Saline.«

»Aha! Seid ihr denn aufgefordert worden?«

Wir schwiegen, indem wir uns neben sie auf die Erde hinstreckten.

»Ah nu, Nikita, nimm den Beutel auf, dass ihn die Krähen nicht aufpicken.«

Nikita schmunzelte sich listig in den Bart und nahm den Beutel auf.

Jemeljan knirschte mit den Zähnen.

»Ihr braucht also Tabak?«

»Wir haben lange nicht geraucht«, sagte ich; von dem Empfange betroffen, konnte ich mich nicht entschließen, offen zu reden.

»Wieso denn? Raucht doch!«

»He du, Teufel! Sei still! Gib, wenn du geben willst, aber mach' dich nicht lustig! Unmensch! Beim Umhertreiben in der Steppe hast du wohl das Herz verloren. Ich komm' dir auf den Kopf, und du muckst nicht mehr!«, brüllte Jemeljan mit rollenden Augen.

Die Schafhirten fuhren zusammen und sprangen auf, indem sie ihre langen Stöcke ergriffen und sich dicht nebeneinander stellten.

»Oho, Brüder! So bittet ihr! ... ah nu, wohlan, kommt! ...«

Die Teufelskerle wollten raufen, das unterlag bei mir nicht dem geringsten Zweifel. Den geballten Fäusten und in wildem Feuer brennenden Augen nach war auch Jemeljan einer Rauferei nicht abgeneigt. Ich hatte weder Kraft noch Lust, an der Schlacht teilzunehmen, und versuchte, die Parteien zu versöhnen.

»Halt, Brüder! Der Gefährte hat sich ereifert – das ist doch nicht so schlimm. Wisst ihr was, gebt uns Tabak, wenn es euch nicht leid darum ist, und wir gehen unseres Weges.«

Michail sah Nikita an, Nikita – Michail, und beide schmunzelten.

»So hättet ihr gleich sagen sollen!«

Darnach fuhr Michail in die Tasche seines Kittels, zog einen umfangreichen Beutel daraus hervor und reichte ihn mir.

»Ah nu, nimm dir Tabak!«

Nikita steckte die Hand in den Quersack und streckte sie mir dann mit einem großen Brot und einem reichlich mit Salz bestreuten Stück Speck hin. Ich nahm es. Michail schmunzelte und schüttete mir noch Tabak dazu. Nikita knurrte: »Lebt wohl!« Ich dankte.

Jemeljan ließ sich mit finsterer Miene auf die Erde nieder und zischte ziemlich laut: »Teufelsschweine!«

Die Hirten gingen mit schwerem, lässigem Schritt tiefer in die Steppe hinein, indem sie sich häufig nach uns umsahen. Wir setzten uns auf die Erde, ohne sie weiter zu beachten, und aßen das schmackhafte, halbweiße Brot mit Speck. Jemeljan schmatzte laut, summte vor sich hin und wich geflissentlich meinen Blicken aus.

Es wurde Abend. Fern über dem Meere stieg die Finsternis empor und zog darüber hin, die leicht bewegte See mit einem dünnen, bläulichen Flor bedeckend. Es war, als erhöbe sich ebendaselbst vom Meeresgrunde eine Reihe gelblila Wolken, von rötlichem Golde umrandet, und zöge, das Dunkel noch verdichtend, in die Steppe. Und dort in der Steppe, weit – weit an ihrem Rande, breitete sich ein riesiger Purpurfächer aus den Strahlen der untergehenden Sonne aus und färbte Himmel und Erde so sanft und zart. Immerfort schlugen die Wellen ans Ufer, und das Meer – hier rosig, dort tiefblau – war wunderbar schön und machtvoll.

»Jetzt rauchen wir! Zum Henker mit euch, ihr Teufel!«, und Jemeljan, der jetzt mit den Schafhirten endgültig abgeschlossen hatte, atmete sichtlich erleichtert auf. »Wollen wir weitergehen oder hier übernachten?«
Ich war zu faul, um weiterzugehen.
»Wir wollen übernachten!«, entschied ich.
»Übernachten wir denn!«, und er streckte sich auf der Erde aus und betrachtete den Himmel.

Es herrschte Schweigen – Jemeljan rauchte und spie aus; ich blickte rund um mich und genoss schweigend das wundervolle Abendbild. Durch die Steppe tönte das einförmige Plätschern der Wellen am Ufer.

»Einem Geldmenschen eins über den Schädel geben ist doch angenehm –sag', was du willst; besonders, wenn man es verstanden hat, die Sache einzurichten –«, sagte Jemeljan unerwartet.

»Lass das Schwatzen«, bemerkte ich erzürnt.

»Schwatzen?! Was heißt hier schwatzen! Das wird getan glaube mir! Ich bin 47 Jahre alt, und an 20 Jahre zerbreche ich mir um diese Operation den Kopf. Was hab' ich für ein Leben? Ein Hundeleben. Keine Hütte und nichts zu beißen – schlimmer als ein Hund! Bin ich denn ein Mensch? Nein, Bruder, kein Mensch, sondern schlechter als ein Wurm und ein wildes Tier! Wer kann mich verstehen? Niemand kann es! Und wenn ich weiß, dass Menschen gut leben können, warum soll denn ich nicht leben? He? Hol' euch der Henker, ihr Teufel!«

Er drehte mir plötzlich das Gesicht zu und sagte schnell:

»Weißt du, einmal hätte ich es beinahe ... aber eine Kleinigkeit schlug fehl ... verflucht sei ich, ich war ein Narr, ich bekam Mitleid. Soll ich's dir erzählen?«

Ich gab schnell meine Zustimmung zu erkennen, und Jemeljan fing an, nachdem er einige Züge geraucht hatte:

»Es war in Poltawa, Bruder ... vor etwa acht Jahren. Ich war Gehilfe bei einem Holzhändler. Ein Fahr etwa ging es ganz gut, dann ergab ich mich plötzlich dem Trunke und vertrank an sechshundert Rubel von meines Herrn Geld. Ich kam vor Gericht, wurde auf drei Monate in die Arrestantenrotte gesteckt und alles Übrige – nach Befund. Ich kam heraus, nachdem ich meine Zeit abgesessen hatte – wohin jetzt? In der Stadt wusste man es; in eine andere überzusiedeln, fehlte es mir an allem Nötigen. Ich ging zu einem bekannten Dunkelmann, der eine Schenke hielt und als Hehler verschiedener schwerer Jungen und ihrer kleinen Angelegenheiten Diebsgeschäfte ausführte. Er war ein guter Bursch, merkwürdig ehrlich und ein kluger Kopf. Ein großer Bücherfreund war er, hatte vielerlei gelesen und war sehr erfahren. Ich ging also zu ihm: ›Ah nu‹, sag' ich, ›Pawel Petroff, hilf mir!‹ – ›Nu‹, sagt er, ›das kann ich! Der Mensch soll dem Menschen helfen, wenn sie von gleicher Farbe sind. Lebe, trink, iss, gib gut Acht!‹ Dieser Pawel Petroff war ein kluger Kopf, Bruder! Ich hatte große Achtung vor ihm, und er liebte mich auch sehr. Tags saß er oft hinter dem Ladentisch und las aus einem Buche von französischen Räubern vor ... alle seine Bücher handelten von Räubern, und ich hörte zu ... wunderbare Burschen waren es und vollbrachten wunderbare Taten – und immer fielen sie gehörig hinein. Gleich ging's um Kopf und Kragen – oh weh! – und am Ende des Buches plötzlich – erwischt! Vor Gericht und basta! Und alles war vorbei! –

Einen Monat und den anderen bringe ich bei diesem Pawel Petroff zu, höre sein Lesen und verschiedene Gespräche mit an, sehe – dunkle Burschen kommen und bringen glänzende Sachen: Uhren, Armbänder und dgl., und ich finde, dass in all ihren Operationen für keinen Heller Verstand ist. Haben sie etwas gestohlen, und Pawel Petroff gibt dafür die Hälfte des Wertes – er bezahlte ehrlich, Bruder – gleich, heda! Gib her! ... Schmausen, Zechen, Lärmen und – nichts bleibt übrig! Ein lumpiges Geschäft, Bruder. Bald wird der eine abgefasst, und bald der andere ...

Aus welchen wichtigen Gründen? Sie waren eines Einbruchs verdächtig, bei dem für hundert Rubel gestohlen worden war! – Hundert Rubel! Gilt denn ein Menschenleben hundert Rubel? – Dummköpfe! ... Da sage ich denn zu Pawel Petroff: ›Das ist alles dumm, Pawel Petroff, und nicht wert, dass man die Hand anlegt‹ – ›Hm! wie soll ich dir sagen?‹, erwidert er. ›Einerseits‹, sagt er, ›das Hühnchen pickt ja ein Körnchen auf, aber andererseits – in allem liegt wirklich keine Selbstachtung; das ist es eben! Wird denn ein Mensch, der seinen eigenen Wert kennt, seine Hände um einen Zweigroschendiebstahl mit einem Einbruch beflecken? Niemals. Würde denn zum Beispiel ich, ein Mensch, dessen Verstand europäische Bildung berührt hat, mich für hundert Rubel verkaufen?‹, sagt er und fängt an Beispielen mir zu zeigen an, wie ein Mensch handeln muss, der Selbstbewusstsein hat. Lange redeten wir in dieser Weise. Dann sage ich zu ihm: ›Mir liegt es schon lange im Sinn, mein Glück auf diesem Wege zu versuchen. Sie sind ein erfahrener Mensch, stehen Sie mir mit Ihrem Rate bei, das heißt, wie und was?‹ ›Hm!‹, sagte er, ›das kann ich! Möchtest du nicht ein Geschäftchen auf eigene Gefahr und Rechnung machen, ohne Hilfe? Zum Beispiel so ... am Ersten kommt Obojmoff mit Trabern über die Worskla von seinem Stapelplatz zurück; er hat immer tüchtig Geld bei sich, wie du weißt, und auf dem Holzplatze gibt ihm der Gehilfe noch den Erlös, den Wochenerlös, und sie verkaufen täglich für dreihundert Rubel und mehr. Was meinst du dazu?« Ich überlegte. Obojmoff war derselbe Kaufmann, bei dem ich Gehilfe gewesen war. Die Sache war zwiefach gut: ich konnte mich für sein Verfahren gegen mich rächen und einen schmackhaften Bissen einheimsen. ›Das muss überlegt werden‹, sagte ich. ›Ohne das geht's nicht‹, antwortet Pawel Petroff.«

Er schwieg und drehte langsam eine Zigarette. Das Abendrot war beinahe erloschen, nur ein schmaler, immer mehr verblassender, rosiger Streifen färbte leise den Saum einer flaumigen Wolke, die wie ermattet regungslos an dem sich verfinsternden Himmel verharrte. So still und traurig war es in der Steppe, und das unaufhörlich vom Meere herübertönende, tosende Plätschern der Wellen verlieh mit seinem einförmigen, sanften Klange dieser Stille und Trauer noch einen tieferen Ton. Von allen Seiten erhoben sich seltsame, lange, graue Schatten und glitten über die ebene, von der Tagesschwüle erschöpfte, fest schlafende Steppe lautlos zu uns hin. Und über dem Meere flammten eins nach dem andern hell die Sternlein auf, so klar und so neu, als wären sie erst gestern zur Zierde dieses tiefen, samtenen südlichen Himmels gemacht worden.

»N–ja, ich überlegte mir die Sache, und in derselben Nacht lag ich an der Worskla im Gebüsch und hatte einen eisernen Spannagel von zwölf Pfund Gewicht bei mir. Ich weiß es noch, es war Ende Oktober und die Nacht sehr passend: es war dunkel, wie in einer Menschenseele ... Eine bessere Stelle konnte ich mir nicht wünschen. Dicht daneben war eine Brücke, und am Abfahrtsende fehlten einige Bretter – das heißt, es musste Schritt gefahren werden. Ich liege und warte. Bruder, so voller Groll war ich damals, dass es für zehn Kaufleute gereicht hätte. Und so einfach stellte ich mir die Sache vor, wie es einfacher nicht sein kann: Bums! – und basta! ...«

Jemeljan stand auf.

»N–ja! ... So liege ich denn, weißt du, und halte alles bereit. Einen Schlag – und ich habe das Geld. So geht's. Bums, und es ist geschehen! Vielleicht denkst du, dass der Mensch in sich frei ist? Larifari, Bruder! Sag' mir doch, was du morgen tun wirst? Unsinn! Du kannst schlechterdings nicht sagen, ob du morgen rechts oder links gehen wirst. N–ja! ... So lag ich und wartete auf einen, und es kam doch ganz anders. Etwas ganz Entgegengesetztes geschah!

Ich sehe: es kommt wer aus der Stadt, schwankend, wie ein Betrunkener ... einen Stock in den Händen. Er murmelt etwas; murmelt unzusammenhängend und weint ... ich höre – Schluchzen ... Er kommt näher, und ich sehe – ein Weib! Zum Kuckuck, verdammtes Weib! Du kriegst eins ins Genick, denke ich, komm nur heran. Und sie geht gerade auf die Brücke zu, und plötzlich schreit sie auf: ›Liebster, warum?!‹ Ach, Bruder, wie sie schrie! – Ich fuhr so zusammen. Was soll das heißen?, denke ich. Aber sie kommt gerade auf mich zu. Ich liege, drücke mich an die Erde und zittere am ganzen Leibe ... wohin war mein Groll! Sie kommt schon heran, gleich muss sie mich mit dem Fuß treten! Da fängt sie wieder laut zu jammern an: ›Warum?! warum?! ...‹, und wie sie steht, wirft sie sich plötzlich auf die Erde, fast neben mir. Und da fängt sie an zu weinen, Bruder, so, dass ich es dir nicht sagen kann – das Zuhören zerriss mir's Herz. Ich liege aber und gebe Keinen Laut von mir. Und sie weint. Mir wurde so bange. Ich laufe fort, denke ich bei mir. Aber da trat der Mond aus den Wolken – über die Maßen hell und klar. Ich richtete mich ein wenig auf und sah sie an ... Und da, Bruder, war's mit allem vorbei, und alle meine Pläne gingen zum Teufel! Ich sehe – und das Herz zuckte: ein kleines Mädchen, fast noch ein Kind ... so weiß, Löckchen um das Ge-sichtchen, und so große Augen ... und die Schultern beben und beben ... und aus den Augen rinnen große Tränen, eine nach der andern.

Bruder, mich ergriff Mitleid. Ich hustete: kche! kche! kche! Wie sie da rief: ›Wer ist da? Wer? Wer ist hier?!‹ Sie war erschrocken, hieß das ... Nu, ich stand gleich auf und sagte: Ich bin's. ›Wer sind Sie?‹, fragte sie. Und wie wurden ihre Augen, und sie zitterte wie vor Frost. ›Wer sind Sie?‹, sagte sie.«

Ich fing an zu lachen.

»Wer ich bin? Vor allen Dingen haben Sie keine Angst vor mir, Fräu-lein, – ich tue Ihnen nichts Böses. Ich bin ein ganz leidlicher Mensch, vom Barfüßerregiment, sage ich. Ja. Ich log ihr etwas vor, heißt das; du wunderlicher Mensch, ich konnte ihr doch nicht sagen, dass ich hier lag, um einen Kaufmann totzuschlagen. Und sie gab mir zur Antwort: 'Mir ist alles gleich, ich wollte mich hier ertränken.' Und das sagte sie so, dass mich fröstelte – mit solchem Ernst. Nu, was war hier zu tun?«

Jemeljan fuchtelte zerknirscht mit den Händen und sah mich an, breit und gutmütig lächelnd.

»Da fing ich plötzlich an zu reden, Bruder. Was ich redete – weiß ich nicht; aber ich redete so, dass ich mich selbst daran nicht satt hören konnte, am meisten davon, dass sie so jung und schön war. Und schön war sie – sehr schön. Ach, Bruder mein! Nu, genug! Und Lisa hieß sie. Ich redete also, aber was – wer weiß – was? Das Herz sprach. Ja! Und sie sieht mich immerfort an, so ernst und unverwandt, und plötzlich lächelt sie ...«, rief Jemeljan laut über die ganze Steppe, mit Tränen in der Stimme und in den Augen, seine geballten Fäuste in der Luft schüttelnd.

»Als sie lächelte, schmolz ich ganz; ich warf mich ihr zu Füßen: Fräulein, sagte ich, Fräulein! ... Und immerfort so! Bruder, und sie umfasst mit ihren Händen meinen Kopf, sieht mir ins Gesicht und lächelt, wie ein Bild; sie bewegt die Lippen – sie will etwas sagen; dann ermannt sie sich und sagt: Mein Lieber, Sie sind auch unglücklich, wie ich! Ja? Sagen Sie, mein Guter!' N-ja, mein Freund, so war's! Und das war noch nicht alles – sie küsste mich hier auf die Stirn, Bruder ... Ahnst du's! Wahrhaftig! Ach du, Täubchen! Weißt du, besser als dies war nichts in meinem Leben, in allen 47 Jahren! Ah?! Ja, ja! Und worauf war ich ausgegangen? Ach du, Leben! ...«

Er schwieg, indem er den Kopf in die Hände legte. Von der Seltsamkeit der Erzählung bedrückt, schwieg auch ich und blickte auf das wunderbar bewegte Meer, das, einer Riesenbrust gleich, ruhig und tief in festem Schlafe atmete.

»Nu, dann stand sie auf und sagte zu mir: ›Begleiten Sie mich nach Hause.‹ Wir gingen. Ich fühlte meine Füße nicht unter mir, und sie erzählte mir alles, was und wie. Ihre Eltern, weißt du, waren Kaufleute, sie – die einzige, verwöhnte Tochter; dann war ein Student hingekommen, hatte ihr Unterricht gegeben, und sie verliebten sich ineinander. Er fuhr dann fort, und sie wartete auf ihn; wenn er mit seinem Studium fertig sein würde, wollte er kommen, um sich mit ihr trauen zu lassen; so war es abgemacht. Aber er kam nicht, sondern schickte ihr einen Brief, darin stand: Du bist keine passende Frau für mich. Das hatte das Mädchen natürlich gekränkt. Deshalb also hatte sie das tun wollen. Nu, das erzählte sie mir, und so komme ich mit bis an das Haus, wo sie wohnte. ›Nun, leben Sie wohl, Täubchen‹, sagte sie zu mir. ›Morgen fahre ich von hier fort. Vielleicht brauchen Sie Geld? Sagen Sie es, genieren Sie sich nicht!‹ – ›Nein, Fräulein‹, sage ich, ›ich brauche nichts, ich danke Ihnen.‹ – ›Nun, mein Guter, genieren Sie sich nicht, sagen Sie, nehmen Sie!‹, ließ sie nicht nach mit Bitten. Ich war so abgerissen, aber ich sagte doch: ›Ich brauche nichts, Fräulein.‹ Weißt du, Bruder, nicht darum ging es mir, nicht ums Geld. Wir nahmen Abschied. Sie sagte so freundlich: ›Niemals werde ich dich vergessen, du bist mir sozusagen ein ganz fremder Mensch, und mir doch so ...‹ Nu, das hat nichts zu sagen –«, brach Jemeljan ab, indem er wieder zu rauchen anfing.

»Sie ging. Ich setzte mich auf eine Bank an der Pforte. Mir wurde so traurig zumute. Der Nachtwächter kam. ›Was sitzst du denn hier, du willst wohl stehlen?‹ Die Worte griffen mir tüchtig ans Herz. Ich – ihm eins in die Schnauze! Geschrei, ein Pfiff ... Auf die Wache! Nu, wohlan, also auf die Wache! Meinetwegen – mir ist alles gleich; ich gab ihm noch eins. Ich setzte mich auf ein Bänkchen und wollte gar nicht ausrücken. Ich blieb über Nacht da; am Morgen wurde ich hinausgelassen. Ich gehe zu Pawel Petroff. ›Wo hast du dich denn umhergetrieben?‹, fragt er und schmunzelt. Ich sah ihn an, er war derselbe, wie gestern; aber es war mir, als sähe ich etwas Neues. Nu, natürlich erzählte ich ihm alles, wie und was. Er hörte ernsthaft zu und sagte dann: ›Sie sind ein Narr und Dummkopf, Jemeljan Nikititsch; wollen Sie sich gefälligst packen!‹ Nu – wie denn?! Hatte er denn nicht recht? Ich ging, und dabei blieb es. Das war die Geschichte, Brüderchen!«

Er schwieg und streckte sich auf der Erde aus, die Hände unter den Kopf gelegt, und sah den samtenen, sternklaren Himmel an. Ringsum lag alles in Schweigen. Das Rauschen der Brandung wurde noch leiser und linder und tönte zu uns hin wie schwaches, verschlafenes Seufzen.

Ausfahrt

Auf der Dorfstraße, zwischen den weißen Lehmhütten, zieht mit wildem Geheul eine seltsame Prozession.

Ein Menschenhaufen kommt, kommt dicht und langsam – bewegt sich vorwärts wie eine große Welle, und voran schreitet ein Pferdchen, ein komisch-wollhaariges Pferdchen, das traurig den Kopf senkt. Hebt es eins der Vorderbeine, so schüttelt es den Kopf so eigentümlich, als wolle es sich mit seinem zottigen Maule in den Wegstaub einbohren, und setzt es ein Hinterbein, senkt sich sein Rücken bis zur Erde, dass es aussieht, als müsste es sofort fallen.

An den vorderen Teil des Bauernwagens ist ein kleines, ganz nacktes, fast noch mädchenhaftes Weib mittels eines Strickes mit den Armen festgebunden. Es geht eigentümlich – von der Seite, sein Kopf mit dichtem, wirrem, dunkelblondem Haar ist erhoben und etwas zurückgeworfen, die weit offenen Augen sehen in die Ferne mit stumpfem, sinnlosem Blick, in dem nichts Menschliches ist ... Sein ganzer Leib ist mit blauen und purpurnen, runden und länglichen Flecken bedeckt, die linke, feste, mädchenhafte Brust ist zerschlagen, und Blut sickert heraus ... Es bildet einen purpurroten Streifen auf dem Leibe und tiefer auf dem linken Beine bis ans Knie, und auf dem Schienbein verdeckt ihn eine braune Staubkruste. Es sieht so aus, als wäre von dem Körper dieses Weibes ein schmaler, langer Hautstreifen abgezogen; und der Leib dieses Weibes musste lange mit einem Holzscheit geschlagen worden sein, – er war ungeheuerlich geschwollen und über und über schrecklich blau.

Die schlanken, kleinen Füße dieses Weibes berühren kaum den Staub, sein ganzer Körper ist schrecklich gekrümmt und schwankt hin und her, und es ist unbegreiflich, dass es sich noch auf den Füßen hält, die, wie sein ganzer Leib, dicht mit blauen Flecken bedeckt sind, dass es nicht zur Erde fällt und, an den Armen hängend, hinter dem Wagen auf der staubigen, warmen Erde schleift ...

Auf dem Wagen aber steht ein hochgewachsener Bauer in weißem Hemd, mit schwarzer Fellmütze, unter welcher ihm eine Strähne grellroten Haares in die Stirn hängt; in der einen Hand hält er die Leine, in der andern – eine Knute, und peitscht damit methodisch einmal den Rücken des Pferdes und einmal den Körper des kleinen Weibes, der ohnehin schon so zerschlagen ist, dass er seine menschliche Form verloren hat.

Die Augen des rothaarigen Bauern sind blutunterlaufen und funkeln in bösem Triumph. Ihre grünliche Farbe entspricht dem roten Haar. Die bis zum Ellbogen aufgestreiften Hemdärmel entblößen kräftige, muskulöse Arme, welche dicht mit rötlichem Flaum bewachsen sind; sein geöffneter Mund ist voll spitzer, weißer Zähne, und dann und wann ruft der Bauer mit heiserer Stimme:

»N–nu ... Hexe! He! N–nu! Aha! Da hast du eins! ... Nicht so, Brüder?! ...«

Und hinter dem Wagen und dem daran festgebundenen Weibe her strömt die Menge und schreit, heult, pfeift, lacht ... hetzt auf ... Kleine Jungen laufen herbei ... Hin und wieder rennt einer von ihnen vor und schreit dem Weibe ein zynisches Wort ins Gesicht. Dann übertönt das Gelächter der Menge alle übrigen Laute und auch das dünne Pfeifen der Knute in der Luft ...

Weiber kommen mit erregten Gesichtern und vor Vergnügen funkelnden Augen ... Männer kommen und rufen dem, der im Wagen steht, etwas Widerwärtiges zu ... Er dreht sich nach ihnen um und lacht laut, indem er den Mund weit öffnet. Ein Peitschenhieb über den Leib der Frau ... Die lange, dünne Schnur windet sich um ihre Schultern und verschlingt sich unter der Achsel. Da zieht der schlagende Bauer stark die Knute an; winselnd schreit das Weib auf und fällt, sich rückwärts überschlagend, mit dem Rücken in den Staub ... Aus dem Haufen springen viele hinzu und verdecken sie, indem sie sich über sie beugen.

Das Pferd bleibt stehen, aber nach einem Augenblick geht es wieder, und das ganz zuschanden geschlagene Weib bewegt sich wie vorhin hinter dem Wagen her. Und langsam schreitend, schüttelt das elende Pferd immerfort seinen zottigen Kopf, als wolle es sagen:

»Seht, wie niederträchtig, ein Tier zu sein! An jedem Gräuel kann man gezwungen werden, teilzunehmen ...«

Und der Himmel – der südliche Himmel ist ganz klar – kein einziges Wölkchen ist zu sehen, und freigebig ergießt von ihm die Sommersonne ihre glühenden Strahlen ...

Dies habe ich nicht als allegorische Darstellung der Verfolgung und der Martern eines in seinem Vaterlande verkannten Propheten geschrieben – leider, nein! Das heißt – Ausfahrt. So bestrafen Männer ihre Weiber für Untreue; es ist ein Bild aus dem Leben, eine Sitte – und ich habe es gesehen im Jahre 1891 am 15. Juli im Dorfs Kandibowka im Gouvernement Cherson.

Sasubrina

Das runde Fenster meiner Zelle ging auf den Gefängnishof. Es war sehr hoch vom Boden, doch wenn ich den Tisch an die Wand stellte und hinaufkletterte, konnte ich alles sehen, was draußen vorging. Über dem Fenster hatten sich Tauben unter dem Dache ein Nest gebaut, und wenn ich aus dem Fenster auf den Hof sah, girrten sie über meinem Kopfe.

Ich hatte hinreichend Zeit, um von meinem erhöhten Punkte aus die Gefängnisbewohner kennenzulernen, und ich wusste, dass der lustigste unter den finstren, grauen Leuten Sasubrina hieß.

Er war ein dicker, untersetzter Bursch mit rotem Gesicht und hoher Stirn, unter der die großen, hellen Augen immer munter blitzten.

Seine Mütze trug er im Nacken, die Ohren standen lächerlich von seinem geschorenen Kopfe ab, das Band des Hemdkragens war nie zugebunden, die Jacke nicht zugeknöpft, und jede Bewegung seiner Muskeln ließ eine Seele erkennen, unfähig zur Traurigkeit und zum Zorn.

Immer lachend, beweglich und laut, war er der Favorit des Gefängnisses; stets umringte ihn ein Haufen grauer Kameraden, und er belustigte und zerstreute sie durch allerhand komische Streiche, mit seiner aufrichtigen Heiterkeit dies dunkle, öde Leben verschönend.

Einmal kam er aus der Zelle mit drei in schlauer Weise an eine Leine gespannten Ratten. Sasubrina rannte auf dem Hofe hinter ihnen her und rief dabei, dass er mit einer Troika fahre; die von seinem Geschrei ganz rasend gemachten Ratten stürzten hier- und dorthin, und die Gefangenen, welche zusahen, lachten wie Kinder über den dicken Menschen und seine Troika.

Er schien der Meinung zu sein, dass er ausschließlich zur Belustigung der Leute da war, und scheute vor nichts zurück, um diese zu erreichen. Manchmal nahm seine Erfindergabe grausame Formen an; so klebte er zum Beispiel einmal das Haar eines schlafenden, auf der Erde an der Wand sitzenden Jungen mit irgend etwas an eben diese Wand und weckte ihn dann plötzlich auf, als die Haare angetrocknet waren. Der Junge sprang schnell auf und fiel weinend zu Boden, indem er mit seinen dünnen, mageren Armen nach dem Kopfe griff. Die Arrestanten lachten, und Sasubrina war zufrieden. Nachher – ich sah es von meinem Fenster aus – liebkoste er den Jungen, von dessen Haaren ein ordentliches Büschel an der Wand haften geblieben war ...

Außer Sasubrina war noch ein Favorit im Gefängnis – ein dickes, rotes Kätzchen, ein kleines, von allen verwöhntes, munteres Tier. Jedes Mal, wenn die Gefangenen zum Spaziergang herauskamen, suchten sie es irgendwo auf und tollten lange mit ihm herum, indem sie es von Hand zu Hand gehen ließen, ihm über den Hof nachjagten und sich die Hände und die vom Spiel mit dem Liebling belebten Gesichter zerkratzen ließen.

Wenn die Katze auf dem Schauplatz erschien, zog sie die Aufmerksamkeit von Sasubrina ab, und letzterer konnte mit dieser Bevorzugung nicht zufrieden sein. Sasubrina war in seiner Seele Artist und, als Artist, voll übermäßiger Eigenliebe. Wenn sich sein Publikum mit dem Kätzchen amüsierte, blieb er allein, setzte sich irgendwo auf dem Hofe in einen Winkel und beobachtete von dort aus seine Kameraden, die ihn in diesen Minuten vergaßen. Und ich beobachtete ihn aus meinem Fenster und empfand alles das, wovon seine Seele in diesen Momenten voll war. Es schien mir unvermeidlich, dass Sasubrina die Katze bei der ersten passenden Gelegenheit totschlagen werde, und es tat mir um den lustigen Gefangenen leid, der so begierig danach war, immer der Mittelpunkt der allgemeinen Aufmerksamkeit der Leute zu sein. Von allen Bestrebungen des Menschen ist diese die verderblichste für ihn, denn nichts ertötet die Seele so schnell, wie die Begier, den Menschen zu gefallen.

Wenn man im Gefängnis sitzt, erscheint einem selbst das Leben der Pilze an seinen Wänden interessant; darum ist die Aufmerksamkeit verständlich, mit der ich vom Fenster aus das kleine Drama unten und diese Eifersucht eines Menschen auf eine Katze beobachtete, und verständlich auch die Ungeduld, mit der ich die Katastrophe erwartete. Sie trat ein und spielte sich ab. Und das war so.

Einmal an einem hellen, sonnigen Tage, als die Gefangenen aus den Zellen auf den Hof strömten, sah Sasubrina in einer Ecke des Hofes einen Eimer mit grüner Farbe, den die Maler stehen gelassen hatten, welche die Gefängnisdächer anstrichen. Er trat heran, dachte nach, steckte einen Finger in die Farbe und strich sich den Schnurrbart grün an. Der grüne Schnurrbart in seinem roten Gesicht erregte allgemeines Gelächter« Ein Halberwachsener, den es gelüstete, Sasubrinas Idee auszunützen, wollte sich auch die Oberlippe bemalen, aber Sasubrina tauchte die Hand in den Eimer und beschmierte ihm flink das ganze Gesicht. Der Bursche prustete und schüttelte den Kopf, Sasubrina tanzte um ihn herum, und das Publikum lachte in einem fort und spornte seinen Spaßmacher mit Beifallsrufen an.

Gerade in diesem Moment erschien das rote Kätzchen auf dem Hofe. Es ging, ohne zu eilen, über den Hof, hob zierlich die Pfötchen, wedelte mit dem hocherhobenen Schwanze und schien gar keine Angst zu haben, unter die Füße der Menge zu geraten, welche um Sasubrina und den von ihm angestrichenen Burschen herumtanzte, der mit aller Gewalt die klebrige Mischung von öl und Grünspan mit den Händen abzuwischen suchte.

»Brüder!«, rief jemand. »Miezchen ist da!«

»Ah! Miezchen, der Schelm!«

»Die Rote! Das Kätzchen!«

Das Kätzchen wurde gegriffen und ging von Hand zu Hand, von allen geliebkost.

»Sieh, wie sich's sattgefressen hat! Wie dick sein Bauch ist!«

»Wie schnell es wächst!«

»Es kratzt, der kleine Teufel!«

»Lass es! Mag's umherspringen ...«:

»Nu, ich halt den Rücken hin ... Spring, Miezchen!«

Um Sasubrina war es leer. Er stand allein, wischte mit den Fingern die Farbe vom Schnurrbart und blickte auf das Kätzchen, das über Schultern und Rücken der Gefangenen sprang. Zeigte es den Wunsch, auf einer Schulter oder einem Rücken sitzen zu bleiben, so bewegten sie diese und jenen und schüttelten das Kätzchen ab, das dann von der Schulter des einen auf die des Nachbars sprang. Das belustigte sie alle, und ununterbrochenes Lachen ertönte.

»Brüder! Wir wollen die Katze färben!«, erschallte Sasubrinas Stimme. Sie klang so, als erbitte er, indem er diese Belustigung vorschlug, gleichzeitig ihre Einwilligung.

Die Gefangenen lärmten los.

»Sie krepiert vielleicht davon!«, meinte einer.

»Von der Farbe? Was du nicht redest!«

»Vorwärts, Sasubrina! Flink daran!«

Ein breitschultriger Bursche mit feuerrotem Bart rief aufgemuntert: »Hat sich der Satan wieder 'nen Streich ausgedacht!« Sasubrina hielt schon die Katze in den Händen und ging mit ihr an den Farbeneimer.

»Seht, Brüder, sehet hier ...«, sang Sasubrina:

>Die rote Katze färben wir
In der grünen Farbe ganz, –
Und dann gibt es einen Tanz.«

Eine Lachsalve erdröhnte, die Gefangenen traten, sich die Seiten haltend, auseinander, und ich konnte sehen, wie Sasubrina das Kätzchen, es am Schwanz haltend, in den Eimer tauchte und herumtanzend sang:

>Halt, nicht miaut,
Den Paten nicht gekraut!«

Das Gelächter nahm zu. Einer winselte mit dünner Stimme:
>Oh – ob – oh! Oh, du dickwanstiger Schelm.«
>Ach, Batjuschki!«, stöhnte ein anderer.

Das Lachen benahm ihnen den Atem und erstickte sie; es krümmte ihre Leiber, es bog sie, es schallte und dröhnte durch die Luft – gewaltig und sorglos, immer mehr zunehmend und sich fast zur Hysterie steigernd. Lachende Gesichter in weißen Tüchern sahen aus den Fenstern der Frauenabteilung auf den Hof. Der an der Mauer lehnende Aufseher, der seinen dicken Bauch vorstreckte, hielt diesen mit den Händen und stieß ein lautes, tiefes, ihn erstickendes Gelächter aus.

Lachend zerstreuten sich die Leute nach allen Seiten vom Eimer. Mit den Beinen wunderbare Kunststücke ausführend, tanzte Sasubrina, sich bald hinhockend, bald aufspringend, und sang dazu:

>Ei, lustig ist das Leben, schau!
War einst 'ne graue Katzenfrau,
Und ihr roter Katersohn
Geht jetzt grüngefärbt davon!«

>Genug, genug, der Teufel hol' dich!«, rief stöhnend der Rotbart.

Aber Sasubrina war jetzt in Stimmung. Um ihn dröhnte das tolle Gelächter der grauen Leute, und er wusste, dass er allein sie alle veranlasst hatte, so zu lachen. In jeder Geste, in jeder Grimasse seines beweglichen Hanswurstgesichts zeigte sich deutlich dies Bewusstsein, und sein ganzer Leib zuckte im Genuss dieses Triumphes. Er hielt die Katze schon über den Kopf, und die überflüssige Farbe von ihrem Fell abschüttelnd, tanzte er unermüdlich in der Ekstase eines Artisten, der sich seines Sieges über die Menge bewusst ist, und improvisierte dazu:

>Meine lieben Brüder, seht,
Was in dem Kalender steht,

Die Katze muss 'nen Namen han,
Dass man sie also nennen kann!«

Rings lachte alles um die von rasender Lustigkeit ergriffene Menge der Gefangenen; die Sonne lachte auf den eisenvergitterten Fensterscheiben, es lachte der blaue Himmel über dem Gefängnishof, und es war, als lachten auch die alten, schmutzigen Mauern, wie ein Geschöpf lächelt, das die Heiterkeit in sich unterdrücken muss, damit sie nicht allzu laut in ihm werde. Hinter den Fenstergittern der Frauenabteilung sahen Frauengesichter auf den Hof; sie lachten auch, und ihre Zähne blinkten in der Sonne. Alles ringsum war wie umgewandelt, es hatte den langweiligen grauen Ton abgeworfen, der so bang und mutlos machte, und lebte auf, durchdrungen von diesem reinigenden Lachen, das, wie die Sonne, selbst den Schmutz zwingt, anständiger zu sein.

Nachdem er das grüne Kätzchen auf den Rasen gelegt hatte, der, zwischen den Steinen hervordringend, den Gefängnishof bunt erscheinen ließ, führte Sasubrina schwitzend, aufgeregt und atemlos immer noch seinen wilden Tanz auf.

Aber schon erlosch das Gelächter. Es war so über die Maßen gewesen und hatte die Leute ermüdet. Einer und der andere winselte noch hysterisch, einige lachten noch, aber schon mit Pausen dazwischen ... Schließlich kamen Momente, wo alle schwiegen, außer dem singenden und dem tanzenden Sasubrina und dem Kätzchen, das, auf dem Rasen kriechend, leise und kläglich miaute. Es unterschied sich in der Farbe fast gar nicht von ihm, und – wahrscheinlich blendete es die Farbe und hinderte seine Bewegungen – kroch, großköpfig und klebrig-glatt, auf zitternden Beinen, blieb liegen, wie an den Rasen geklebt, und miaute in einem fort ...

»Kommt, ihr Leut', und seht,
Der grüne Kater geht,
Seht, die früher rote Katz'
Findet für sich keinen Platz«,

kommentierte Sasubrina die Bewegungen des Kätzchens.

»Sieh an, Hund, wie geschickt!«, sagte der rothaarige Bursche. Das Publikum betrachtete seinen Artisten mit übersättigten Augen.

»Wie's miaut!«, sagte der halbwüchsige Gefangene mit einer Kopfbewegung nach dem Kätzchen und sah seine Kameraden an. Sie schwiegen und beobachteten das Tierchen.

»Bleibt's denn nun sein lebelang grün?«, fragte der Junge.

»Wie lange wird's denn noch leben?«, sagte ein großer, grauhaariger Mann, indem er sich neben dem Miezchen niederkauerte. »Es trocknet in der Sonne, die Haare kleben ihm zusammen, und es krepiert ...«

Das Kätzchen miaute herzzerreißend, wodurch es eine Reaktion in der Stimmung der Gefangenen hervorrief.

»Es krepiert?«, fragte der Junge ...

»Wenn man es abwüsche?«

Keiner antwortete ihm. Das kleine, grüne Klümpchen quälte sich zu Füßen dieser rauen Leute und war bemitleidenswert in seiner Hilflosigkeit.

»Pfui! Ich bin wie geschmort!«, rief Sasubrina indem er sich auf die Erde warf. Er wurde nicht beachtet.

Der Junge näherte sich dem Kätzchen und nahm es in die Hände, legte es aber gleich wieder auf den Rasen und sagte:

»Es ist ganz heiß ...«

Dann sah er die Kameraden an und äußerte mitleidig:

»So geht's dem Miezchen! Und wir werden kein Miezchen mehr haben! Warum habt ihr das Tier umgebracht?« ...

»Nu, es wird sich wieder erholen«, sagte der Rothaarige.

Das grüne, verunstaltete Geschöpf kroch immer noch auf dem Rasen, zwanzig Paar Augen verfolgten es, und auf keinem Gesicht lag mehr der Schatten eines Lächelns. Alle waren finster, alle schwiegen, und alle wurden so traurig wie das Kätzchen, als hätte es ihnen sein Leiden mitgeteilt, und sie fühlten seinen Schmerz mit.

»Es wird sich wieder erholen«, lachte der Junge höhnisch auf, die Stimme erhebend.

»Was nicht noch ... Wir hatten das Miezchen ... alle hatten es lieb ... Warum quält ihr's? Schlagt's lieber tot ...«

»Und wer hat's getan?«, rief der rothaarige Arrestant erbost.

»Der da ist der teuflische Anstifter!«

»Nu«, sagte Sasubrina versöhnlich, »wir alle zusammen wollten es doch!«

Und er krümmte sich wie vor Kälte. »Alle zusammen!«, äffte ihm der Junge nach ... »Auch noch! Du bist allein schuld ... ja!«

»Ach, du Kalb, brüll' nicht«, riet ihm Sasubrina friedfertig.

Der grauhaarige Alte nahm das Kätzchen in die Hände, untersuchte es sorgfältig und gab den Rat:

»Wenn es in Petroleum gebadet würde, ginge die Farbe ab!«

»Meine Meinung ist, es am Schwanz zu nehmen und über die Mauer zu werfen«, sagte Sasubrina und fügte lachend hinzu: »Das ist am Allereinfachsten!«

»So–o?«, brüllte der Rothaarige los. »Und wenn ich dir selber das täte? Willst du?«

»Teufel!«, rief der Junge, riss die Katze aus den Händen des Alten und stürzte fort. Der Alte und noch einige gingen ihm nach.

Da blieb Sasubrina allein in einem Kreise von Leuten, die ihn mit bösen, finsteren Augen ansahen. Es war, als erwarteten sie etwas von ihm.

»Ich war's doch nicht allein, Brüder!«, sagte Sasubrina kläglich.

»Schweig!«, rief der Rothaarige, sich im Hofe umsehend, »nicht allein! Und wer denn noch?«

»Ja doch alle?«, entriss es sich dem Lustigmacher laut.

»Ah, Hund!«

Der Rothaarige versetzte ihm eins mit der Faust in die Zähne. Der Artist wankte zurück, aber dort traf ihn ein Genickstoß.

»Brüder ...«, flehte er bang. Aber seine Brüder hatten gesehen, dass die beiden Aufseher weit von ihnen waren, sie umringten ihren Favoriten dicht und stießen ihn mit ein paar Schlägen nieder. Von fern konnte die dichte Gruppe für eine sich lebhaft unterhaltende Gesellschaft gehalten werden. Von ihnen umringt und verdeckt, lag Sasubrina zu ihren Füßen. Dann und wann erschallten dumpfe Laute – sie stießen Sasubrina mit den Füßen in die Rippen, ohne Hast, ohne Erbitterung, abwartend, bis der sich wie eine Natter windende Mensch ihren Fußtritten eine besonders geeignete Stelle darbot.

So vergingen drei Minuten. Plötzlich erschallte die Stimme des Aufsehers:

»Heda, ihr Teufel! Bleibt in euren Schranken!«

Die Arrestanten hoben die Folter nicht gleich auf. Nacheinander gingen sie von Sasubrina ab, und jeder verabschiedete sich im Weggehen mit einem Fußstoß von ihm.

Als sie auseinandergegangen waren, blieb er auf der Erde liegen. Er lag mit der Brust nach unten, seine Schultern bebten – wahrscheinlich weinte er – er hustete und warf aus. Dann fing er vorsichtig, als habe er Angst, zu zerbrechen, an, sich von der Erde aufzurichten; sich mit der linken Hand darauf stützend, bog er ein Bein ein und setzte sich auf die Erde, aufwinselnd wie ein kranker Hund.

»Verstell' dich!«, rief der Rothaarige drohend. Sasubrina warf sich herum und stand schnell auf.

Dann wandte er sich wankend nach einer der Gefängnismauern. Eine Hand hatte er an die Brust gedrückt, die andere nach vorne gestreckt. So lehnte er sich an die Wand und beugte stehend den Kopf zur Erde nieder. Er hustete ...

Ich sah, wie dunkle Tropfen auf die Erde fielen; es war gut zu unterscheiden, wie sie auf dem grauen Hintergrunde der Gefängnismauer schnell erschienen und verschwanden.

Und um das Staatsgebäude nicht mit seinem Blut zu beflecken, gab sich Sasubrina alle mögliche Mühe, es so auf die Erde zu vergießen, dass kein Tropfen an die Wand kam.

Er wurde ausgelacht ...

Das Kätzchen war seit jener Zeit verschwunden. Und Sasubrina hatte mit niemand mehr die Aufmerksamkeit der Gefängnisbewohner zu teilen.

Das Lied vom Sturmvogel

Über grauer Meeresfläche zieht der Wind schwarze Wolken zusammen. Zwischen Wolken und Meer schießt der Sturmvogel dahin, einem schwarzen Blitze gleich.

Bald mit dem Flügel die Wogen streifend, bald sich pfeilschnell zu den Wolken aufschwingend, kreischt er, und die Wolken hören Lust aus des Vogels kühnem Schrei.

Aus diesem Schrei klingt – Sturmesdurst! Zornesgewalt, lodernde Leidenschaft und Siegeszuversicht hören die Wolken aus diesem Schrei.

Die Möwen bangen vor dem Sturm – bangen, flattern über dem Meer und möchten auf seinem Grunde ihr Entsetzen vor dem Sturm verbergen.

Und die Taucher stöhnen auch, nicht zugänglich ist der Genuss des Lebenskampfes ihnen: der Donner der Schläge erschreckt sie.

Furchtsam birgt seinen fetten Leib der dumme Pinguin im Felsen ... Der stolze Sturmvogel allein schwebt kühn und frei über dem schaumgrauen Meere!

Düsterer und tiefer immer senken sich die Wolken aufs Meer, und die Wogen streben tanzend dem Donner entgegen.

Der Donner kracht. Zornschäumend ächzen die Wellen im Streit mit dem Winde. Da packt er einen Haufen Wellen in starker Umarmung und schleudert sie in wildzornigem Schwung an die Felswand, den Riesensmaragd zu sprühendem Staub zerschlagend.

Kreischend schießt der Sturmvogel dahin, einem schwarzen Blitze gleich; wie ein Pfeil durchdringt er die Wolken, und den Wogenschaum streift er mit seinem Flügel.

So schwebt er dahin wie ein Dämon – der stolze, schwarze Dämon des Sturmes – und lacht, und schluchzt ... Er lacht der Wolken, er schluchzt vor Lust!

Im Donnergrollen spürt er längst Ermüdung, er weiß, Wolken verbergen die Sonne nicht – nein, sie verbergen sie nicht!

Der Wind heult ... Der Donner kracht ... Wie eine blaue Flamme lohen die Wolkenzüge über dem Meeresschlund. – Das Meer fängt die Blitzstrahlen auf und löscht sie in seinen Wirbeln. Feurigen Schlangen gleich winden und verlieren sich im Meer die Blitzreflexe.

Sturm! Der Sturm bricht los!

So schwebt der kühne Sturmvogel stolz zwischen Blitzen dahin über zornbrüllendem Meer; und es ruft der Siegeskünder:

Oh dass der Sturm gewaltiger noch erbrause!

Einmal im Herbst ...

Einmal im Herbst begab es sich, dass ich mich in einer sehr unangenehmen und unbequemen Lage befand: in einer Stadt, in der ich eben erst angekommen war und keinen einzigen Bekannten besaß, sah ich mich plötzlich ohne einen Groschen in der Tasche und ohne Wohnung.

Nachdem ich in den ersten Tagen von meiner Kleidung alles verkauft hatte, was zu entbehren möglich war, begab ich mich aus der Stadt nach der Gegend »Münde« genannt, wo sich Dampferanlegeplätze befanden und zur Zeit der Schifffahrt ein reges Arbeitsleben herrschte. Jetzt aber war es dort öde und still, denn es war in den letzten Tagen des Oktobers.

Indem ich die Füße über den nassen Sand schleifte und ihn genau betrachtete in dem Wunsche, irgend etwas Essbares in ihm zu entdecken, wanderte ich einsam zwischen den verödeten Gebäuden und Verkaufsständen umher und dachte daran, wie gut es wäre, satt zu sein ...

Bei dem gegenwärtigen Kulturzustand kann man den Hunger der Seele leichter befriedigen als den Hunger des Leibes. Man durchwandert die Straßen und ist von Gebäuden umgeben, deren Äußeres nicht übel ist und die innen wohl ausgestattet sind – wie man, ohne sich zu irren, sagen darf – das kann in uns erfreuliche Gedanken über Architektur, Hygiene und viele andre kluge und hohe Dinge erwecken; bequem und warm gekleidete Leute begegnen uns – sie sind höflich und gehen uns immer aus dem Wege, da sie zartfühlend das traurige Faktum unserer Existenz nicht zu bemerken wünschen. Wahrhaftig, die Seele des Hungernden wird stets besser und gesunder gespeist als die des Satten, – das ist eine These, aus der sich ein sehr scharfsinniger Schluss zum Besten der Satten ziehen lässt! ...

... Der Abend brach herein, es regnete, und aus Norden blies ein heftiger Wind. Er pfiff durch die leeren Verkaufsstände und Buden, schlug an die mit Brettern vernagelten Fenster der Gasthäuser, und die Wellen des Flusses schäumten» von seinen Stößen, rauschten laut auf den Ufersand, ihre weißen Kämme hoch aufwerfend, und zogen eine nach der andern in die trübe Ferne, mit Ungestüm einander überspringend ... Es war, als fühle der Fluss die Nähe des Winters und wolle fliehen aus Furcht vor den Eisesfesseln, die der Nordwind ihm schon in dieser Nacht anlegen konnte. Der Himmel war schwer und düster, unaufhörlich stäubten dem Auge kaum sichtbare Regentröpfchen hernieder, und zwei abgebrochene, verkrüppelte Weiden und ein umgeworfenes Boot an ihren Wurzeln verstärkten noch die traurige Elegie in der Natur und um mich.

Das umgestürzte Boot mit dem zerbrochenen Boden und die von dem kalten Winde beraubten Bäume waren kümmerlich und alt ... alles ringsum zerstört, menschenleer und tot, und der Himmel vergoss unstillbare Tränen. Öde und düster war es ringsumher – als stürbe alles, und bald würde ich allein noch leben, und auch mich erwarte der kalte Tod.

Und ich war damals achtzehn Jahre alt – eine schöne Zeit!

Ich wanderte und wanderte über den kalten, nassen Sand, und die Zähne schlugen Triller zu Ehren des Hungers und der Kälte, aber plötzlich, als ich im vergeblichen Suchen nach Essbarem hinter einen Verkaufsstand ging, bemerkte ich dahinter auf der Erde eine gekrümmte Gestalt in Frauenkleidung, die, nass vom Regen, den gebeugten Schultern dicht anlag. Neben ihr stehen bleibend, betrachtete ich aufmerksam, was sie tat. Es zeigte sich, dass sie, mit den Händen im Sande eine Grube aufwühlend, einen Kasten unterminierte.

»Wozu tust du das?«, fragte ich, mich neben sie hinhockend.

Sie schrie leise auf und sprang schnell auf die Füße. Nun, da sie stand und mich mit weit geöffneten, angstvollen grauen Augen ansah, erkannte ich, dass sie ein Mädchen in meinem Alter war, mit sehr lieblichem Gesichtchen, das leider durch drei große blaue Flecke verunziert war. Es wurde dadurch entstellt, obwohl die Flecke mit bemerkenswerter Gleichmäßigkeit verteilt waren – je einer von gleicher Größe unter den Augen und ein etwas größerer auf der Stirn, gerade über dem Nasenrücken. An dieser Symmetrie war das Werk eines Künstlers zu erkennen, der sehr gewitzt darin war, ein Menschenantlitz zu entstellen.

Das Mädchen sah mich an, und allmählich erlosch die Angst in ihren Augen. Da schüttelte sie den Sand von den Händen, zog das Kattuntuch auf dem Kopfe zurecht, krümmte sich und sagte:

»Du möchtest vermutlich auch essen ... Nu denn, grabe ... mir sind die Hände müde.« Sie winkte mit dem Kopf nach dem Kasten – »da ist wahrscheinlich Brot ... vielleicht auch Wurst. Hier wird noch gehandelt ...«

Ich fing an zu graben. Und nachdem sie ein Weilchen gewartet und mir zugesehen hatte, setzte sie sich neben mich und half mir ...

Wir arbeiteten schweigend. Ich vermag jetzt nicht zu sagen, ob ich in jenem Augenblick an den Strafkodex, an die Moral, an das Eigentum

162

und die übrigen Dinge dachte, an die man nach der Meinung vieler erfahrener Leute in allen Lebensmomenten denken soll. Da ich der Wahrheit möglichst nahe bleiben will, muss ich gestehen – ich glaube, ich war so in das Werk der Unterminierung des Kastens vertieft, dass ich alles andere völlig vergessen hatte, außer dem einen, was sich in diesem Kasten finden würde ...

Es wurde Abend. Feuchte, dumpfe, kalte Finsternis verdichtete sich immer mehr um uns. Es war, als rauschten die Wellen tiefer als vorhin, und der Regen trommelte immer lauter und schneller auf die Bretter der Bude. In der Ferne erdröhnte schon die Schnarre des Nachtwächters ...

»Hat er einen Boden oder nicht?«, fragte meine Gehilfin leise. Ich verstand nicht, wovon sie sprach, und schwieg ...

»Ich sage ... hat der Kasten einen Boden? Wenn, dann quälen wir uns umsonst. Wir machen ein Loch darunter – und dann sind vielleicht noch dicke Bretter da ... Wie soll man die abreißen? Wir wollen lieber das Schloss aufbrechen; es ist nur ein schlechtes ...«

Frauenköpfe werden selten von guten Gedanken heimgesucht; aber dennoch kommt es vor, wie man sieht ... Ich habe immer gute Ideen zu schätzen gewusst und mich immer bemüht, sie nach Möglichkeit auszunützen.

Nachdem ich das Schloss gefunden hatte, zog ich daran und riss es samt dem Haken heraus. Meine Mitschuldige beugte sich sogleich nieder und schlüpfte wie eine Schlange in die sich auftuende viereckige Öffnung. Von da ertönte ihr beifälliger Ruf:

»Das war brav!«

Ein kleines Lob aus Frauenmund ist mir lieber als ein ganzer Dithyrambus von einem Manne, sei er auch so beredt, wie alle alten und neuen Rhetoren zusammengenommen. Doch damals war ich nicht so liebenswürdig gestimmt wie jetzt, und ich fragte, ohne das Kompliment meiner Freundin zu beachten, kurz und ängstlich:

»Ist etwas da?«

Sie zählte mir eintönig ihre Entdeckungen auf.

»Ein Korb mit Flaschen ... Leere Säcke ... Ein Schirm ... Ein eiserner Eimer.« Alles das war nicht essbar. Ich fühlte, dass meine Hoffnungen erloschen ... Aber plötzlich rief sie lebhaft:

»Aha! Da ist es ...«

»Was?«

»Brot ... Ein Laib ... Nur nass ... Greif!«

Das Brot rollte zu meinen Füßen und sie hinterher, meine unerschrockene Freundin. Ich hatte schon ein Stückchen abgebrochen, es in den Mund gesteckt und kaute ...

»Nu denn, gib mir ... Aber von hier müssen wir fortgehen. Wohin sollen wir?« Sie sah sich in der Dunkelheit forschend nach allen Himmelsgegenden um ... Es war dunkel, nass, geräuschvoll ...

»Sieh, da ist ein umgestürztes Boot ... wollen wir dorthin?«

»Komm!« Und wir gingen, im Gehen von unsrer Beute etwas abbrechend und den Mund damit vollstopfend. Der Regen war stärker geworden, der Strom toste, aus der Ferne tönte ein gedehntes spöttisches Pfeifen herüber – gerade, als ob irgendein Großer, der niemand fürchtete, alle Erdeneinrichtungen auspfeife, auch diesen hässlichen Herbstabend und uns, seine beiden Helden ... Von diesem Pfeifen tat das Herz krankhaft weh; nichtsdestoweniger aß ich gierig, worin mir auch das Mädchen, das an meiner linken Seite ging, nicht nachstand.

»Wie heißt du?«, fragte ich sie, um etwas zu sagen.

»Natascha!«, antwortete sie kurz, laut schmatzend.

Ich sah sie an, – das Herz zog sich mir schmerzlich zusammen, ich sah in die Finsternis vor mir, und – mir schien, als lächle mir die ironische Fratze meines Schicksals rätselhaft und kalt ...

... Rastlos pochte der Regen auf das Holz des Bootes, und sein weiches Rauschen brachte auf traurige Gedanken, der Wind pfiff, durch den durchlöcherten Boden wehend, durch eine Spalte, wo ein Spänchen ruhelos und kläglich knisterte. Die Wellen des Flusses rauschten ans Ufer, und es klang so eintönig und hoffnungslos, als erzählten sie von etwas unerträglich Lästigem und Schwerem, dessen sie bis zum Ekel überdrüssig waren, von etwas, dem sie entrinnen möchten, und von dem sie dennoch unumgänglich reden mussten. Das Rauschen des Regens mischte sich in ihr Geplätscher, und über dem umgestürzten Boot tönte es wie ein Seufzer, ein gedehnter, endloser, schwerer Seufzer der beleidigten Erde, die der ewigen Ablösung des lichten, warmen Sommers durch den kalten, nebligen, nassen Herbst müde war. And der Wind sauste über das öde Ufer und den schäumenden Fluss, sauste und sang seine traurigen Lieder ...

Das Obdach unter dem Boot war jeden Komforts bar: es war eng und feucht darin, durch den durchlöcherten Boden stäubten feine, kalte Regentropfen ... strömte der Wind herein ... Wir saßen schweigend und vor Kälte zitternd. Ich war schläfrig, erinnere ich mich. Natascha, in ein kleines Häufchen zusammengekauert, lehnte sich mit dem Rücken an den

Bord des Bootes. Mit den Armen die Knie umfassend und das Kinn daraufgestützt, sah sie starr auf den Fluss, die Augen weit geöffnet ... in ihrem weißen Gesicht erschienen sie sehr groß durch die blauen Stellen darunter. Sie regte sich nicht, und ich fühlte, dass diese Regungslosigkeit und das Schweigen allmählich Furcht vor meiner Nachbarin in mir erzeugten. Ich wollte mit ihr reden, aber ich wusste nicht, womit ich anfangen sollte.

Sie fing selbst an zu sprechen.

»Solch ein verfluchtes Leben!«, stieß sie vernehmlich, jedes Wort einzeln, mit tiefer Überzeugung im Ton hervor. Aber das war keine Klage. In diesen Worten lag für eine Klage zu viel Gleichgültigkeit. Ein Mensch hatte einfach nachgedacht, wie er es verstand, und war zu dem bewussten Schluss gekommen, den er laut aussprach, und auf den ich nichts erwidern konnte, ohne mir selbst zu widersprechen. Deshalb schwieg ich. Und sie saß weiter so regungslos, als bemerke sie mich nicht.

»Man möchte krepieren ...«, fing Natascha wieder an, aber diesmal leise und gedankenvoll. Und wieder klang kein Ton der Klage aus ihren Worten. Sichtlich hatte ein Mensch, der über das Leben nachgedacht, sich selbst betrachtet und war ruhig zu der Überzeugung gekommen, dass er, um sich selbst vor dem Spott und Hohn des Lebens zu bewahren, nicht imstande war, anderes zu tun, als eben zu »krepieren«.

Vor solcher Klarheit des Denkens wurde mir unaussprechlich bang und weh ums Herz, und ich fühlte, dass, wenn ich noch länger schweige, ich sicher weinen müsste ... Und dessen schämte ich mich vor einem Weibe, umso mehr, als sie auch nicht weinte. Ich entschloss mich, mit ihr zu reden.

»Wer hat dich so geschlagen?«, fragte ich, da ich nichts Klügeres und Zarteres ausfindig machte ...

»Immer doch Paschka ...«, antwortete sie schlicht und laut.

»Und wer ist das?« ...:

»Mein Liebhaber ... Ein Bäcker ...«

»Schlägt er dich oft?« ...

»Wenn er sich betrinkt, schlägt er mich ... Oft!«

Und an mich heranrückend, fing sie plötzlich an, mir von sich, Paschka und den zwischen ihnen bestehenden Beziehungen zu erzählen. Sie war – »eins von den Mädchen, welche ...«, er ein Bäcker mit rotem Schnurrbart, der sehr gut die Harmonika spielte. Er war zu ihr in die »Anstalt« gekommen und hatte ihr sehr gefallen, weil er ein lustiger Mensch war und sich sauber kleidete. Seine Jacke kostete fünfzehn Rubel, und er trug Stulpenstiefel ... Aus diesen Gründen verliebte sie sich in ihn, und er wurde ihr besonderer Liebhaber. Seit er das geworden war, nahm er ihr das Geld ab, das ihr andere Gäste für Näschereien gegeben hatten, betrank sich dafür und schlug sie – und das wäre noch nichts, – aber er fing an, vor ihren Augen sich mit anderen Mädchen einzulassen ...

»Soll mich das nicht kränken? Ich bin nicht schlechter als andre ... Das heißt, er macht sich über mich lustig, der Niederträchtige. Vorgestern bat ich die Wirtin um Erlaubnis, auszugehen; und als ich zu ihm kam, saß die betrunkene Dunka bei ihm. Und er war auch betrunken. Ich sage zu ihm: »Du niederträchtiger Kerl! Du Spitzbube!« Er hat mich ganz zuschanden geschlagen, mit den Füßen getreten, an den Haaren gerissen ... auf jede Weise ... Das wäre noch nichts; aber er hat mir alles zerrissen ... was soll ich jetzt machen? Wie zeige ich mich vor der Wirtin? Alles hat er zerrissen, das Kleid, die Jacke – sie war noch ganz neu ... fünf Rubel hat sie gekostet! ... und das Tuch hat er mir vom Kopfe gerissen ... Mein Gott! Was soll ich jetzt anfangen?«, weinte sie plötzlich mit bekümmerter, brechender Stimme auf.

Und der immer stärker und kälter werdende Wind heulte ... und meine Zähne fingen wieder einen Tanz an. Sie zog sich auch ganz zusammen vor Kälte, nachdem sie so dicht an mich herangerückt war, dass ich schon durch die Finsternis ihre glänzenden Augen sah ...

»Was seid ihr alle abscheulich, ihr Männer! Ich möchte euch alle zertreten, verstümmeln ... Verreckte wer von euch, ins Gesicht würde ich ihm speien, aber ihn nicht bedauern! Gemeine Fratzen! ... Bettelt und bettelt und wedelt mit dem Schwanz wie Hunde, und ergibt sich euch eine Närrin, gleich ist's fertig! Gleich unter eure Füße mit ihr ... Räudige Hunde ...« Sie schimpfte in sehr mannigfaltiger Weise, aber es war keine Kraft darin: ich hörte weder Zorn noch Hass gegen die »räudigen Hunde« heraus. Überhaupt war der Ton ihrer Reden ruhig und entsprach nicht ihrem Inhalt, und die Stimme war traurig arm an Noten.

Aber alles dies wirkte stärker auf mich als die beredtesten und überzeugendsten pessimistischen Schriften und Reden, deren ich früher und später nicht wenige gehört, und die ich heute noch höre und lese. Und das darum, seht, weil die Agonie eines Sterbenden immer weit natürlicher und gewaltiger ist als die genauesten und kunstvollsten Beschreibungen des Todes.

Mir war schlecht zumute – wahrscheinlich mehr von der Kälte als von den Reden meiner Quartiernachbarin. Ich fing leise an zu stöhnen und knirschte mit den Zähnen.

Und fast in demselben Moment fühlte ich zwei kleine, kalte Hände an mir, – eine berührte meinen Hals, die andere legte sich mir aufs Gesicht, und gleichzeitig erklang die beunruhigte, leise, freundliche Frage:

»Was ist dir?«

Ich hätte fast glauben mögen, dass mich ein andrer fragte als Natascha, die eben erklärt hatte, dass alle Männer Schurken seien und ihnen allen Verderben wünschte. Aber sie redete bereits erregt und schnell ...

»Was ist dir? ah? Ist dir kalt? Friert dich? Ach, was bist du mir für einer! Sitzt und schweigt ... wie eine Eule! Du hättest mir doch längst sagen sollen, dass dich friert ... Nu ... leg' dich auf die Erde ... streck' dich aus ... ich lege mich auch ... so! Jetzt fasse mich um ... fester ... Nu, siehst du, jetzt wird dir warm werden ... And dann legen wir uns mit dem Rücken aneinander ... Irgendwie bringen wir die Nacht hin ... Was ist denn mit dir, hast du getrunken? Bist du von deiner Stelle fortgejagt? ... Das schadet ja nichts! ...« Sie tröstete mich ... Sie ermutigte mich ...

Möge ich dreifach verflucht sein! – Wie viel Ironie lag für mich in diesem Faktum! Bedenkt! War ich doch in jener Zeit ernstlich um das Schicksal der Menschheit besorgt, träumte von der Reorganisation der sozialen Ordnung, von politischen Umwälzungen, las verschiedene teuflisch-kluge Bücher, deren Gedankentiefe sicherlich selbst ihren Autoren unerreichbar blieb – war auf jede Weise bemüht, eine »große, allgemein tätige Kraft« aus mir zu machen. Es wollte mir sogar scheinen, als hätte ich meine Aufgabe schon teilweise gelöst; jedenfalls war ich damals in meinen Vorstellungen von mir schon bis zur Anerkennung der ausschließlichen Existenzberechtigung meiner selbst gelangt, als einer notwendigen Größe, die voll befähigt war, im Leben eine große geschichtliche Rolle zu spielen! Und mich erwärmte mit seinem Leibe ein käufliches Weib, ein unglückliches, zerschlagenes, verjagtes Geschöpf, das keinen Platz im Leben hatte und keinen Wert, und dem zu helfen mir nicht eher eingefallen war, als bis es selbst mir half. Und wäre es mir auch eingefallen, so hätte ich schwerlich verstanden, ihm wirklich zu helfen.

Ach, ich hätte glauben mögen, dass alles dies im Traume mit mir geschah, in einem absurden, einem schweren Traume ...

Aber ach! ich konnte es nicht denken, denn kalte Regentropfen fielen auf mich nieder, die warme Brust des Weibes schmiegte sich fest an die meine, ins Gesicht hauchte mir ihr warmer Atem, obwohl mit einem leichten Branntweinaroma ... aber doch so belebend ... Der Wind heulte und stöhnte, der Regen schlug auf das Boot, die Wellen rauschten, und wir beide, uns eng aneinanderschmiegend, zitterten doch vor Kälte. Alles das war vollkommene Wirklichkeit, und ich bin überzeugt, niemand hat solchen schweren und hässlichen Traum gehabt, wie diese Wirklichkeit. Aber Natascha sprach immerfort, sprach so freundlich und teilnehmend, wie nur Frauen reden können. Unter dem Einfluss ihrer naiven, freundlichen Reden erwärmte sich mein Inneres ganz leise, und es schmolz etwas in meinem Herzen.

Da rannen mir die Tränen stromweise aus den Augen und wuschen mir viel Zorn, Schmerz, Torheit und Schmutz vom Herzen ab, die sich vor dieser Nacht darin angesetzt hatten. Natascha aber redete mir zu;

»Nu, lass doch, mein Lieber, lass doch, weine nicht! Lass doch! Gott wird geben, dass es dir wieder besser geht – du bekommst wieder eine Stelle ... und sonst alles ...«

Und sie küsste mich immerfort ... viel, zahllos, heiß ...

Das waren die ersten Frauenküsse, die mir das Leben darbrachte, und es waren die besten Küsse, denn alle folgenden wurden mir schrecklich teuer und gaben mir wirklich nichts.

»Nu, weine doch nicht mehr, du wunderlicher Mensch! Ich versorge dich morgen, wenn du nicht weißt, wo du hinsollst ...«, hörte ich ihr leises, überredendes Flüstern wie im Traum ... Bis zum Morgengrauen lagen wir so in gegenseitiger Umarmung ...

Als es tagte, kletterten wir unter dem Boot hervor und gingen in die Stadt ... Dann verabschiedeten wir uns freundschaftlich und sind uns nie mehr begegnet, obwohl ich ein halbes Fahr in allen Spelunken nach dieser lieben Natascha suchte, mit der ich die beschriebene Nacht einmal im Herbst verlebte ...

Ist sie schon tot – wie gut für sie! – Möge sie in Frieden ruhen! Und lebt sie – Friede ihrer Seele! Und möge in ihrer Seele nie das Bewusstsein ihres Falles erwachen ... denn das wäre überflüssiges und fürs Leben fruchtloses Leiden.

Die Holzflößer

I

Schwere Wolken ziehen langsam über dem verschlafenen Flusse; es ist, als senkten sie sich immer tiefer und tiefer, und es scheint, als berührten ihre grauen Fetzen in der Ferne die Oberfläche der schnellen, trüben Frühlingswogen, und als erhöbe sich dort, wo sie das Wasser berühren, bis zum Himmel eine undurchdringliche Wolkenwand, die dem Flusse den Lauf und den Flößen den Weg versperrte.

Diese Wand unterspülend, schlagen die Wellen erfolglos mit leisem, klagendem Murren daran und verlaufen sich, zurückgeworfen, links und rechts, wo das feuchte Dunkel der frischen Frühlingsnacht liegt.

Doch die Flöße schwimmen vorwärts, und im weiten Raume voll schwerer Wolkenmassen verschiebt sich die Ferne vor ihnen.

Die Ufer sind nicht zu sehen. Die Nacht deckt sie, und die breiten Wogen der Überschwemmung gehen darüber hinweg.

Der Fluss ist wie ein Meer, und der ganz von Wolken verhüllte Himmel darüber – schwer, feucht und traurig.

In diesem grauen, trüben Bilde gibt es keine Luft, keine lichten Farben.

Die Flöße gleiten schnell und geräuschlos über das Wasser, und aus dem Dunkel kommt ihnen ein Dampfer entgegen, aus dessen Schornstein lustige Funken sprühen, und dessen Schaufelräder dumpf aufs Wasser schlagen ...

Zwei rote Laternen an den Seiten werden immer größer, immer heller, und die Laterne auf dem Mast schwankt leise hin und her und winkt geheimnisvoll der Finsternis zu.

Der weite Raum ist von dem Rauschen des zerteilten Wassers und dem schweren Gestöhn der Maschine erfüllt.

»Vorgesehen!«, erschallt eine kräftige Bruststimme auf den Flößen.

An den Rudern am Ende des Floßes stehen zwei: Mitja, der Sohn des Flößers, ein blonder, schwächlicher, nachdenklicher Bursch von 22 Jahren, und Ssergej – der Arbeiter, ein verdrießlicher, gesunder junger Mensch mit rotem Bart; aus dem Rahmen der nicht geschlossenen, spöttisch aufgeworfenen Oberlippe traten große, starke Zähne hervor.

»Haltet links!«, erschütterte ein lauter Ruf von vorne die Finsternis von neuem.

»Das wissen wir allein! was brüllst du?«, knurrte Ssergej unzufrieden und legte sich seufzend in die Riemen.

»O–uch! Wende stärker, Mitja!«

Dimitry stemmt die Füße auf die feuchten Balken, zieht mit den schwachen Händen die schwere Stange – das Ruder – nach sich und hustet heiser.

»Mehr nach links! ... Teufel, ihr!«, wurde vorne erregt und zornig geschrien.

»Brüll' nur! Dein abgezehrter Sohn kann keinen Strohhalm überm Knie zerbrechen, und du stellst ihn ans Steuer und brüllst nachher über den ganzen Fluss. Dem Knicker war es schade, noch einen Arbeiter zu dingen. Nu, brüll' dir jetzt den Hals aus! ...«

Ssergej brummte ganz laut, als befürchte er augenscheinlich nicht, gehört zu werden, oder als wünsche er es sogar ...

Der Dampfer schießt an den Flößen vorüber, murrend die schäumenden Wogen unter den Rädern fortkehrend. Die Balken schaukeln auf dem Wasser, und die aus Reisern gedrehten Bänder geben einen kläglichen, knarrenden Ton von sich.

Die erleuchteten Fenster des Dampfers sehen auf den Fluss, und die Flöße, wie eine Reihe feuriger Augen, spiegeln sich im bewegten Wasser als lichte, zitternde Flecke ab und verschwinden.

Die Wellen rauschen auf die Flöße, die Balken fangen an zu tanzen, und schwankend stützt sich Mitja fest aufs Steuer, da er zu fallen fürchtet.

»Nu, nu!«, knurrt Ssergej spöttisch, »du willst wohl tanzen! Der Vater wird dich wieder anbrüllen ... Oder er kommt und versetzt dir eins, dann wirst du nicht tanzen! Halte rechts! Eu–nu! Oh, oh!« ...

And mächtig, mit Armen wie stählerne Sprungfedern, dreht und wendet Ssergej sein Ruder, tief das Wasser damit durchfurchend ...

Groß, energisch, ein wenig schlimm und spöttisch, steht er so da, als sei er mit den nackten Füßen an den Balken festgewachsen, und in stark gespannter Haltung, jeden Augenblick bereit, das Floß zu wenden, blickt er scharf vorwärts.

»Da, wie dein Vater die Marja umarmt! Nu – nu, das sind doch Teufel! Weder Scham noch Gewissen! Warum gehst du nicht weg von den schamlosen Teufeln? ... ah? Hörst du?«

»Ich höre«, sagte Mitja halblaut, ohne dort hinzusehen, wo Ssergej seinen Vater durch die Dunkelheit sieht.

»Ich höre! Ach, du Weichbrot!«, äfft Ssergej ihm nach und lacht ironisch.

»So etwas!«, fährt er fort, von Dimitrys Apathie angestachelt. »Verteufelter Kerl, der Alte! Verheiratet den Sohn, macht die Schwiegertochter abspenstig, und – ist im Recht! Teufelskerl!« Mitry schweigt und blickt auf den Fluss zurück, wo sich auch eine dichte Wolkenwand gebildet hatte.

Jetzt waren überall Wolken, und es sah so aus, als schwämmen die Flöße nicht, sondern ständen unbeweglich in diesem dicken, schwarzen Wasser, auf dem die dunkelgrauen Wolkenhaufen lasteten, die, vom Himmel gefallen, ihm den Weg versperrten.

Der Fluss sieht aus wie ein bodenloser Abgrund, den von allen Seiten himmelhohe, mit dichten Nebelschleiern bedeckte Berge umgeben.

Ringsumher – eine drückende Stille, und das Wasser, das leise an den Flößen plätschert, scheint auf etwas zu warten. Viel heimlicher Kummer und eine scheue Frage klingen aus diesem dürftigen Laut, dem einzigen inmitten der Nacht, der ihre Stille noch vertieft ...

»Jetzt sollte es windig werden«, sagte Ssergej, »doch nein, wir brauchen keinen Wind, weil er den Regen herbeitreibt«, erwiderte er sich selbst und fing, sich räuspernd, an, seine Pfeife zu stopfen.

Ein Streichholz flammt auf, Blasen durch das verstopfte Pfeifenrohr wird hörbar, und ein rotes, bald aufflackerndes, bald erlöschendes Flämmchen beleuchtet Ssergejs breites, in der Dunkelheit gleichsam untertauchendes Gesicht.

»Mitry!«, ertönt seine Stimme. Jetzt ist er nicht mehr so mürrisch, und die lustige Note in ihm erklingt deutlicher.

»Ah?«, antwortet Mitry halblaut, ohne den Blick von der Ferne zu wenden, wo er mit seinen großen, traurigen Augen starr etwas betrachtet.

»Wie war's doch, Bruder mein, ah?«

»Was?«, fragt Mitry unwillig.

»Die Heirat doch?! Zum Lachen! Wie war's doch? Nu, als ihr schlafen gingt ... Nu, wie denn?! Ha, ha, ha!«

»Heda, ihr! Was wiehert ihr da! Vorgesehn!«, schallte es drohend über den Fluss.

»Da, wie er brüllt, der verteufelte Alte«, bemerkt Ssergej vergnügt und kehrt wieder zu dem ihn interessierenden Thema zurück.

»Nu, sag' doch! Mitja! Sag' doch! Ah!«

»Lass mich in Ruh', Sserjoga! Ich hab's ja schon gesagt!«, flüstert Mitja bittend, aber, da er wohl wusste, dass er Ssergej nicht loswurde, fing er doch hastig an:

»Nu, als wir schlafen gingen, sagte ich zu ihr: ich kann dein Mann nicht sein, Marja. Du bist ein gesundes Mädchen, ich ein kranker, schwächlicher Mensch. Ich wollte auch überhaupt nicht heiraten, der Vater trieb mich mit Gewalt ... heirate, sagt er, und so in einem fort. Ich mag euresgleichen nicht, und dich weniger als alle. Du bist zu keck ... Ja ... Und ich kann alles das nicht, verstehst du... Unfug ist es, und Sünde ... Kinder auch ... Für sie ist man Gott Verantwortung schuldig ...«

»Unfug!«, quiekt Ssergej und lacht laut auf. »Nu, und Marja? Ah?«

»Nu ... Was soll ich jetzt tun, sagt sie. Sitzt und weint. Weshalb gefalle ich dir denn nicht? Bin ich denn so hässlich? Schamlos ist sie, Sserjoga, und – böse. Soll ich denn, sagt sie, gesund wie ich bin, zum Schwiegervater gehen? Ich sage: wie du willst ... Geh', wohin du willst. Ich kann nicht wider meine Seele handeln ... Wenn noch Liebe da wäre! Aber so – Großvater Iwan hat gesagt – eine Todsünde ist es. Sind wir beide denn Vieh, sage ich ... Sie weint in einem fort. Meine Mädchenschönheit ist dahin, sagt sie. Sie tat mir leid. Lass gut sein, irgendwie wirst du dich behelfen. Oder geh' ins Kloster. Sie schimpft: Du bist ein Narr, Mitka, sagt sie, ein niederträchtiger ...«

»Ach, B–Batjuschki!«, zischte Ssergej voller Wonne. »So hast du sie abgewehrt – ins Kloster?«

»So hab' ich gesagt!«, erwiderte Mitja einfach.

»Und sie hat dich – einen Narren genannt?«, – erhebt Ssergej die Stimme.

»Ja ... sie hat geschimpft.«

»Das war dir recht, Bruder! Ach, ach, das war dir recht! Schläge hättest du haben müssen!«, ändert Ssergej plötzlich den Ton. Er spricht jetzt streng und tadelnd.

»Darfst du dich denn gegen das Gesetz auflehnen? Das hast du getan! So ist es bestimmt – nun, das ist genug. Das streite nicht. Du aber hast es beim verkehrten Ende angefangen. Ins Kloster! Dummkopf! Was braucht denn solch Mädchen? Das Kloster etwa? Nu, und jetzt! Bedenke – was daraus geworden ist! Du bist selbst nicht bä, nicht mä, und das Mädchen hast du ins Verderben gestürzt ... sie ist jetzt deines Vaters Liebste. An des Alten Sünde bist du auch schuld ... Wie viel Gesetze hast du übertreten? Dummkopf!«

»Das Gesetz, Ssergej, ist in der Seele. Ein Gesetz für alle: tue nichts, was deiner Seele zuwider ist, und du wirst nichts Böses auf Erden tun«, sagte Mitja leise und friedfertig, indem er den Kopf schüttelte.

»Und was hast du getan?«, entgegnete Ssergej energisch. »In der Seele! Auch noch ... Was nicht alles in der Seele sein soll! Es ist doch nicht alles verboten. Seele, Seele ... Verstehen muss man sie, Bruder, und danach denn schon ...«

»Nein, Ssergej, so ist es nicht!«, fing Mitja lebhaft an zu sprechen, als werde er plötzlich entflammt. »Die Seele ist immer rein wie ein Tautropfen, Bruder. Sie ist in einer Hülle, daran liegt's. Sie ist tief. Aber wenn man auf sie hört, irrt man sich nicht. Stets ist nach Gottes Willen, was nach ihr getan wird. Gott ist ja in der Seele, das heißt, das Gesetz liegt in ihr. Von Gott ist sie geschaffen, von Gott dem Menschen eingehaucht. Man muss nur in sie hineinzublicken verstehen. Man muss nur sich selbst nicht schonen.«

»Heda, ihr! Verschlafene Teufel! Gebt beide Acht!«, dröhnte es schallend über den Fluss.

Dem kraftvollen Laut war es anzuhören, dass ein gesunder, energischer, mit sich selbst zufriedener Mensch rief, ein Mensch mit großer und ihm selbst klar bewusster Lebensfähigkeit. Er rief nicht, weil die Flößer einen Verweis hervorgerufen hatten, sondern weil seine Seele voll war von etwas Freudigem und Starkem, und dieses Freudige und Starke wollte heraus, wollte sich frei machen und riss sich in diesem donnernden, energischen Laut los.

»Da, wie der alte Teufel belfert!«, bemerkte Ssergej vergnügt und sah schmunzelnd mit scharfem Blick vorwärts.

»Die Täubchen kosen! Bist du nicht neidisch, Mitja?«

Mitry sieht gleichgültig nach den vorderen Rudern, wo zwei menschliche Gestalten arbeitend von rechts nach links über die Flöße laufen und, nahe beieinander stehen bleibend, zuweilen in eine kompakte, dunkle Masse verschmelzen.

»Bist du nicht neidisch, sag?«, wiederholte Ssergej.

»Was geht's mich an? Ihre Sünde–ihre Verantwortung«, sagte Mitja leise.

»So-o!«, dehnte Ssergej ironisch und tat von neuem Tabak in die Pfeife. Wieder leuchtete das rote Flämmchen in der Finsternis auf.

Und die Nacht wurde immer dunkler, die grauen und schwarzen Wolken senkten sich immer tiefer auf den stillen, breiten Fluss herab.

»Wo hast du nur diese große Weisheit her, Mitry, ah? Oder ist sie dir schon angeboren? Du ähnelst nicht deinem Vater, Brüderchen. Dein Vater ist ein Held. Sieh mal, er ist 52 Fahre alt, und was für ein schönes Mädchen liebkost er. Ein kerniges Weib! Und sie liebt ihn – das ist schon so! Sie liebt ihn, Bruder. Solch einen muss man lieben! Wie Trumpfkönig ist dein Vater, arbeitet, dass es eine Lust ist, zu sehen, hat ein großes Vermögen, Ehren in Überfluss und den Kopf auf der richtigen Stelle. N–ja. Du gleichst weder der Mutter noch dem Vater, Mitja? Was würde dein Vater wohl gemacht haben, wenn die selige Anfisia noch lebte? Das sollt' mich wundern! Das hätt' ich sehen mögen, wie sie ihn ... Deine Mutter war auch ein rasches Weib ... Sie passte zu Ssilan.«

Mitry schwieg, sich auf das Ruder stützend und ins Wasser blickend.

Ssergej verstummte auch. Von vorne tönte ein helles Frauenlachen herüber. Eine männliche Bassstimme sekundierte ihm. Ssergej, der neugierig und scharf durch das Dunkel nach ihnen schaute, konnte ihre vom Nebel umhüllten Gestalten kaum erkennen. Man konnte nur sehen, dass der Mann groß war und breitbeinig am Ruder stand, mit halber Wendung nach dem rundlichen, kleinen Weibe, das, etwa anderthalb Faden vom ersteren entfernt, auf das andere Ruder gebeugt dastand. Sie drohte dem Manne mit dem Finger, wobei sie abgebrochen und neckisch lacht. Ssergej wendet sich mit einem betrübten Seufzer ab und fängt, nachdem er sinnend geschwiegen, wieder an:

»Ach ja! Sie haben es doch gut. Schön so! Ich Herumtreiber ohne Haus und Hof sollte es so haben! Ich würde nicht fortgehen von solchem Weibe! Ach, du! So würde ich sie immer in die Arme pressen und nicht loslassen. Da, fühle, wie ich dich lieb habe ... Aber zum Teufel, ich habe kein Glück bei den Weibern. Es scheint, sie mögen die Rothaarigen nicht. N–ja. Launisch sind sie ... und Schelme! Gierig, zu leben! Mitja! Ha, schläfst du?«

»Nein«, antwortete Mitja.

»Das ist's grade! Wie wirst du durchs Leben kommen, Bruder! Die Wahrheit zu sagen, du bist mutterseelenallein! Das ist schwer! Was soll jetzt aus dir werden? Nichtiges Leben kannst du nicht unter den Leuten finden. Du bist zu komisch. Ein Mensch, der nicht für sich einstehen kann! Zähne und Krallen muss man haben, Bruder. Jeder kann dir was zuleide tun. Kannst du dich denn wehren? Wie willst du dich wehren? Hehehe! Du bist wunderlich. Wo willst du hin?«

»Ich?«, fuhr Mitja von neuem auf. »Ich geh' fort. Diesen Herbst geh' ich nach dem Kaukasus, Bruder, und alles ist aus! Herrgott! Nur so schnell wie möglich von euch fort! Seelenlose, gottlose Leute seid ihr alle – die einzige Rettung – von euch fort. Wozu lebt ihr? Wo ist euch Gott? Ihr habt nur das Wort ... Lebt ihr denn in Christus? Ach ihr, Wölfe ihr! Aber dort sind andre Leute, ihre Seelen sind in Christo lebendig, ihre Herzen enthalten Liebe und leiden um die Erlösung der Welt. Ihr aber? Ach, ihr! Tiere, gräulich brüllende, seid ihr! Es gibt andre Leute. Ich habe sie gesehen. Sie haben mich gerufen. Zu ihnen geh' ich. Sie haben mir die Heilige Schrift gebracht. Lies, sagen sie, Mensch Gottes, unser lieber Bruder, lies das wahrhaftige Wort ... Und ich habe gelesen, und meine Seele ist vom Worte Gottes neu belebt! Ich gehe fort. Ich verlasse euch, sinnlose Wölfe – ihr nährt euch einer vom Fleisch des andern. Verflucht seid ihr!«

Mitry sprach in leidenschaftlichem Flüsterton und atmete schwer in dem ihn erfüllenden Gefühl zorniger Verachtung der sinnlosen Wölfe und vor Sehnsucht nach den Leuten, deren Seelen sich um die Erlösung der Welt kümmern.

Ssergej war ganz betäubt. Er schwieg mit weitoffnem Munde und hielt seine Pfeife in der Hand, dachte nach, sah sich um und sagte mit tiefer, finstrer Stimme:

»Sieh, wie bissig er ist! ... Er kann auch böse werden. Ganz umsonst hatte er das Buch gelesen. Wer weiß, was es für eins ist? Nu ... mach', mach', das du dahinkommst, sonst wirst du noch ganz verdorben. Vorwärts! Eile, eh du noch ganz zum Tier wirst ... Was sind denn das da für Leute im Kaukasus? Mönche? Oder vielleicht Altgläubige? Oder Molokanen? Ah?«

Aber Mitry war ebenso schnell verstummt, wie er aufgebraust war. Schwer atmend vor Anstrengung hantierte er mit dem Ruder und flüsterte etwas schnell und erregt.

Ssergej wartete lange auf seine Antwort, aber es kam keine. Diese düstre, totenstille Nacht bedrückte seine gesunde, einfache Natur, es verlangte ihn, sich ans Leben zu erinnern, diese Stille mit Lauten zu erwecken und auf jede Weise das verhaltene, beschauliche Schweigen der schweren, sich langsam ins Meer ergießenden Wassermassen und die traurig in der Luft verharrenden, regungslosen Wolkenhaufen zu stören und zu verscheuchen. An jenem Ende des Floßes wurde gelebt, und das reizte auch ihn zum Leben.

Beständig schallten von dort bald abgerissene Ausrufe, bald leises, zufriedenes Lachen herüber, abgetönt durch die Stille und Finsternis dieser Nacht so voller Frühlingsduft, der das heiße Verlangen erweckte, zu leben.

»Lass, Mitry, was machst du? Der Alte schimpft, du wirst sehen«, bemerkte er endlich, da er das Schweigen nicht länger ertrug und sah, dass Mitry das Wasser zwecklos mit dem Ruder aufrührte. Mitry blieb stehen, wischte sich den Schweiß von der Stirn und verharrte so, schwer atmend, die Brust aufs Ruder gestützt.

»Heut sind recht wenig Dampfer ... Solange wir schon schwimmen, ist uns erst einer begegnet ...«

Und da er sah, dass Mitry sich nicht anschickte, auf diese Bemerkung zu antworten, erklärte es sich Ssergej logisch selbst:

»Das ist, weil die Schifffahrt noch nicht eröffnet ist. Sie fängt eben erst an. Aber wir werden schnell nach Kasan kommen – tüchtig treibt die Wolga. Sie hat einen Riesenrücken – trägt alles. Was stehst du? Bist du bös geworden, ah, Mitja! He!« »Nu, was denn?«, fragt Mitry unlustig.

»Nichts, wunderlicher Kauz ... Was schweigst du, frag' ich? Denkst du immer nach? Das taugt zu nichts. Das ist dem Menschen schädlich. Ach, du Grübler, grübelst, aber dass du keinen Verstand hast, kommt dir nicht in den Sinn. Ha, ha!«

Und lachend räusperte sich Ssergej kräftig im Bewusstsein seiner Überlegenheit, dann schwieg er ein Weilchen, wollte schon pfeifen, brach aber ab und fuhr fort, seinen Gedanken weiter auszuspinnen.

»Gedanken! Ha! Ist das eine Beschäftigung für einen gewöhnlichen Menschen. Sieh, dein Vater da, der grübelt nicht, – der lebt. Er liebkost dein Weib und lacht mit ihr über dich, den klugen Toren. So ist's! Horch nur! Hab' keine Angst, Markas Kind wird dir nicht ähnlich. Es wird wohl solch ein rascher Kerl wie Ssilan Petroff selbst. Aber für dein Kind wird es doch gelten. Das sind Sachen! Ha, ha! »Papachen« – wird es dich nennen. Und du wirst doch nicht sein Papa, sondern sein Bruder sein. Und sein Papa – der Großvater. Du, das ist geschickt! Solche Unfuganstifter! Aber Allerweltskerle! Ah! 's ist doch so, Mitja?«

»Ssergej!«, ertönte ein erregtes, leidenschaftliches, fast schluchzendes Flüstern. »Um Christi willen bitt' ich dich, zerreiß' mir nicht das Herz, quäle mich nicht, lass mich! Schweige! Um Gottes und Christi willen bitt' ich dich, sprich nicht mit mir, hetze mich nicht auf, saug nicht mein Blut. Ich stürz mich in den Fluss, und die große Sünde wird auf dir ruhen! Ich verderbe meine Seele, lass mich in Ruh! So wahr Gott lebt, ich bitte dich! ...«

Das krankhaft weinerliche Wehklagen unterbrach die nächtliche Stille, und Mitry ließ sich, wie er stand, auf die Balken nieder, als hätte ihn etwas Schweres getroffen, das aus den finstren, über dem schwarzen

Flusse hängenden Wolken auf ihn herabgefallen war. »Nu, nu, nu!«, knurrte Ssergej erschrocken, als er sah, wie sich sein Gefährte auf den Balken hin und her warf, als wäre er vom Feuer versengt.

»Wunderlicher Mensch! Solch ein wunderlicher Mensch ... hättest doch sagen sollen ... wenn dir das und dies nicht ...«

»Den ganzen Weg quälst du mich ... warum? Bin ich dein Feind? Ah? Dein Feind?«, flüsterte Mitja heftig ...

»Du bist ein wunderlicher Kauz, Bruder! Ach, wie wunderlich!«, brummte Ssergej bestürzt und gekränkt. »Wusste ich das denn? Ich kann dir doch nicht ins Herz sehen.«

»Ich will es vergessen, versteh! Vergessen für immer! Meine Schande ... die grimmige Qual! Grausame Menschen seid ihr! Ich gehe fort! Für immer geh ich ... Ich kann nicht mehr ...«

»Ja, geh doch! ...«, brüllte Ssergej über den ganzen Fluss hin, verstärkte den Ausruf durch ein donnerndes, zynisches Schimpfwort, aber verstummte sogleich, zog sich zusammen und hockte sich hin, sichtlich auch bedrückt von dem sich vor ihm enthüllenden Seelendrama, das er nun doch nicht mehr missverstehen konnte.

»Heda, ihr! Man ruft euch! Seid ihr denn taub geworden?«, schallte Ssilan Petroffs Stimme über den Fluss. »Was habt ihr? Was belfert ihr? ah–he!« Es musste Ssilan Petroff wohl gefallen, mit seinem tiefen, starken Bass voll kraftvoller Gesundheit inmitten des lastenden Schweigens auf dem Flusse zu lärmen. Die Zurufe kamen schnell nacheinander, die warme, feuchte Luft erschütternd, und erdrückten mit ihrer Lebenskraft die schwächliche Gestalt Mitrys, der wieder am Ruder stand. Ssergej, der nach Kräften dem Herrn antwortete, schimpfte zugleich halblaut auf ihn mit derben und gesalzenen russischen Schimpfworten.

Die beiden Stimmen unterbrachen die nächtliche Stille, weckten sie, rüttelten sie auf und verschmolzen bald in eine tiefe Note, voll wie der Klang eines großen Kupferrohrs, bald schwebten sie, sich zum Falsett erhebend, durch die Luft, dann vergingen sie und verloren sich. Danach – wurde es wieder still.

Durch einen Ritz in den Wolken fiel gelbes Mondlicht auf das dunkle Wasser, funkelte einen Augenblick auf und verschwand, von dem feuchten Dunkel verwischt.

Die Flöße schwammen weiter inmitten der Finsternis und des Schweigens.

II

An einem der vorderen Ruder stand Ssilan Petroff, in einem weiten, roten Hemd mit offenem Kragen, der seinen kräftigen Hals und die behaarte Brust freiließ, die fest war wie ein Amboss. Ein Flausch grauschwarzer Haare hing ihm in die Stirn, und große, feurige Augen lachten darunter hervor. Die bis zum Ellbogen aufgestreiften Hemdärmel entblößten sehnige Arme, die fest das Ruder hielten, und den Leib ein wenig vorgestreckt, beobachtete Ssilan scharf etwas in dem dichten Dunkel der Ferne.

Marja stand drei Schritte von ihm, seitwärts zur Strömung, und schaute mit zufriedenem Lächeln auf die breitbrüstige Gestalt des Geliebten. Beide schwiegen, mit ihren Beobachtungen beschäftigt: er – die Ferne, sie das Spiel seines lebhaften bärtigen Gesichts.

»Wahrscheinlich ein Feuer der Fischer!«, wandte er ihr das Gesicht zu. »Schadet nichts. Wir wollen rechts halten! – O–och!«, atmete er eine ganze Säule heißer Luft aus, indem er das Ruder links gleichmäßig einschlug und kräftig mit ihm das Wasser teilte.

»Streng dich nicht so sehr an, Maschurka!«, bemerkte er, als er sah, dass sie mit ihrem Ruder eine geschickte Bewegung machte.

Rundlich, voll, mit munteren schwarzen Augen und über und über rot, barfüßig, in einem einzigen nassen Sarafan, der ihrem Körper anlag und ihn deutlich abzeichnete, wandte sie ihr Gesicht Ssilan zu und sagte freundlich lächelnd:

»Du schonst mich doch gar zu sehr. Dank dir dafür!«

»Wenn ich dich küsse, – schone ich dich nicht!«, zuckte Ssilan die Schultern.

»Du brauchst auch nicht!«, flüsterte sie herausfordernd.

Und sie verstummten beide, einander mit sehnsüchtigen Blicken betrachtend.

Melodisch rauschte das Wasser unter den Flößen. Rechts, irgendwo in der Ferne, fingen die Hähne an zu krähen.

Kaum merklich unter den Füßen schwankend, schwammen die Flöße vorwärts, dorthin, wo das Dunkel sich schon lichtete und löste und die Wolken schärfere Umrisse und hellere Schattierungen annahmen.

»Ssilan Petrowitsch! Weißt du, weshalb sie dort greinten? Ich weiß es, wahrhaftig, ich weiß es! Mitry hat sich bei Sserjoschka über uns beklagt und vor Kummer so jämmerlich geplärrt, und Sserjoschka hat auf uns geschimpft.«

Marja sah forschend in Ssilans Gesicht, das jetzt – nach ihren Worten – finster, kalt und starr war.

»Nu, was also?«, fragte er kurz.

»So, ich sag nur. Nichts.«

»Wenn es nichts ist, war auch nichts zu sagen nötig.«

»Sei nur nicht böse!«

»Auf dich? Ich war manchmal froh aber ich kann's nicht.«

»Liebst du Maschka?«, flüsterte sie schelmisch, sich zu ihm neigend.

»E–ech!«, räusperte sich Ssilan nachdrücklich, streckte seine starken Arme nach ihr aus und sagte durch die Zähne:

»Komm schon ... Neck nicht ...«

Sie duckte sich wie eine Katze und schmiegte sich weich an ihn. »Wir werden wieder die Flöße abbringen!«, flüsterte er, ihr Gesicht küssend, das unter seinen Lippen brannte. »Genug schon! Es wird hell ... Von jenem Ende kann man uns sehen.«

Und indem sie mit dem Kopf hinter sich deutete, suchte sie sich von ihm loszumachen. Aber er hielt sie mit einem Arm noch fester und nahm mit dem andern das Steuer.

»Sehen! Lass sie sehen! Mögen es alle sehen! Ich mach mir nichts daraus. Ich begehe eine Sünde, gewiss. Ich weiß das. Nu, was denn? Ich werde es vor Gott verantworten. Du bist ja doch nicht seine Frau gewesen, bist folglich frei, gehörst dir selbst. Schwer für ihn? Ich weiß. Und wir? Ist diese Lage etwa für mich schmeichelhaft? Obwohl du immerhin nicht seine Frau bist ... Aber dennoch! Wie steht es jetzt mit meiner Achtung? Und ist es nicht Sünde vor Gott? Es ist Sünde! Ich weiß das alles. Und habe sie doch begangen. Weil – es sich verlohnt. Einmal lebt man nur auf der Welt, und jeden Tag kann man sterben. Ach, Marja! Einen Monat hätte ich mit Mitjas Verheiratung warten sollen! Dann wäre alles dies nicht geschehen. Gleich nach Anfisias Tod hätte ich die Freiwerber zu dir geschickt – und basta! Ganz gesetzlich. Ohne Sünde, ohne Schande. Es war mein Fehler. Fünf – zehn Jahre kostet er mich, dieser Fehler. Man stirbt davon umso früher.

Ssilan Petroff sprach ruhig, entschlossen, und eiserne Beharrlichkeit spiegelte sich auf seinem energischen Gesicht ab, als sei er sogleich bereit, sein Recht zu lieben, vor jedermann zu verteidigen. »Nu, gut, lass, reg dich nicht auf! Wir haben ja schon oft davon gesprochen«, flüsterte Marja, löste sich leise aus seiner Umarmung und ging wieder an ihr Ruder. Er fing heftig und kraftvoll an zu arbeiten, als wolle er jene Last loswerden, die auf seiner Brust lag und sein schönes Gesicht verfinsterte.

Es tagte.

Aber die sich lichtenden Wolken zogen langsam am Himmel dahin, als wollten sie der aufgehenden Sonne nicht Platz machen. Das Wasser des Flusses wurde klar und nahm den kalten Glanz matten Stahles an.

»Er hat neulich wieder davon geredet. Vater, sagte er, ist es nicht Schimpf und Schande für dich und mich? Gib sie auf, d. h. dich also«, lächelte Ssilan Petroff, »gib sie auf, sagte er, versetz dich in meine Lage. – Mein lieber Sohn, sag ich, lass mich in Ruh, wenn dir dein Leben lieb ist! Ich zerreiß dich in Stücke wie einen verfaulten Lappen, und von deiner Tugend bleibt nichts übrig. Zu meiner Qual hab ich dich erzeugt. Er zittert. Bin ich denn schuld, Vater, sagt er ... Schuld bist du, du piepsende Mücke, weil du mir ein Stein im Wege bist, schuld, weil du nicht für dich einstehen kannst. Du bist wie ein Kadaver, bist wie faules Aas. Wenn du gesund wärst, – könnte man dich totschlagen, aber so geht auch das nicht. Das unglückliche Gespenst jammert einen. Er heult! Ach, Marja! Die Menschen sind jämmerlich geworden! Ein andrer ... ach, ach! Der hätte sich vielleicht schnell aus der Schlinge gezogen! Wir aber – sind darin! Ja, vielleicht ziehen wir sie noch einer dem andern zu.«

»Was meinst du damit?«, fragte Marja scheu und sah den Finstren, Starken, Kalten, erschrocken an.

»So ... Wenn er stürbe ... Siehst du! Wenn er stürbe ... dann wär's bequem! Alles käme ins Gleis zurück. Das Land gäbe ich den Deinigen, stopfte ihnen den Hals, und mit dir ging ich nach – Sibirien ... oder nach dem Kuban! Wer ist das! Meine Frau? Begreifst du? Solch ein Dokument – ein Papier – würden wir bekommen. Irgendwo in einem Dorfe würden wir einen Laden aufmachen. Und wir lebten. Unsere Sünde würden wir Gott abbitten. Brauchen wir denn viel? Wir würden den Leuten helfen, dass sie leben, und sie würden uns helfen, unser Gewissen zu beruhigen. Das wäre gut, ah? Mascha!?« ...

»Ja–a!«, seufzte sie und dachte, die Augen zudrückend, angestrengt über etwas nach.

Beide schwiegen ... das Wasser murmelte ...

»Er ist kränklich ... Vielleicht stirbt er bald«, sagte Ssilan Petroff dumpf.

»Gebe Gott, dass es bald sei!«, sagte Marja wie betend und bekreuzte sich.

Die Strahlen der Frühlingssonne funkelten durch die Wolken und spielten goldig und regenbogenfarbig auf dem Wasser. Es wurde windig, alles erschauerte, belebte sich und fing an zu lachen. Der blaue Himmel zwischen den Wolken lächelte auch dem von der Sonne gefärbten Wasser zu. Und schon blieben die Wolken hinter den Flößen zurück.

Dort standen sie, sich in eine schwere, dunkle Masse zusammenziehend, regungslos und unentschlossen über dem breiten Flusse, als wollten sie sich einen Weg aussuchen, auf dem sie so schnell wie möglich der belebenden Frühlingssonne entgehen könnten, die so reich an Glanz und Freude und ihr Feind war.

Vor den Flößen strahlte der reine, klare Himmel, und die Sonne, noch morgendlich kalt, aber frühlingshaft-grell, stieg aus den purpurgoldigen Flusswellen schön und majestätisch immer höher in die blaue Himmelseinsamkeit hinauf.

Rechts von den Flößen war das braune Bergufer mit den grünen Fransen des Waldes zu sehen, links erglänzte der hell-smaragdgrüne Teppich der Wiesen in Taubrillanten.

Durch die Luft zog der kräftige Geruch der Erde, eben erst aufsprossenden Grases und der harzige Duft des jungen Nadelwaldes. Ssilan Petroff schaute auf die hinteren Ruder. Es war, als seien Ssergej und Mitry ihnen angewachsen. Aber noch war es von fern schwer, den Ausdruck ihrer Gesichter zu erkennen.

Er richtete die Augen auf Marja.

Ihr war es kalt. Am Ruder stehend, zog sie sich zusammen und war ganz rund. Ganz von der Sonne übergossen, sah sie mit gedankenvollen Augen vorwärts, und um ihre Lippen spielte jenes rätselhafte und bezaubernde Lächeln, das auch ein unschönes Weib reizend und begehrenswert macht.

»Gebt acht, Kinder!«, donnerte Ssilan Petroff, der einen gewaltigen Aufschwung der Energie und des Mutes in seiner breiten Brust fühlte.

Und es war, als käme von seinem Schrei alles ringsum ins Schwanken. Lange hallte das Echo an dem bergigen Ufer.

Blaue Funken

Ich habe diese Erzählungen am Meeresstrande bei Akjerman in Bessarabien gehört.

Einmal abends, als des Tages Weinlese beendet war, ging eine Anzahl Moldawanen, mit denen ich arbeitete, nach dem Strande, und ich und die alte Isergil blieben im dichten Schatten der Weinranken zurück und sahen schweigend, auf der Erde liegend, zu, wie die Silhouetten der dem Meere zu wandernden Leute im tiefen Nachtnebel und dunklen Laubgrün verschwanden.

Sie gingen singend und lachend; die Männer – bronzefarben, mit starkem, schwarzem Schnurrbart und dichten Locken bis auf die Schultern, in kurzen Jacken und weiten Pumphosen; die Weiber und Mädchen – heiter, biegsam wie Gerten, mit dunkelblauen Augen – auch bronzefarben. Ihr seidenweiches schwarzes Haar war aufgelöst, und in dem warmen leichten Winde, der damit spielte, klirrten die eingeflochtenen Münzen. Per Wind kam in breitem, gleichmäßigem Strome, aber manchmal war es, als überspränge er etwas Unsichtbares, und dann wehte er mit einem starken Ruck das Haar der Weiber zu phantastischen Mähnen auseinander, die um ihre Köpfe flatterten. Dadurch erschienen die Weiber seltsam und märchenhaft. Sie entfernten sich immer weiter von uns, und Nacht und Phantasie machten sie immer schöner.

Jemand spielte die Geige ... ein Mädchen sang in weichem Alt; Lachen erschallte ... und in der Einbildungskraft wurden alle diese Töne zu einer Girlande buntfarbiger Bänder, die über den dunklen Gestalten der im Nebel verschwindenden Leute in der Luft wehten.

Die Luft war von dem scharfen Geruch des Meeres und den fetten Ausdünstungen der Erde, die eben erst vor Abend reichlich vom Regen angefeuchtet worden war, durchtränkt. Auch jetzt noch zogen üppige, seltsam geformte und gefärbte Überreste der Wolken am Himmel dahin, hier – weich, wie Rauchwolken, blaugrau und aschblau, dort – schroff, wie Felsentrümmer, mattschwarz und dunkelbraun. Freundlich schimmerten dunkelblaue Stückchen Himmel dazwischen, mit goldnen Sternenpünktchen geschmückt. And alles dies, die Klänge und Düfte, die Wolken und Leute – war zauberhaft schön, aber traurig, es war wie der Anfang eines wundersamen Märchens. Alles war wundervoll und harmonisch, aber wie aufgehalten in seiner Entfaltung und ersterbend, da so wenig Geräusch da war, lebendiges, nerviges Geräusch, welches mit der Zeit immer lebhafter aufbraust, das Geräusch aber, welches da war, klang schwach, brach oft ab, verstummte ganz, indem es sich entfernte, und lebte wieder auf in traurigen Seufzern der Klage über etwas, vielleicht über das Glück, das so ungreifbar und so zufällig ist.

Alles das beobachtete ich, und in mir entstanden phantastische Wünsche: ich hätte mich in Staub verwandeln und vom Winde allüberallhin verwehen lassen mögen; ich hätte als warmer Strom mich über die Steppe ergießen, ins Meer einfließen und als opalfarbener Nebel in den Himmel aushauchen mögen; ich hätte diesen ganzen bezaubernd-traurigen Abend mit mir erfüllen mögen ... und ich war traurig, ohne zu wissen, warum.

»Warum bist du nicht mit ihnen gegangen?«, fragte die alte Isergil auf Russisch, indem sie mir zunickte.

Die Zeit hatte sie gekrümmt und um die Hälfte kleiner gemacht, ihre ehemals schwarzen Augen tränten und waren trübe. Ihre trockene Stimme vibrierte nicht, sie knarrte, als spräche die Alte mit den Knochen. Wie konnte sie noch sprechen!

»Ich mag nicht«, antwortete ich auf ihre Frage.

»Uh! ... Ihr Russen kommt schon als Greise zur Welt. Alle seid ihr düster, wie Dämonen ... Unsre Mädchen fürchten dich ... und du bist doch jung und stark ...«

Der Mond ging auf. Seine Scheibe war groß und blutrot, und er schien aus dem Schoß dieser Steppe hervorzugehen, die in ihrem Leben soviel Menschenfleisch verschlungen, soviel Blut getrunken, wovon sie sicherlich auch so fett und reich geworden. Von den Blättern fielen spitzenartige Schatten auf uns, wie ein Netz bedeckten sie die Alte und mich und zitterten. Und links von uns zogen über die Steppe die Schatten der Wolken, welche der blaue Mondschein durchdrang und durchsichtiger und heller machte. Kaum drangen die Töne vom Meer bis zu uns: bald weinte die Geige, bald lachte ein Mädchen, bald sang ein Bursch in biegsamem Bariton, und alles das mischte sich mit dem rhythmischen Anprall der Wellen am Ufer.

»Sieh, dort geht Larra!«

Ich sah dorthin, wohin die Alte mit ihrer zitternden, krummfingrigen Hand deutete, und sah: dort zogen Schatten, ihrer waren viele, und einer von ihnen, dunkler und dichter als die anderen, zog schneller und niedriger dahin als die Brüder, weil er von einer Wolke fiel, die tiefer an der Erde und schneller dahinzog als die anderen.

»Niemand ist da!«, sagte ich.

»Du bist blinder als ich, die Alte. Sieh, der Dunkle da, der in die Steppe läuft.«

Ich sah noch einmal dahin und sah wieder nichts, außer den Schatten. »Das ist ein Schatten! Warum nennst du ihn Larra?«

»Weil er es ist. Er ist jetzt schon wie ein Schatten geworden – es ist Zeit! Er lebt Tausende von Jahren, die Sonne hat seinen Leib, Blut und Knochen gedörrt und der Wind sie zerstäubt. Sieh, was Gott mit einem Menschen seines Stolzes wegen machen kann! ...« »Erzähle mir, wie das war!«, bat ich die Alte, da ich eine jener prächtigen, in der Steppe erdichteten Sagen vorausahnte.

»Vieltausend Jahre sind vergangen seit der Zeit, da dies geschah. Weit hinter dem Meer, gegen Sonnenaufgang, ist das Land eines großen Flusses, und in jenem Lande gibt jedes Baumblatt und jeder Grashalm soviel Schatten, wie ein Mensch braucht, um sich bequem darunter vor der Sonne zu bergen, die dort grausam heiß ist.

Solch einen reichen Boden hat jenes Land.

Ein mächtiger Menschenstamm lebte dort, der Herden hatte und Kraft und Mut auf der Jagd nach wilden Tieren vertat. Sie zechten nach der Jagd, sangen Lieder und Kosten mit den Mädchen, die dort schön waren wie Feuer.

Einst, während eines Gelages, wurde eines von ihnen, schwarzhaarig und mild wie die Nacht, von einem Adler, der vom Himmel herabschoss, davongetragen. Pfeile, von den Männern des Stammes ihm nachgeschossen, fielen kläglich auf die Erde zurück. Da gingen sie, das Mädchen zu suchen, aber sie fanden es nicht. Und sie vergaßen seiner, wie auf Erden alles vergessen wird.«

Die Alte seufzte auf und verstummte. Ihre knarrende Stimme klang so, als murrten alle vergessenen, in ihrer Brust durch die Schatten der Erinnerung lebendig gewordenen Jahrhunderte. Und das Meer akkompagnierte leise den Anfang einer jener alten, vielleicht an seinen Ufern entstandenen Legenden.

»Doch nach zwanzig Jahren kam sie selbst zurück, entkräftet und erschöpft, und ein Jüngling war bei ihr, schön und stark, wie sie selbst vor zwanzig Jahren. Und als sie gefragt wurde, wo sie gewesen sei, erzählte sie, dass der Adler sie in die Berge getragen und mit ihr wie mit seiner Frau gelebt habe. Das war sein Sohn, der Vater war nicht mehr, denn als er schwach wurde, hob er sich zum letzten Mal hoch zum Himmel empor, faltete die Flügel zusammen und fiel schwer auf die scharfen Felsenvorsprünge, fiel und zerschmetterte sich tödlich an ihnen ... Alle betrachteten voll Verwunderung den Sohn des Adlers und sahen, dass er nicht besser war als sie, nur seine Augen waren kalt und stolz, wie beim Könige der Vögel. Und sie sprachen mit ihm, und er antwortete, wenn er wollte, oder schwieg, und als die Ältesten des Stammes kamen, redete er mit ihnen wie mit seinesgleichen. Das beleidigte sie, sie nannten ihn einen unbefiederten Pfeil mit ungeschliffener Spitze und sagten ihm, dass Tausende von solchen wie er sie ehrten und sich ihnen unterordneten und Tausende von zweimal so Alten. Doch mit kühnem Blick erwiderte er ihnen, dass es solche wie er nicht weiter gebe; wenn alle sie ehrten – er wolle es nicht tun. Oh! ... da wurden sie denn ganz zornig und sagten:

»Er hat unter uns keinen Platz! Möge er gehen, wohin er will.«

Er lachte und ging, wohin er wollte – zu einem schönen Mädchen, das ihn unverwandt angesehen hatte, ging hin zu ihr und umarmte sie. Aber sie war die Tochter eines der Ältesten, die ihn gerichtet hatten. Und obwohl er schön war, stieß sie ihn fort, weil sie den Vater fürchtete. Sie stieß ihn fort und ging weg von ihm, er aber schlug sie nieder, und als sie fiel, trat er mit dem Fuß auf ihre Brust, so dass das Blut aus ihrem Munde zum Himmel spritzte, und sie seufzte schwer auf, wand sich wie eine Schlange und starb.

Alle, die es gesehen, wurden starr vor Schrecken, da zum ersten Mal vor ihren Augen so ein Weib getötet wurde. Und lange schwiegen sie, den Blick auf die mit offenen Augen und blutigem Munde Daliegende gerichtet, die wortlos Rache heischte, und auf ihn, der neben ihr, einer gegen alle, stand, und der so kalt und stolz war, dass er den Kopf nicht senkte und gleichsam die Strafe für sie herausforderte. – Dann, nachdem sie sich bedacht, ergriffen und banden sie ihn und ließen ihn so, da sie fanden, dass ihn gleich zu töten zu einfach sei, nicht erniedrigend für ihn, und sie nicht befriedige.«

Die Nacht nahm zu und vertiefte sich und nahm, erfüllt von seltsamen, leisen Lauten, ein immer phantastischeres Kolorit an. Melancholisch pfiffen die Zieselmäuse in der Steppe, im Weinlaub schrillte das Gezirp der Grillen, die Blätter säuselten und wisperten, und die volle Mondscheibe, die vorhin blutrot gewesen, erblich, sich von der Erde entfernend, und ergoss immer verschwenderischer bläulichen Nebel über die Steppe ...

»Und so versammelten sie sich, um eine Strafe, würdig dieses Verbrechens, zu ersinnen ... Es wurde der Vorschlag gemacht, ihn von Pferden zerreißen zu lassen – das erschien ihnen zu wenig; alle sollten ihre Pfeile auf ihn abschießen, aber auch das wurde verworfen; er sollte verbrannt werden, doch der Rauch vom Scheiterhaufen hätte sie nicht seine Qualen sehen lassen; vieles wurde vorgeschlagen – aber sie fanden nichts so Gutes, das allen gefallen und sie befriedigt hätte. Und seine Mutter lag vor ihnen auf den Knien und schwieg, da sie weder Tränen noch Worte fand, sie um Schonung anzuflehen. Lange redeten sie so, da sagte ein Weiser nach langem Überlegen:

»Wir wollen ihn fragen, warum er es getan hat?«

Und sie fragten ihn danach. Er sagte:

»Löst meine Bande! Ich werde nicht gefesselt mit euch reden.«

Und als sie seine Bande gelöst hatten, fragte er: »Was wollt ihr?« So fragte er, als wären sie Sklaven ...

»Du hast es gehört ...«, sagte der Weise.

»Wozu soll ich euch meine Handlungen erklären?«

»Dass sie uns verständlich seien. Du, Stolzer, höre! Gleichviel, du stirbst ja doch ... Lass uns also verstehen, was du getan hast. Wir bleiben am Leben, und es ist uns von Nutzen, unser Wissen zu vermehren ...«

»Gut, ich sag's, obwohl ich vielleicht selbst nicht richtig verstehe, was sich zugetragen. Mir scheint, ich habe sie getötet, weil sie mich zurückstieß ... Und ich brauchte sie.«

»Aber sie gehörte doch nicht dir!«, wurde ihm gesagt.

»Braucht ihr denn nur das eure? Ich sehe, dass jeder Mensch nur seine Rede, seine Hände und Füße hat ... und er besitzt Tiere, Weiber, Länder ... und vieles noch ...«

Darauf wurde ihm gesagt, dass der Mensch für alles, was er nimmt, mit sich selbst zahle: seinem Verstande und seiner Kraft, seiner Freiheit und seinem Leben. Er aber antwortete, er wolle sich ganz behalten.

Lange redeten sie mit ihm und ersahen schließlich aus seinen Antworten, dass er sich für den Ersten auf Erden hielt und außer sich nichts sah. Es erschien sogar allen schrecklich, als sie verstanden, welcher Einsamkeit er sich geweiht hatte. Er hatte weder Stamm, noch Mutter, noch Taten, noch Vieh, noch Weib, und er wollte nichts davon.«

Das schöne fröhliche Lachen eines Mädchens klang vom Strande her, und jemand sang in hohem Tenor. Dann und wann stimmten einige andere gleichzeitig ein. Ein Flug von Tönen klang in die Luft hinaus und verlor sich plötzlich, als hätte sie jemand alle zugleich ergriffen und versteckt ...

»Als alle jene Leute erkannten, dass er nichts Höheres anerkenne, fingen sie von neuem an, sich über seine Strafe zu beraten. Doch jetzt redeten sie nicht lange, denn jener Weise, der ihre Reden bis dahin nicht gehindert hatte, fing selbst an:

»Halt! Es gibt eine Strafe, eine schreckliche Strafe. Ihr erdenkt eine solche in tausend Jahren nicht. Die Strafe liegt in ihm selbst! Lasst ihn, möge er frei sein. Das sei seine Strafe.«

Und da geschah etwas Großes. Donner erdröhnte vom Himmel, an dem keine Wolken waren. So bestätigten die Naturgewalten die Worte des Weisen. Alle neigten sich und gingen auseinander. Er aber, dieser Jüngling, der jetzt bereits den Namen Larra hatte, das heißt: der Ausgestoßene, Verworfene, – lachte laut den Leuten nach, die ihn verworfen hatten, lachte und blieb allein frei, wie sein Vater. Doch sein Vater war kein Mensch ... Aber er war ein Mensch. Und so lebte er nun frei wie ein Vogel. Er kam zu dem Stamm und raubte Vieh und Mädchen – alles, was er wollte. Auf ihn wurde geschossen, aber die Pfeile konnten seinen Leib nicht durchbohren, der, den Menschen unsichtbar, vom Schleier der höchsten Strafe umwunden war. Er war flink, raubgierig, stark, grausam und begegnete keinem Menschen von Angesicht zu Angesicht. Nur von fern wurde er gesehen. Und jeder, der ihn sah, schoss stets so viele Pfeile auf ihn ab, als er wollte. Lange umkreiste er so einsam die Menschen, lange, nicht bloß einmal eine Dekade langer Jahre. Aber ein Mensch kann nicht sein Leben lang ein und dasselbe tun. Er kann nicht immer nur genießen – der Genuss verliert seinen Wert, und er möchte leiden. So kam er denn einmal den Menschen nahe, und als sie auf ihn zustürzten, rührte er sich nicht von der Stelle und zeigte durch nichts, dass er sich verteidigen werde. Da erriet ihn einer der Menschen und rief schnell und laut:

»Rührt ihn nicht an! Er will sterben!«

Und alle blieben stehen, denn sie wollten das Los dessen nicht erleichtern, der ihnen Böses zugefügt hatte, sie wollten ihn nicht töten. Sie blieben stehen und lachten über ihn. Er aber erbebte, als er dieses Lachen hörte, und suchte etwas auf seiner Brust, mit den Händen nach ihr greifend. Und plötzlich warf er sich, einen Stein aufhebend, auf die Leute. Sie aber, seinen Schlägen ausweichend, brachten ihm nicht einen bei, und als er, ermattet, mit bangem Schrei auf die Erde fiel, gingen sie zur Seite und beobachteten ihn. Da stand er auf, ergriff ein im Kampf mit ihm verlorenes Messer und stieß es sich in die Brust. Doch das Messer zerbrach, als wäre es auf einen Stein gestoßen worden. Und wieder fiel er zur Erde und schlug lange mit dem Kopf darauf. Aber die Erde wich vor ihm zurück, sich vertiefend durch die Schläge seines Kopfes.

›Er kann nicht sterben‹, sagten die voll Freude, die alles dies gesehen hatten.

And sie gingen davon und ließen ihn allein. Er lag mit dem Gesicht nach oben und sah – hoch am Himmel schwebten wie schwarze Punkte mächtige Adler. Er lag, und in seinen Augen war so viel Gram, dass man damit alle Menschen der Welt hätte vergiften können. And so blieb er seit jener Zeit allein frei und suchte den Tod. Und so wandert, wandert er überall ... Sieh, wie ein Schatten ist er schon geworden und wird ewig so bleiben. Er versteht weder die Rede der Menschen noch ihre Handlungen – nichts. Und sucht immer und wandert, wandert ... Er hat kein Leben, und der Tod lächelt ihm nicht. Und er hat keinen Platz unter den Menschen ... So wurde ein Mensch für seinen Stolz gestraft!«

Die Alte seufzte auf, verstummte, und ihr auf die Brust gesenkter Kopf wiegte sich ein paarmal eigentümlich. Ich sah sie an. Die Alte wurde vom Schlaf übermannt, so schien es mir. Sie tat mir plötzlich schrecklich leid. Das Ende der Erzählung hatte sie mit so erhobener und drohender Stimme gesprochen, und dennoch klang aus diesem Tone eine ängstliche, sklavische Note.

Am Strande wurde gesungen, seltsam gesungen. Zuerst erklang eine Altstimme – sie sang zwei, drei Töne, und andere Stimme erschallte, die das Lied von vorne anfing, und die erste ihr immer voran ... die dritte, vierte und fünfte fielen in derselben Weise in das Lied ein. Und plötzlich sang ein Chor von Männerstimmen dasselbe Lied, auch von vorne.

Daraus ergab sich etwas wunderbar Originelles. Jede Frauenstimme klang ganz für sich, sie erschienen alle wie verschiedenfarbige Bäche, die, gleichsam über Vorsprünge stürzend, hüpfend und klingend, in die tiefe Woge der Männerstimmen sich ergossen, die sie fließend überströmte, sie gingen in ihr unter, rissen sich aus ihr los, übertönten sie und schwangen sich wieder rein und klar, eine nach der andern, hoch hinauf. Auch die Melodie war originell: die Männer sangen ohne Vibration, und die machtvollen Laute ihrer Stimmen klangen dumpf, als erzählten sie von etwas Traurigem, die Frauenstimmen aber, die einander haschten, schienen sich gleichsam zu beeilen, dasselbe vor den Männern zu erzählen, und klangen lustig und munter, wie Glöckchen, mit vielen lachenden Trillern.

Vor den Stimmen war das Rauschen der Wellen nicht zu hören ...

»Hast du schon irgendwo so singen gehört?«, fragte Isergil, den Kopf aufrichtend, und lächelte mit ihrem zahnlosen Munde.

»Nein, das habe ich noch nie gehört ...«, flüsterte ich ihr zu.

»Aha! ... Und wirst es nicht hören. Wir lieben den Gesang. Und wir sind alle schön. Nur schöne Menschen können gut singen – schöne, die das Leben lieben. Wir lieben das Leben. Sieh mal, sind die denn vom Tage nicht müde, die da singen? Von Sonnenaufgang bis zum Untergang haben sie gearbeitet, nun ist der Mond aufgegangen, und sie singen wieder. Die, welche nicht zu leben verstehen, würden sich schon schlafen gelegt haben. Die, welchen das Leben lieb ist, und die es zu schätzen wissen – singen.«

»Aber die Gesundheit ...«, wollte ich anfangen.

»Die Gesundheit reicht immer zum Leben. Gesundheit! Wenn du Geld hättest, würdest du es denn nicht vertun? Die Gesundheit ist auch solch Gut. Weißt du, was ich tat, als ich jung war? Ich webte Teppiche vom Sonnenaufgang bis zum Untergang, fast ohne aufzustehen. Ich war lebendig wie ein Sonnenstrahl und musste unbeweglich sitzen wie ein Stein. Manchmal knackten mir alle Knochen vom Sitzen. Kam aber die Nacht, dann lief ich zu dem, den ich liebte, mich mit ihm zu küssen. Neun Werst waren es bis zu ihm. Und zurück wieder neun – heißt das. Weißt du, wie viel das macht? ... Und so lief ich drei Monate, solange die Liebe dauerte; alle Nächte dieser Zeit war ich bei ihm. Und bis zu welchem Alter hab' ich's gebracht. – Das Blut hat gereicht! Und wie viel hab' ich geliebt! Wie viel Küsse gegeben und genommen! ...«

Ich sah ihr ins Gesicht. Ihre schwarzen Augen waren doch noch trübe, die Erinnerung hatte sie nicht belebt. Hell beleuchtete der Mond ihr schwarzes, runzliges Gesicht, und ich sah die trocknen, rissigen, eingefallenen Lippen hinter dem spitzen Kinn mit den grauen Haaren darauf und die zusammengeschrumpfte Nase, gebogen wie ein Eulenschnabel. An Stelle der Wangen waren schwarze Gruben, und über der einen lag eine Strähne aschgrauen Haares, die sich unter dem roten Lappen, mit dem ihr Kopf umwunden war, vorgedrängt hatte. Die Haut auf Gesicht, Hals und Händen war dünn und ganz von Runzeln durchfurcht; bei jeder Bewegung der alten Isergil konnte man erwarten, dass die trockene Haut zerrisse, zerfiele, und ein nacktes Skelett mit trüben schwarzen Augen erschiene.

»Erzähle mir, wie du geliebt hast!«, bat ich sie.

Da fing sie wieder mit ihrer knarrenden Stimme an zu erzählen:

»Ich wohnte mit meiner Mutter bei Falmi, dicht am Ufer des Birlat; und ich war fünfzehn Jahre alt, als er auf unserm Chutor im Boot erschien. Er war so hochgewachsen, so biegsam, so heiter und hatte solchen schwarzen Schnurrbart. Er saß im Boot und rief so hell durchs Fenster zu uns herein: ›Heda, habt ihr Wein ... und zu essen für mich?‹ Ich blickte aus dem Fenster durch die Zweige der Eschen und sah: der Fluss war ganz blau vom Mondschein, und er, in weißem Hemd und breiter Binde mit seitwärts herabhängenden Enden, stand mit dem einen Fuß im Boot, mit dem andern am Ufer. Und er wiegt sich und singt: ›Sieh, solch schönes Mädchen wohnt hier! ... Und ich wusste es nicht einmal!‹ Als kenne er schon alle schönen, bis auf mich! Ich brachte ihm Wein und gekochtes Schweinefleisch ... Und nach vier Tagen gab ich mich ihm schon selbst ... Nachts fuhren wir immer zusammen im Boot. Er kam und pfiff leise wie eine Zieselmaus, und ich sprang zum Fenster heraus wie ein Fisch, ins Boot zu ihm. Und dann fuhren wir ... Er war ein Fischer vom Pruth, und als die Mutter dann alles erfahren hatte und mich geschlagen hatte, suchte er mich immer zu überreden, mit ihm nach der Dobrudscha und weiter nach der Donau zu gehen. Aber da gefiel er mir schon nicht mehr – er konnte nur singen und küssen, weiter nichts. Das wurde mir schon langweilig. Zu jener Zeit schweifte dort eine Huzulenbande umher, und einige hatten ihre Liebsten da ... Die hatten ein lustiges Leben. Manche wartete und wartete auf ihren Karpathenburschen, dachte schon, er säße im Gefängnis oder sei irgendwo im Streit erschlagen – und plötzlich war er wie vom Himmel gefallen bei ihr, allein oder mit zwei, drei Kameraden. Reiche Geschenke brachte er ihr mit – leicht war es ihm ja, sie zu bekommen! – und zechte bei ihr und rühmte sich seiner Liebsten vor seinen Kameraden. Und das behagte ihr. So bat ich denn auch eine Freundin, die einen Huzulen hatte, sie mir zu zeigen ... Wie sie hieß? Ich hab's vergessen ... Ich fange jetzt an, alles zu vergessen. Sieben Jahrzehnte sind seitdem vergangen, alles vergisst sich! Sie machte mich mit einem Burschen bekannt. Er war hübsch ... Rothaarig war er, ganz rot – Schnurrbart und Locken. Einen Feuerkopf hatte er ... Manchmal war er so traurig, so freundlich, aber manchmal brüllte und tobte er wie ein wildes Tier. Einmal schlug er mich ins Gesicht ... Da sprang ich ihm wie eine Katze an die Brust und biss ihn in die Wange ... Seitdem hatte er ein Grübchen in der Wange, und er mochte gern, wenn ich es küsste ...«

»Wohin war denn der Fischer geraten?«, fragte ich.

»Der Fischer? – Ach der ... da ... Er schloss sich den Huzulen an. Zuerst suchte er mich zu überreden und drohte, mich ins Wasser zu werfen, dann aber ergab er sich drein, schloss sich ihnen an und nahm eine andere ... Sie beide wurden auch zusammen gehängt – der Fischer und der Huzule. Ich habe zugesehen, als sie gehängt wurden. Es war in der Dobrudscha. Bleich ging der Fischer zum Richtplatz und weinte, aber der Huzule rauchte seine Pfeife, ging und rauchte, die Hände in den Taschen, das eine Ende des Schnurrbarts lag auf der Schulter, das andere hing auf die Brust. Er erblickte mich, nahm die Pfeife heraus und rief: ›Lebewohl!‹ ... Ich habe ihn ein ganzes Jahr beklagt. Ach! ... Das geschah damals, als sie schon in die Karpaten heimkehren wollten. Zum Abschied besuchten sie noch einen Rumänen, dort wurden sie ergriffen. Zwei nur, einige wurden getötet, und die übrigen entkamen ... Der Rumäne bekam nachher doch noch seinen Lohn ... Der Chutor wurde in Brand gesteckt, und die Mühle und alles Getreide verbrannte. Er wurde ein Bettler.«

»Das hast du getan?«, fragte ich sie aufs Geratewohl.

»Die Huzulen hatten viele Freunde, nicht ich allein ... Wer ihr bester Freund war, der hat ihnen auch die Gedächtnisfeier veranstaltet ...«

Der Gesang am Meeresstrande war schon verstummt, und das Rauschen der Meereswogen bildete jetzt die Begleitung der Alten; das gedankenvolle, bewegte Rauschen war eine prächtige Begleitung zu der Erzählung von einem bewegten Leben. Kaum hörbar tönte vom Strande undeutliches Sprechen und Gelächter herüber. Immer weicher wurde die Nacht, der blaue Mondenschein nahm immer mehr in ihr zu, und die unbestimmten Laute des geschäftigen Lebens ihrer unsichtbaren Bewohner wurden leiser, übertönt von dem zunehmenden Wellenrauschen ... denn der Wind war stärker geworden.

»Dann hab' ich noch einen Türken geliebt. Ich war in seinem Harem, in Skutari. Eine Woche lang lebte ich – ganz gut ... Aber es wurde mir langweilig ... bloß Weiber, Weiber ... Er hatte ihrer acht ... Essen, schlafen oder schwatzen, dummes Zeug den ganzen Tag ... Oder sie zanken sich, gackernd wie Hennen ... Der Türke war nicht mehr jung, fast grau, aber so vornehm und reich. Er sprach wie ein Herrscher ... Seine Augen waren schwarz ... Sie sahen gerade ins Herz hinein. Er betete sehr gern. Ich hatte ihn in Bukarest erblickt ... Er ging über den Basar wie ein Zar und sah so vornehm aus, so vornehm. Ich lächelte ihn an. An demselben Abend wurde ich auf der Straße ergriffen und zu ihm gebracht. Er hatte Zypressen und Palmen verkauft und war nach Bukarest gekommen, um etwas zu kaufen. ›Kommst du mit mir?‹, sagte er. ›Oh ja, ich komme mit!‹ ›Gut!‹ Und ich reiste mit. Er war reich. Und er hatte schon einen Sohn, einen schlanken, schwarzhaarigen Knaben ... der war sechzehn Jahre alt. Mit ihm entfloh ich dann dem Türken ... Ich floh nach Bulgarien, nach Lom-Palanka ... Dort stieß mir eine Bulgarin das Messer in die Brust, um ihren Bräutigam oder um ihren Mann – ich erinnere mich nicht mehr.

Lange lag ich krank in einem Kloster, einem Frauenkloster. Ein Mädchen, eine Polin, pflegte mich ... und aus einem anderen Kloster – bei Arzer-Palanka denke ich – kam oft ihr Bruder zu ihr, auch ein Mönch ... So einer ... wie ein Wurm, der sich immer vor mir wand ... Und als ich gesund war, ging ich mit ihm davon ... nach seinem Polen.«

»Warte! ... Wo blieb der kleine Türke?«

»Der Knabe? Der Knabe starb. Aus Heimweh oder aus Liebe ... aber er welkte wie ein ungekräftigtes Bäumchen, das die Sonne versengt hat ... so welkte er dahin ... Ich weiß es noch, ganz durchsichtig und bläulich wie eine kleine Eisscholle lag er schon da, und immer noch brannte die Liebe in ihm ... und er bat immer, mich über ihn zu neigen und ihn zu küssen. – Ich hatte ihn lieb und küsste ihn viel, ich weiß es noch ... Dann wurde es ganz schlecht ... er konnte sich kaum noch bewegen, und er lag und bat so kläglich, wie ein Bettler um Almosen, ich möchte mich neben ihn legen und ihn erwärmen. Ich tat es – dann glühte er mit einem Mal ganz und gar. Einmal erwachte ich, da war er schon kalt ... tot ... Ich habe ihn beweint. Wer weiß? Vielleicht habe ich ihn ja getötet. Ich war damals schon zweimal so alt wie er. Und ich war so stark, so kraftvoll ... und er? ... ein Knabe! ...«

Sie seufzte auf und – das sah ich zum ersten Mal bei ihr – bekreuzigte sich dreimal, mit den dürren Lippen etwas flüsternd.

»Nun«, half ich ihr ein, da ich sah, dass sie verstummte, »du begabst dich nach Polen ...«

»Ja ... mit dem kleinen Polen. Er war lächerlich und schlecht. Wenn er ein Weib brauchte, schmeichelte er sich bei mir ein wie eine Katze, und heißer Honig tropfte von seiner Zunge, aber wenn er mich nicht wollte, dann schlug er mich mit Worten und mit der Knute. Einmal gingen wir am Ufer eines Flusses entlang, da sagte er mir solch ein stolzes, beleidigendes Wort. Oh! Oh! Wie wurde ich zornig! Ich kochte wie Pech! Ich nahm ihn auf die Arme wie ein Kind, – er war ja nur klein, – und hob ihn hoch, ihm die Seiten so zusammenpressend, dass er ganz blau wurde. Dann gab ich ihm einen Schwung und warf ihn vom Ufer in den Fluss.

Er schrie in einem fort ... Lächerlich schrie er. Ich sah ihm von oben zu, und er zappelte im Wasser. Dann ging ich davon. Und ich bin ihm nie mehr begegnet. Darin war ich glücklich: nie bin ich denen nachher begegnet, die ich einmal geliebt hatte. Das sind schlimme Begegnungen, gerade wie mit Verstorbenen.«

Die Alte schwieg seufzend. Ich stellte mir die von ihr auferweckten Leute vor. Da ist er, der feurig-rothaarige, schnurrbärtige Huzule, der, ruhig seine Pfeife rauchend, zum Tode geht, der starke, entschlossene Bursche ... Er hatte gewiss kalte, blaue Augen, die alles fest und scharf ansahen. Neben ihm der Fischer vom Pruth, mit schwarzem Schnurrbart; er möchte nicht sterben, er weint, in seinem Antlitz, bleich vor Todesangst, sind die munteren Augen erloschen, und der Schnurrbart, von Tränen durchfeuchtet, hängt traurig über die Winkel des verzerrten Mundes. Da ist er, der alte, vornehme Türke, sicherlich ein Fatalist und Despot, und neben ihm sein Sohn, die bleiche, gebrechliche Blume des Ostens, durch Küsse vergiftet. Und dort der hoffärtige Pole, galant und grausam, beredt und kalt. Und sie alle sind nur bleiche Schatten, und die, welche sie küssten, sitzt neben mir lebend, doch von der Zeit verzehrt, körperlos und blutlos, mit einem Herzen ohne Wünsche und Augen ohne Feuer ... auch fast ein Schatten.

Und sie sprach weiter:

»In Polen wurde es mir schwer. Da wohnt ein kaltes, falsches Volk. Ich kannte ihre Schlangensprache nicht. Alle zischen ... Warum zischen sie? Gott hat ihnen solche Schlangensprache gegeben, weil sie falsch sind. Ich ging damals, ohne zu wissen wohin, und sah, wie sie Anstalten trafen, sich gegen euch Russen zu empören. Endlich kam ich nach der Stadt Bochnia. Ein Jude kaufte mich, nicht für sich, sondern um mich zu verhandeln. Ich war einverstanden. Um zu leben, muss man etwas zu tun verstehen. Ich verstand nichts und zahlte dafür mit mir selbst. Aber ich hatte mir damals ausgedacht, wenn ich etwas Geld hätte, wollte ich heimkehren und die Ketten zerreißen, wie stark sie auch seien. Da wohnte ich denn. Reiche Pane kamen zu mir und zechten mit mir und bei mir. Das kam sie teuer zu stehen. Sie schlugen sich um mich und ruinierten sich. Einer trachtete lange nach mir, und da kam er einmal und hinter ihm ein Diener mit einem Sack. Da nahm der Pan den Sack und schüttete ihn über meinem Kopf aus. Goldene Münzen rollten mir über den Kopf, und lustig war es, ihren Klang zu hören, als sie zu Boden fielen. Aber ich vertrieb ihn dennoch. Er hatte solch dickes, aufgedunsenes Gesicht und einen Leib – wie ein großes Kissen. Er sah wie ein fettes

Schwein aus. Ja, ich jagte ihn fort, obwohl er sagte, dass er alles Land und Häuser und Pferde verkauft habe, um mich mit Gold zu überschütten. Ich liebte damals einen verdienten Polen mit zerhauenem Gesicht. Sein ganzes Gesicht war kreuz und quer von den Säbeln der Türken zerhackt, mit denen er kurz vorher für die Griechen gekämpft hatte. Das war ein Mensch! ... Was waren ihm die Griechen, da er ein Pole war? Doch er ging und kämpfte neben ihnen gegen ihre Feinde. Er wurde zerhauen, ein Auge war von ihren Hieben ausgelaufen und zwei Finger der linken Hand waren auch abgeschlagen ... Was waren ihm die Griechen, da er ein Pole war? Aber das war's: er liebte Taten. Und wenn ein Mensch Taten liebt, versteht er sie immer zu tun und findet sie, wo es möglich ist. Wisse, im Leben ist immer Raum für Taten. Und die, welche keine für sich finden, sind einfach Faulenzer oder einfach Feiglinge, oder sie verstehen das Leben nicht, denn verständen die Leute das Leben, würde jeder seinen Schatten nach sich darin zurücklassen wollen. Und dann würde es die Menschen nicht spurlos verschlingen. – Oh, dieser Zerhauene war ein braver Mensch! Er war bereit, ans Ende der Welt zu gehen, um etwas zu tun. Sicherlich haben ihn die Eurigen während des Aufstandes getötet. Und wozu zogt ihr in den Kampf mit den Ungarn? Nun, nun, schweig nur! ...«

Und während sie mir befahl zu schweigen, verstummte die alte Isergil plötzlich selbst und fiel in Gedanken.

»Ich habe auch einen Ungarn gekannt. Einmal ging er von mir fort, – es war im Winter, – und erst im Frühling, als der Schnee schmolz, wurde er auf dem Felde mit durchschossenem Kopf gefunden. Siehst du – nicht weniger als die Pest richtet die Liebe Leute zugrunde; nicht weniger – wollte man es berechnen ... Wovon sprach ich? Von Polen ... Ja, da hab ich mein letztes Spiel gespielt. Ich war einem Edelmann begegnet ... Wie war der schön! Wie der Teufel! Ich war ja schon alt, ach, alt! War ich schon vierzig Jahr alt? Ich glaube wohl ... Und er war noch stolz und von uns Weibern verwöhnt. Er wurde mir teuer ... ja. Er wollte mich gleich ohne weiteres nehmen, aber ich ergab mich nicht. Ich bin nie jemandes Sklavin gewesen. Und mit dem Juden war ich schon fertig, ich hatte ihm viel Geld gegeben ... Ich wohnte schon in Krakau. Da hatte ich alles, Pferde und Gold und Diener ... Er kam zu mir, der stolze Dämon, und wollte immer, ich solle mich ihm selbst in die Arme werfen. Wir stritten uns ... siehst du! Ich wurde sogar hässlicher dadurch, erinnere ich mich. Das zog sich lange hin ... Ich bestand auf dem meinen; er flehte mich auf den Knien an ... Aber er nahm mich nur wie die Viper und warf mich wieder fort. Da erkannte ich, dass ich alt wurde ... Ach, das war mir nicht süß! Das war nicht mehr süß! Ich liebte ihn ja, diesen Teufel ... und er lachte bei unsern Zusammenkünften über mich ... schlecht war er! Auch vor anderen lachte er über mich, und ich erfuhr das alles. Nun, das war bitter für mich, sag' ich dir. Aber er war da, mir nahe, und ich ergötzte mich doch an ihm. Und als er in den Kampf mit euch Russen zog, wurde es mir unerträglich. Ich wollte mich bezwingen, aber ich konnte nicht ... und entschloss mich, ihm nachzureisen. Er befand sich in einem Walde bei Warschau.

Aber als ich ankam, erfuhr ich, dass die Eurigen sie schon besiegt hatten ... und dass er unfern in einem Dorf gefangen sei.

Das heißt – überlegte ich –, ich werde ihn nicht mehr wiedersehen. Und mich verlangte, ihn zu sehen. Nun, ich gab mir alle mögliche Mühe, ihn wiederzusehen ... Ich verkleidete mich als Bettlerin, hinkte und ging mit verbundenem Gesicht in jenes Dorf, wo er war. Überall Kosaken und Soldaten ... es kostete mich viel, dort zu sein! Ich erfuhr, wo die Polen saßen, und erkannte, dass schwer dort hinzukommen war. Und das musste ich. Da schlich ich mich nachts an jenen Ort heran, wo sie waren. Ich kroch zwischen Beeten durch einen Obstgarten und sah: eine Wache stand auf meinem Wege ... Aber schon hörte ich die Polen singen und laut reden. Sie sangen der Mutter Gottes ein Lied ... Und er sang dort auch ... mein Arkadek. Es war mir bitter, zu denken, dass sie früher mir nachkrochen ... und dass jetzt die Zeit gekommen war, dass ich um einen Menschen wie eine Schlange auf der Erde kroch, vielleicht zu meinem Tode. Die Schildwache horchte schon, vorgeneigt. Nun, was konnte mir denn geschehen? Ich erhob mich von der Erde und ging zu ihr. Ich hatte kein Messer bei mir, nichts außer den Händen und der Zunge. Ich bedauerte, kein Messer mitgenommen zu haben. Ich flüsterte: ›Halt!‹ Aber der Soldat setzte mir schon sein Bajonett an den Hals. Ich sage flüsternd: ›Stich nicht, warte, höre, wenn du ein Herz hast! Ich kann dir nichts geben, aber ich bitte dich‹ ... Er ließ das Gewehr sinken und sagte auch im Flüsterton zu mir: ›Weib, geh fort! Geh fort! Was willst du?‹ Ich sagte ihm, dass mein Sohn dort eingeschlossen sei ... ›Du verstehst, Soldat, – mein Sohn! Du bist doch auch jemandes Sohn, ja? So sieh mich an – ich hab' auch einen solchen wie du, und sieh, wo er ist! Lass mich ihn sehen, vielleicht stirbt er bald ... und vielleicht wirst du morgen getötet ... wird dann deine Mutter um dich weinen? Und es würde dir schwer werden zu sterben, ohne sie gesehen zu haben, deine Mutter? Und meinem Sohne wird es auch schwer. Habe doch Erbarmen mit ihr und ihm und mit mir – einer Mutter!‹ ...

Ach, wie lange redete ich zu ihm! Es regnete, und wir wurden nass. Der Wind heulte und toste und stieß mich bald von hinten, bald von vorne. Ich stand und schwankte hin und her vor diesem steinernen Soldaten ... Aber er sagte immer: ›nein!‹ Und jedes Mal, wenn ich sein kaltes Wort hörte, flammte der Wunsch, jenen Arkadek zu sehen, noch heißer in mir auf ... Ich redete und maß den Soldaten mit den Augen, – er war klein, hager und hustete beständig. Da fiel ich vor ihm zu Boden und seine Knie umfassend, flehte ich ihn mit leidenschaftlichen Worten an und warf ihn zur Erde. Er fiel in den Schmutz. Da drehte ich schnell sein Gesicht zur Erde und drückte seinen Kopf in die Pfütze, dass er nicht schrie. Er schrie nicht, sondern zappelte nur und suchte mich von seinem Rücken abzuwerfen. Ich aber drückte mit beiden Händen seinen Kopf tiefer in den Schmutz. Und er erstickte ... Da stürzte ich nach dem Speicher, wo die Polen sangen. ›Arkadek!‹ ... flüsterte ich durch eine Ritze in der Wand. Sie sind hellhörig, die Polen – und als sie mich hörten, verstummte das Singen. Da sind seine Augen den meinen gegenüber. – ›Kannst du hier herauskommen?‹ – ›Ja, durch den Fußboden!‹, sagte er. – ›Nun, dann komm.‹ Und ihrer vier krochen unter dem Speicher hervor: drei und mein Arkadek. ›Wo ist die Schildwache?‹, fragte Arkadek. – ›Dort liegt sie!‹ ... Und sie gingen leise, leise, zur Erde gebückt, gerade nach der Stelle, wo der Soldat lag, und als sie vorübergingen, schimpften sie auf ihn, aber Arkadek hob sein Gewehr und durchstach den Rücken des Soldaten mit dem Bajonett. Es regnete immer stärker, und der Wind heulte so laut. Wir entkamen aus dem Dorfe und gingen lange schweigend durch den Wald. Schnell gingen wir. Arkadek hielt mich an der Hand, und seine Hand war heiß und zitterte. Oh ... wie wohl war's mir mit ihm, so lange er schwieg. Das waren die letzten schönen Minuten meines dürstenden Lebens. Aber wir kamen auf eine Wiese hinaus und blieben stehen. Alle vier dankten mir. Ach, wie lange und viel sie zu mir redeten! Ich hörte und sah nur meinen Pan. Was wird er mir tun? Und da umarmte er mich und sagte so wichtig ... Ich weiß nicht mehr, was er sagte, aber es kam darauf hinaus, dass er mich jetzt aus Dankbarkeit dafür, dass ich ihn befreit habe, lieben werde ... Und lächelnd kniete er vor mir nieder und sagte: ›meine Königin!‹ zu mir. Solch falscher Hund war er! ... Nun, da gab ich ihm einen Fußstoß und hätte ihn ins Gesicht geschlagen, aber er wankte zurück und sprang auf. Bleich und drohend stand er vor mir ... Auch die andern drei standen, alle finster. Und alle schwiegen. Ich sah sie an ... Ich weiß, ich fühlte da nur große Langeweile, und eine Mattheit kam über mich ... eine kalte Mattheit. Ich sagte: ›geht!‹ Die Hunde fragten mich: ›Du wirst zurückkehren, unsern Weg zu zeigen?‹ So schlecht waren sie! Nun, sie gingen doch. Da ging ich auch ... Am andern Tage ergriffen mich die Eurigen, ließen mich aber bald frei. Da erkannte ich, dass es für mich Zeit sei, mein Nest zu bauen, dass es des Kuckucksdaseins genug war! Ich wurde schon schwerfällig, die Flügel erlahmten, und das Gefieder verlor seinen Glanz ... Zeit, Zeit! Da fuhr ich nach Galizien und von dort nach der Dobrudscha. Und schon an drei Jahrzehnte leb' ich nun hier. Ich hatte einen Mann, einen Moldawanen, vor einem Jahr ist er gestorben. Und so lebe ich. Lebe allein ... Nein, nicht allein, mit denen dort.« Die Alte winkte mit der Hand nach dem Meere. Dort war alles still. Dann und wann entstand ein kurzer, trügerischer Laut und erstarb sogleich.

»Sie lieben mich. Ich erzähle ihnen vieles. Das brauchen sie. Sie sind noch alle jung ... Und mir ist wohl bei ihnen. Ich seh' sie an und denke: es gab eine Zeit, da war ich auch wie sie ... Nur war zu meiner Zeit mehr Kraft und Feuer in den Menschen, und darum lebte es sich lustiger und besser ... Ja! ...«

Und sie verstummte. Ich sah sie lange und aufmerksam an. Ich wurde traurig neben ihr. Sie aber träumte, den Kopf wiegend, und leise, leise flüsterte sie etwas ... vielleicht betete sie.

Vom Meere erhob sich eine Wolke – schwarz, wuchtig, von strengen Umrissen, gleich einem Gebirgsrücken. Sie zog in die Steppe. Von ihrem Gipfel rissen sich Wolkenfetzen los, zogen voran und löschten die Sterne aus, einen nach dem andern. Das Meer rauschte. Unweit von uns, im Weingerank, wurde geküsst, gewispert und geseufzt. Weit in der Steppe heulte ein Hund ... Die Luft wurde drückender und reizte die Nerven durch einen seltsamen Geruch, der die Nase kitzelte. Von den Wolken fielen dichte Schattenmassen auf die Erde und krochen darüber hin, verschwindend und wieder erscheinend ... Der Mond war erloschen, an seiner Stelle war nur ein matter Opalfleck geblieben, der auch manchmal ganz von schwarzblauen Wolkenfetzen bedeckt wurde. Und in der weiten Steppe, die jetzt schon schwarz und schrecklich erschien, als verheimliche und verstecke sie etwas in sich, flammten kleine, blaue Lichtchen auf. Bald dort, bald hier erschienen sie einen Moment und erloschen, gleichsam als ob mehrere, in der Steppe weit voneinander zerstreute Leute etwas darin suchten und Streichhölzchen ansteckten, die der Wind gleich wieder auswehte. Es waren sehr seltsame blaue Feuerzungen, die etwas Märchenhaftes andeuteten. »Siehst du die Funken?«, fragte mich Isergil.

»Die blauen dort?«, sagte ich, in die Steppe deutend.

»Die blauen? Ja, das sind sie ... Das heißt also, sie sind noch immer da! Nun, nun ... Ich sehe sie schon nicht mehr. Ich kann vieles nicht mehr sehen.«

»Woher kommen diese Funken?«, fragte ich die Alte.

»Ich hatte schon früher etwas über den Ursprung dieser Funken gehört, aber ich wollte gern hören, was die alte Isergil darüber erzählen würde.

»Diese Funken kommen vom heißen Herzen des Danko. Es gab einst in der Welt ein Herz, das einmal wie Feuer aufflammte ... und von ihm sind diese Funken. Ich werde dir davon erzählen ... Es ist auch ein altes Märchen ... Alles ist alt, alt! Siehst du, was alles in alten Zeiten war? ... Und jetzt gibt es nichts mehr von alledem – weder Taten, noch Menschen, noch solche Märchen, wie dazumal ... Warum? Nun, sag's mir doch! Du kannst es nicht sagen ... Was weißt du? Was wisst ihr alle, ihr Jungen? Ahaha! ... Schautet ihr aufmerksam in die Vergangenheit, – dort fändet ihr für alles die Lösung ... Aber ihr schaut nicht hinein und versteht darum nicht zu leben ... Seh' ich denn nicht das Leben? Ach, alles sehe ich, ob auch meine Augen schlecht sind! Und ich sehe, dass die Leute nicht leben, sondern immer auf eine Gelegenheit passen und darauf ihr ganzes Leben setzen. Und haben sie die Zeit vergeudet und sich selbst bestohlen, dann weinen sie über das Schicksal. Was heißt hier Schicksal? Jeder ist sein eigenes Schicksal! Allerlei Leute seh' ich heutzutage, aber starke gibt es nicht! Wo sind sie hin? ... Und schöne gibt es auch weniger.«

Die Alte versank in Gedanken darüber, wo die starken und schönen Leute aus dem Leben hingeraten waren, und betrachtete nachdenklich die dunkle Steppe, als suche sie in ihr eine Antwort.

Ich erwartete ihre Erzählung und schwieg, denn ich fürchtete, wenn ich danach fragte, würde sie wieder abgelenkt werden. Ich wusste, dass sie philosophisch angehaucht wurde, wenn sie sich auf das stürmische Meer ihrer Erinnerungen begab, und es geschah oft, dass das Ende dieser oder jener Legende unter dem Druck dieser freien und einfachen Philosophie verloren ging, die aber in der Darlegung der alten Isergil wie ein seltsamer Knäuel verschiedenfarbiger von der Zeit künstlich verworrener Fäden erschien.

Und da fing sie an zu erzählen:

»Vor alters lebten auf Erden Leute, wo – weiß ich nicht. Ich weiß, dass große, undurchdringliche Wälder die Lager dieser Leute von drei Seiten umgaben, und an der vierten lag die Steppe. Es waren fröhliche, starke, kühne Menschen, die nicht viel verlangten … wahrscheinlich Zigeuner. Aber da kam einmal solch eine unruhige Zeit; irgendwoher erschienen andere Stämme und verjagten die früheren in die Tiefe der Wälder. Dort waren Sümpfe und Finsternis, weil der Wald alt war, und seine Zweige waren so dicht verflochten, dass der Himmel nicht durch sie zu sehen war, und die Sonnenstrahlen konnten sich durch das dichte Laub kaum einen Weg bahnen zu den Sümpfen. Fielen aber ihre Strahlen auf das Wasser der Sümpfe, so erhob sich ein übler Dunst, und die Leute kamen davon um, einer nach dem andern. Da weinten die Weiber und Kinder dieses Stammes, und die Väter sannen nach und härmten sich. Sie mussten fort aus diesem Walde, und dafür gab es zwei Wege: der eine führte – zurück, – dort waren die starken und schlimmen Feinde, der andere – vorwärts, – dort standen Riesenbäume, die sich mit mächtigen Ästen dicht verschlangen und ihre knorrigen Wurzeln tief in den zähen Schlamm der Sümpfe senkten. Diese Bäume standen schweigend und regungslos, wie aus Stein, am Tage in grauer Dämmerung, und umschlossen abends, wenn die Feuer brannten, jene Leute noch dichter. Und immer, am Tage und in der Nacht, war ein Ring um die Leute, der die zu erdrücken drohte, die an die weite Steppe gewöhnt waren. Und noch schrecklicher war es, wenn der Wind an die Wipfel der Bäume schlug, der ganze Wald dumpf und drohend sauste und ein Grablied den Leuten sang, die sich darin vor ihren Feinden versteckt hatten.

Es waren dennoch starke Leute, und sie hätten einen tödlichen Kampf mit denen führen können, die sie einst besiegt hatten, aber sie konnten nicht im Kampfe sterben, weil sie Vermächtnisse hatten, und diese wären mit ihrem Tode auch aus dem Leben verschwunden. Und darum saßen sie und sannen in langen Nächten, beim dumpfen Waldesrauschen, im giftigen Hauch der Sümpfe. Sie saßen, und in lautlosem Tanz hüpften die Schatten von dem Feuer um sie, und allen schien es, als tanzten nicht Schatten, sondern als triumphierten die bösen Geister des Waldes und der Sümpfe … Immer saßen die Leute und sannen. Aber nichts – weder Arbeit noch Weiber – entkräftet so Leib und Seele der Menschen, wie kummervolle Gedanken, die wie Schlangen aus dem Herzen das Blut saugen. Und jene Leute erschlafften vom Denken … Furcht stieg unter ihnen auf und fesselte sie mit starken Armen, Schrecken erregten die Weiber mit ihren Klagen über den Leichen der am

Sumpfhauch Gestorbenen und über das Geschick der furchtgefesselten Lebenden, – und feige Worte wurden laut im Walde, zuerst leise und scheu, dann immer lauter und lauter ... Schon wollten sie zum Feinde gehen und ihm sich selbst und ihre Freiheit darbringen, und keiner fürchtete mehr, vom Tode erschreckt, das Sklavenleben ... Doch da erschien Danko, und er allein rettete sie alle.«

Offenbar hatte die Alte die Geschichte vom heißen Herzen des Danko schon oft erzählt; die Sätze erschienen wie lange, glatte Bänder. Sie sprach in singendem Ton, und ihre knarrende, dumpfe Stimme ließ deutlich das Rauschen jenes Waldes vor mir erstehen, inmitten dessen die unglücklichen, vertriebenen Leute vom giftigen Hauch der Sümpfe starben ...

»Danko – war einer jener Leute, ein schöner Jüngling. Die Schönen sind immer kühn. Und so sagte er zu seinen Gefährten:

»Mit Gedanken wälzt man Steine nicht aus dem Wege. Wer nichts tut, mit dem wird es nicht anders. Was vergeuden wir die Kräfte mit Grübeln und Bangen? Erhebt euch, wir wollen in den Wald und hindurch, er muss ja doch ein Ende haben–alles auf Erden hat ein Ende! Kommt! Nun! He! ...«

Sie schauten ihn an und erkannten, dass er besser als sie alle war, weil aus seinen Augen viel Kraft und lebendiges Feuer leuchtete.

Führe du uns, sagten sie.

Da führte er sie ...«

Die Alte schwieg und sah in die Steppe, wo sich die Finsternis verdichtete. Die Fünkchen vom heißen Herzen des Danko flammten weit in der Ferne und erschienen wie blaue Luftblumen, die nur für einen Augenblick erblühten.

»Danko führte sie. Einträchtig folgten ihm alle, sie glaubten an ihn. Das war ein schwerer Weg! Dunkel war's, und bei jedem Schritt tat der Sumpf gierig seinen Moderrachen auf, die Menschen verschlingend, und die Bäume versperrten den Weg gleich einer mächtigen Mauer. Ihre Zweige waren miteinander verflochten wie Schlangen, überall streckten sich Wurzeln aus, und jeder Schritt kostete sie viel Schweiß und Blut. Lange gingen sie ... Immer dichter wurde der Wald, immer geringer die Kräfte! Da fingen sie an, gegen Danko zu murren und sagten, dass er, der Junge, Unerfahrene, sie vergebens wohin führe. Doch er ging voran und war mutig und heiter.

Aber einmal grollte der Donner über dem Walde, und die Bäume begannen dumpf und drohend zu flüstern. Und es wurde so dunkel darin, als hätten sich plötzlich alle Nächte, die gewesen waren, seit die Welt stand, darin vereinigt. Die kleinen Leute gingen zwischen großen Bäumen, und beim drohenden Tosen der Blitze gingen sie, und schwankend knarrten und summten die Riesenbäume ihre Zorneslieder, und die über den Waldwipfeln zuckenden Blitze erleuchteten ihn für einen Augenblick mit blauem, kaltem Licht und verschwanden ebenso schnell, wie sie erschienen waren, die Menschen erschreckend und äffend. Und die vom kalten Schein der Blitze beleuchteten Bäume schienen wie lebend lange knorrige Arme um die der Gefangenschaft der Finsternis entrinnenden Leute zu strecken, sie zu einem dichten Netz verflechtend, versuchten sie die Leute festzuhalten. Und etwas Schreckliches, Dunkles, Kaltes blickte aus dem Dunkel der Zweige auf die Gehenden. Das war ein schwerer Weg, und die von ihm ermüdeten Leute verloren den Mut. Aber sie schämten sich, ihre Schwäche einzugestehen, und stürzten in Bosheit und Zorn über Danko her, den Menschen, der ihnen voranging. Und sie begannen ihm Vorwürfe zu machen, dass er sie nicht zu führen verstehe, – so taten sie!

Sie blieben stehen, und beim triumphierenden Rauschen des Waldes, inmitten schauernder Finsternis, müde und zornig, begannen sie, Danko zu richten.

»Du bist ein unnützer, schädlicher Mensch für uns«, sagten sie. »Du hast uns fortgeführt und uns erschöpft, und dafür sollst du verderben!«

Und Blitz und Donner bekräftigten ihr Urteil.

»Ihr sagtet: ›Führe uns!‹ – und ich habe euch geführt!«, rief Danko, indem er sich mit der Brust ihnen entgegenstellte. »Ich habe den Mut zu führen, darum tat ich's! Und ihr? Was habt ihr, euch zu helfen, getan? Ihr seid nur gegangen, und wusstet euch nicht den Mut für einen längeren Weg zu erhalten! Ihr seid nur gegangen, gegangen wie eine Herde Schafe!«

Doch diese Worte ergrimmten sie noch mehr.

»Du sollst sterben! Sterben!«, brüllten sie.

Und der Wind sauste und brauste zu ihrem Geschrei, und Blitze zerrissen die Finsternis. Danko schaute auf die, um derentwillen er die Mühe auf sich genommen, und sah, dass sie wilde Tiere waren. Viele Leute standen um ihn, aber kein Edelsinn sprach aus den Gesichtern, und er durfte keine Schonung von ihnen erwarten. Da flammte auch in seinem Herzen der Unwille auf, doch aus Mitleid mit den Leuten erlosch er. Er liebte jene Leute und dachte, dass sie ohne ihn vielleicht umkämen. Und da loderte sein Herz hell auf vor Verlangen, sie zu retten und auf einen leichten Weg hinauszuleiten, und aus seinen Augen funkelten die Strahlen dieses gewaltigen Feuers ... Sie aber dachten, als sie das sahen, dass er ergrimme, wodurch seine Augen so hell erbrannten, und sie lauerten ihm auf wie Wölfe, denn sie erwarteten, er werde mit ihnen kämpfen, und umringten ihn dichter, damit sie Danko leichter ergreifen und töten könnten. Doch er erkannte schon ihren Gedanken, und dadurch entbrannte sein Herz noch mehr, denn dieser ihr Gedanke machte ihm Schmerz.

Und der Wald sang immerfort sein düstres Lied, und der Donner grollte, und der Regen goss ...

»Was tu ich für die Leute!«, rief Danko stärker als der Donner.

And plötzlich zerriss er sich mit den Händen die Brust, riss sein Herz heraus und hielt es hoch über den Kopf.

Es flammte so hell wie die Sonne und heller als die Sonne; der ganze Wald verstummte, von dieser Fackel großer Menschenliebe erhellt; die Finsternis zerflatterte vor ihrem Licht, und tief im Walde dort versank sie zitternd im Moderrachen des Sumpfes. Die bestürzten Leute aber standen wie versteinert. »Gehen wir!«, rief Danko und stürzte an seiner Stelle voran, das glühende Herz hochhaltend und den Leuten den Weg damit erhellend.

Sie stürzten ihm nach, angezogen und bezaubert. Da begann der Wald von neuem zu rauschen, verwundert die Wipfel wiegend, aber sein Rauschen wurde von den Tritten der laufenden Leute übertönt. Alle liefen schnell und kühn, von dem wunderbaren Schauspiel des brennenden Herzens hingerissen. – Auch jetzt kamen viele um, doch ohne Klagen und Tränen. Danko aber war immer voran, und sein Herz flammte, flammte fort und fort!

Und plötzlich tat sich der Wald vor ihnen auseinander und blieb zurück, dicht und stumm, und Danko und alle jene Leute tauchten plötzlich in einem ganzen Meer von Sonnenlicht und reiner, regenfrischer Luft unter. Das Gewitter war hinter ihnen, über dem Walde, und hier strahlte die Sonne, atmete die Steppe, funkelte das Gras in Regenbrillanten, und wie Gold erschimmerte der Fluss ... Es war Abend, und von der untergehenden Sonne erschien der Fluss rot, wie das Blut, das in heißem Strahle Dankos zerrissener Brust entströmte.

Der stolze, sterbende, mutige Danko warf einen Blick vor sich auf die weite Steppe, – warf einen frohen Blick auf das sich vor ihm ausbreitende Land und lachte stolz. Dann sank er um und starb.

Leise flüsterten die verwunderten Bäume, die dahinten geblieben, und das Gras, von Dankos Blut benetzt, wisperte mit.

Die frohen, hoffnungsvollen Leute aber bemerkten seinen Tod nicht und sahen nicht, dass neben Dankos Leichnam noch sein kühnes Herz flammte. Nur ein Vorsichtiger bemerkte es, und da ihn eine Furcht überkam, trat er mit dem Fuße auf das stolze Herz ... Da erlosch es, in Funken zerstiebend ...«

Das sind die blauen Funken in der Steppe, die vor dem Gewitter erscheinen!

Als jetzt die Alte ihre schöne Mär beendet hatte, wurde es schrecklich still in der Steppe, als sei auch sie erschüttert durch die Kraft des kühnen Danko, der sein Herz für die Menschen entbrennen ließ und starb, ohne von ihnen einen Lohn für sich zu erbitten. Mit dem Rücken an die Weintraubenkörbe gelehnt, entschlummerte die Alte, dann und wann erschaudernd. Ich sah sie an und dachte: wie viel Sagen und Erinnerungen mögen wohl noch in ihrem Gedächtnis haften? Und ich dachte an das große brennende Herz des Danko und an die menschliche Phantasie, die soviel schöne, starke Legenden erschaffen hat, an das Altertum mit seinen Helden und Taten und an die traurige Zeit, arm an starken Menschen und großen Ereignissen, reich an kaltem Misstrauen, das alles verlacht, – die klägliche Zeit der jämmerlichen Leute mit totgeborenen Herzen ...

Ein Windstoß entblößte unter ihren Lumpen die dürre Brust der alten Isergil, welche immer fester einschlief. Ich bedeckte ihren alten Leib und legte mich selbst neben sie auf die Erde. In der Steppe war es still und dunkel. Langsam und schwerfällig zogen die Wolken am Himmel dahin ... Das Meer rauschte so dumpf und traurig. Die alte Isergil schlief fest ... Sie konnte nie mehr erwachen.